JN198628

イラストでわかる

LD・学習困難の子の読み書きサポートガイド

22の事例と支援の実際

小池敏英【監修・編著】
雲井未歓＋後藤隆章【編著】

合同出版

―KOALAs（Koike-lab Assembled Literacy Assessment and Support system）のご紹介―

本書で紹介した教材はダウンロードして利用できるようにデータを用意しました。

プリントにはロゴマークがついています。

はじめに

LD（学習障害）は個別性が高く、これさえやれば必ず効果があるといった万能薬はありません。これまで読み書きスキルをうまく習得できない子どもに関する研究は、LDに関する研究と学習困難に関する研究に分けることができます。

LDに関しては、医学的に診断された子ども達の特徴が研究されています。一方、学習困難に関する研究では、通常学級に在籍し、読み書きで成績が低い子ども達が対象とされています。

私達は、学習支援の方法を考える際には、LDを対象として研究し、読み書きスキルの特徴を明らかにする際には、学習困難に関する研究を行ってきました。

これらの研究と実践を複合的に繰り返した結果、言語性ワーキングメモリが低い学習障害を持つ子どもに対しては、漢字単語の視覚的イメージを高める支援が効果的なことがわかりました。また書字の学習をした後に、思い出す手続き（リマインド）をとることで、記憶が定着することがわかりました。

本書では、子ども達が学習でどのような困難を抱えているのか背景を知るために、読み書き困難の事例をさまざまな観点から取り上げて、効果的な支援方法と教材を紹介しました。みなさんが出会う子ども達に合った学習支援と教材を選んでいただければと思います。

LDや学習困難を示す子どもは勉強をどんなふうに感じているのでしょうか。小学３年生の時に言語性ワーキングメモリが低かった（４桁の順唱が未達成）お子さんが成長し、23歳になった時に話を聞いてみました。

「今思い返すと、小学生の頃は日本語で話しているんだけど、その意味が頭の中でくっつかない。いろいろな言葉がでてきても、意味とばらばらに混ざって、うまくセットにして覚えられなかったという記憶があります。今はうまくくっつきます」

また学習した体験について聞いたところ、「社会、地理、歴史は好きでした。頭の中に世界地図をイメージして、わかる国をまず当てはめる、わからない国の位置についてはそれから考えるという順番で覚えました」「やったことの記憶は薄くても覚えてさえいれば、イメージできるので、つながるんですけど。少しやったぐらいじゃ、ほんとにうっすら、カケラだけしか残っていないんです」と答えてくれました。

この子にとって視覚的イメージは、学習の助けになることがわかります。

■少ない分量の課題でも、定着が期待できる方法で取り組むこと

■わずかな改善でも、それが本人にもわかる仕方で学習すること

この２つがLDや学習困難の読み書き支援のポイントになると考えています。本書を手がかりに学習支援を行うことで、子ども達が読み書き学習の定着に手ごたえを感じ、やる気アップにつながれば、監修者として幸いです。

監修者　小池敏英

もくじ

❺漢字の読み困難の事例と支援、教材

❻漢字の書き困難の事例と支援、教材

❼文章読解困難の事例と支援、教材

❽アルファベット読み書き困難の事例と支援、教材

❾英単語のつづり困難の事例と支援、教材

第2部　読み書き困難の背景と支援法の根拠

■LDの子への基本対応

第3部　読み書き困難のアセスメント

解題 LDを探求する

読み書き学習支援の全体を考える

ひらがな・漢字の読み書き

日本語では、文字と読みとの関係はシンプルなように見えますが、文字の種類が複数あり、関係は単純でありません。子どもの中には、文字と音の関係を習得するのが苦手な子もいます。その割合は10～15%であるという報告もあります。

ひらがな清音の文字は、１文字１拍です。拗音は２文字１拍、拗長音３文字２拍です。漢字の読みは、同じ漢字でも違う読みが複数あり、ひらがなとは異なります。

特殊音節表記の読みが苦手な子どもは、漢字単語の読みでも低い成績を示す傾向が高いです。また、漢字の読みが苦手な子どもは、漢字の書きの低成績を示す傾向が高いことが報告されています。

下の図から、学年が進むにつれて、どんな文字でも言語性ワーキングメモリの弱さが読み書き困難の背景要因になることがわかります。

ひらがな学習移行期から文章の読解まで、７つの段階に分けて、事例→支援→教材の流れで解説します。

読み書きの困難とその背景

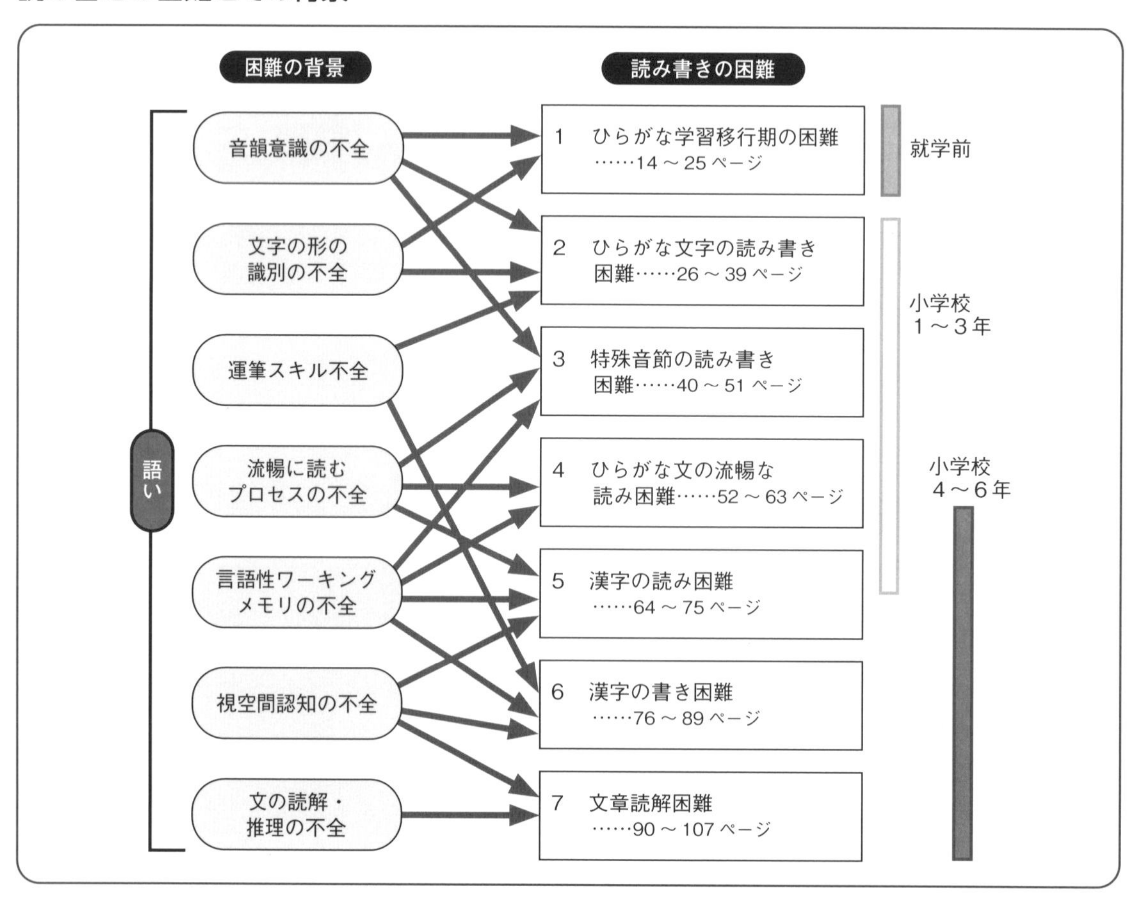

段階別発達支援

左の図を見ると、読み書き困難の背景要因は、低学年と高学年で同じでないことがわかります。背景要因の弱さが重複すると読み書き困難が重くなるので重複しないように学習を支援することが大切です。

1 ひらがな学習移行期の発達支援

就学前は、ひらがな文字の読み書き習得の基礎となる力が発達してきます。読み書き習得の基礎となる力としては、文字の形を区別する力、聞いた言葉を保持する力、一文字ずつの音に分解（音韻分解）したり、抽出（音韻抽出）したりする力（音韻意識）*（18ページ）を挙げることができます。

ひらがな学習移行期では、特に音韻分解や音韻抽出する力の発達的変化が著しいので、音韻意識が弱い子どもは、文字学習を始める段階で学習でつまずきがちです。まずは文字に頼らない活動（「しりとり」などの言葉遊びなど）を通して、音韻意識に対する発達支援を行うことが効果的です。

2 小学１～２年生の子どもの発達支援

小学生の低学年では、「ひらがな文字の読み書き」や「特殊音節表記の読み書き（「っ」「じゅ」など）」が苦手な子どもがいます。

ひらがな文字の習得とともに、教科書の文章を流暢に読む力が育ってきます。また漢字学習も始まります。小学１～２年生が学習する漢字は、生活の中でよく使われること・物やできごとを表す単語ですが、このような単語でも読みの習得が困難な子どもがいます。小学１～２年生の子どもの発達支援では、「ひらがな文の流暢な音読の支援」「漢字単語の読み書きの支援」が大切です。

3 小学校３～６年生の子どもの発達支援

学年が進むにつれて、子ども達が出会う漢字単語は、視覚的イメージ性が低いものが多くなります。言語性ワーキングメモリが弱い場合には、視覚的イメージ性が低い漢字単語の読み書き学習がむずかしくなります。視空間認知の弱さを持つ場合には、漢字の書き学習がむずかしくなります。文章の要点を理解することに苦手を示す子どももいます。小学校３～６年生の発達支援では、「漢字単語の読み書きの支援」や「読解の支援」は大切な課題です。

アルファベットの読み書き

私達は、アルファベットを読むときには、Aをエイ、Bをビーと読みますが、これは、アルファベットの文字の名前に相当するものです。小学校では、アルファベットを名前で読むことと、書けるようになることを目指します。文字の形を識別することがむずかしい場合や、言語性ワーキングメモリの弱さによって文字と名前の対応を習得することがむずかしい場合には、アルファベットの読み書きが困難になります。

中学に入ると、英単語の発音やつづりを学習します。英語の単語には、音とつづりの関係が規則的な単語と不規則な単語があります。音とつづりの関係が規則的な単語については、文字の名前ではなく、A≒ア、B≒ブなどの文字の音同士を合成（例: B＋A＋G＝BAG）する必要があります。文字と音の対応を理解することや、文字の音同士を合成する操作が困難な場合、規則的なつづりの英単語の読み書きが困難になります。

音とつづりの関係が不規則な単語を学習するためには、単語の形を視覚的に区別し記憶することや、英語特有のつづりの規則（例：ea≒イー）を覚える必要があります。このため英単語の形の視覚的認識や、つづりの規則（正書法）の理解が困難な場合には、このような英単語のつづりがむずかしくなります。

英単語の習得困難には、どこでつまずいているのか、何に弱さがあるのか、把握して支援方法を選びます。

アルファベット読み書きの困難とその背景

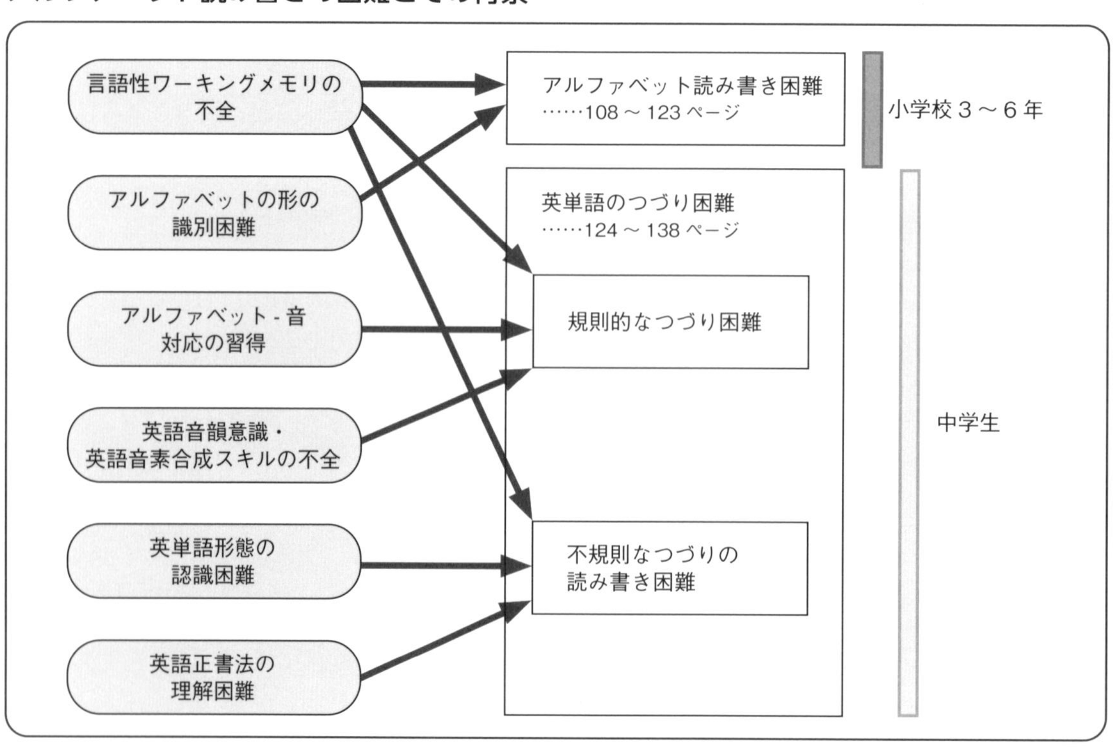

段階別発達支援

読み書き困難の背景要因は、小学生と中学生で同じでないことがわかります。背景要因の弱さが重複すると読み書き困難が重くなるので重複しないように学習を支援することが大切です。

1 小学生のアルファベットの読み書き段階

小学校高学年では、アルファベットの読み書きを学習します。アルファベットの習得には、言語性ワーキングメモリや視覚認知が関係しています。

小学校高学年の支援としては、イラストを手がかりに覚えたり言語的手がかりを利用する方法が効果的です。

2 中学生の規則的なつづりの単語の習得段階

規則的な単語とは、penやbed、tomatoやbananaなど、ローマ字のように読み書きできる単語が当てはまります。言語性ワーキングメモリが著しく弱い場合、音のイメージを一時的に記憶し、音を取り出す操作がむずかしくなります。

規則的なつづりの学習を促す支援としては、アルファベットの文字と音の対応と、アルファベット文字ごとの音を合成するスキルを身につける方法が効果的です。

3 中学生の不規則なつづりの単語の習得段階

不規則なつづりの単語とは、make、eightのように、規則的関係が当てはまらない単語です。このような単語を覚えるためには、単語の形を視覚的に記憶したり、英単語特有のスペルの規則を知ることが必要です。このため、視覚認知や視覚記憶に困難がある場合は、習得がむずかしくなります。

不規則なつづりの学習を促す支援としては、つづりの規則を明示的に説明し、同じ規則を持つ単語をまとめて学習する方法が効果的です。規則的なつづりの単語が身についていない場合は、この方法による改善が見られない可能性が高いため、規則的なつづりから支援することが重要です。

第1部

ひらがな・漢字・アルファベットの読み書き支援

ひらがな清音の文字は、１文字１拍です。拗音は２文字１拍です。
漢字の読みは、同じ漢字でも違う読みが複数あり、ひらがなと違います。
アルファベットでは、さらに文字と音との関係は複雑です。
それぞれの文字の読み書き習得で、特徴的な
困難のタイプを見ることができます。
ひらがな、漢字、アルファベットそれぞれの
読み書き困難のタイプを取り上げ、支援方法を整理しました。
読み書き学習の準備が始まるひらがな学習移行期の
支援方法についても言及しました。

事例1 文字になかなか興味が持てないAさん（6歳）

幼稚園の年長クラスに在籍しています。電車や虫が大好きで、その話題になるといつまでも話します。一方、生活に密着した話題は苦手で、帰りの会で「今日のがんばり」や「楽しかったこと」をたずねられると、「忘れた」と答えます。絵本の読み聞かせでは離席が多く、文字への関心はほとんど見られません。ひらがなで書かれた自分の名前を見つけたり、読んだりすることができないことを心配した保護者が担任に相談したところ、ことばの教室を勧められました。

「言葉の支援」を通じて、「はな」と「あな」のような似た音の単語の聞き分けが改善し、単語を構成する音への気づきが高まりました。また、その日のできごとを簡単な文でやり取りすることができるようになりました。

支援

1 言葉集め

初めに語いの習得を促す指導を行いました。

「言葉集め」（支援１、20ページ）は、Ａさんの得意な乗り物や虫のカテゴリーから取り組みました。集める言葉が名詞に偏らないように、色や形のほか、動きを表す言葉なども集めるよう意識づけを行いました。遊び方に慣れてくると、Ａさんから「次は動物園の言葉を集めよう！」と提案するようすが見られました。

さまざまな品詞の言葉に慣れてくると、「単語のつながりで遊ぶ「連想言葉」（支援２、20ページ）も楽しめるようになりました。

2 音韻すごろく

上の「言葉集め」で使った言葉で、「音韻すごろく」（支援４、21ページ）をしました。

音韻すごろくに取り組み始めた頃は、「あり」と言いながら１マスしか進まなかったり、「かえる」を「かえ・る」のように分解することで２マスしか進まないこともありました。そのようなときは、大人が見本を示したり、「あ・り」と言いながら手を２回叩いて確認をしながら、正しくマス目を進むよう促しました。

音韻すごろく課題に慣れてくると、「かえるの『か』は、かまきりの『か』だね」などと発言するようになりました。

語い力の評価は、平均より下でした。いつも、給食後にことばの教室を利用していましたが、利用当初は給食のメニューを尋ねても「忘れた」というので、選択肢を挙げながら答えられるようにしました。

卒園が近づくにつれて、文字に興味を示すようになり、「小学校に行ったら、勉強を頑張りたい」と言うようになりました。次第に、自分の名前に使われているひらがなを探すことができるようになり、３文字程度であれば拾い読みができるようになりました（「語い」と「音韻意識」の習得に弱さを示すタイプ）。

事例2 発表会のセリフがなかなか覚えられないBさん（6歳）

Bさんは、落ち着きがないことと衝動性の強さから、児童発達支援センターを週に一度利用しています。「保育園」を「ほいけえん」と言うなど発音のあいまいさはありますが、日常会話に不自由はないため、保護者は特に気にしていませんでした。

しかし、発表会では最後までセリフが覚えられずに苦労したり、レストランごっこでメニューが読めないことを友達に指摘されたことをきっかけに、就学に向けて心配するようになりました。

支援センターでは、音韻操作を促す指導を行いました。体の動きに合わせた活動に意欲的に取り組むことができました。音韻操作ができるようになって、まったく読めなかったひらがなが10文字程度読めるようになりました。

支援

1 言葉と音に気づく遊び

「音に合わせて体を動かす遊び」（支援３、21ページ）では、階段ではなく教室の中で行うため、色つきフープを床に並べて取り組みました。じゃんけんのグーは「くるま」、チョキは「はさみ」、パーは「はな」という組み合わせで遊んでみると、「パーで勝っても、あんまり進めないね」と単語を構成する音の数に違いがあることに気がつきました。

2 言葉探し

絵カードを使って、「『あ』がつくものなあに？遊び」（支援５、22ページ）を行いました。初めに、カードに描かれた絵を確認し、「『あ』で始まる言葉には『あり』があるね」と単語の始めの音に注意が向くように働きかけました。

次に、２文字のカードだけを使って、しりとりをしました。しりとりの順になるように並べて見せると、「あし→しお→おに」と続けて絵カードを読み上げて楽しむ姿が見られました。繰り返し読んでいくと「ことばの音がつながってるね」と、ルールを体験的に理解していました。

始めと終わりの音がスムーズに抽出できるようになると、４～５文字の長い言葉も積極的に取り入れました。「い」というひらがなを見て「いるか」と読むことはなくなり、「『い』はいるかの『い』だよね」と、文字と音の対応が理解できたようすが見られました。

発達検査の結果は、語い力の評価は110で、ワーキングメモリは80でした。指導前は、ひらがなの「い」を見て、「いるかって書いてあるね」と話し、正しく読むことのできるひらがなはありませんでした。音韻の抽出は、２文字の単語では可能でしたが、３文字になると不安定でした。音韻削除課題は、最後まで取り組めませんでした（「音韻意識」の習得のみに弱さを示すタイプ）。

支援と教材

ひらがな移行期にある子どもは、単語を表す文字列を一つの形として捉え、話し言葉と結びつけて読み始めます。文字と音とを対応させて読んでいるわけではないので、「かし（菓子）」という文字列を見て、「オカシ」と読むような誤りがしばしば見られます。この段階の子どもは、言葉を構成する音のイメージに基づき、単語を1文字ずつの音に分解（音韻分解）*したり、抽出（音韻抽出）*するスキルを習得し始めます。これらのスキルは音韻意識*と呼ばれます。

幼児期には、リズム遊びなど身体を使った活動を通して、音韻意識の習得が進むと考えられています。「うさぎ」と言いながら3回跳びはねるのは比較的簡単です。一方、童歌「あんたがたどこさ」を歌いながら、「さ」のところだけ跳びはねるのは、歌いながら音を抽出して「さ」音を探すという複雑な処理を必要とするので、よりむずかしい活動になります。

音韻意識スキルを習得すると、「かし（菓子）」という文字に「オカシ」という音は当てはまらないことがわかります。また、文字と音との対応関係への気づきが高まります。ひらがな文字の学習に先立って、音韻意識スキルはその土台になる大切な力なのです（赤塚ら、2024）。

学習場面での問題

- 読めるひらがながほとんどない
- 離席が多く、座って机に向かうことがむずかしい。あるいは、拒否する
- 絵本に書かれた文字への関心が低い。注目しない
- いくつか文字列の中から自分の名前を見つけることはできるが、正しく読まずに、「〇〇くん」と愛称で表す（「たろう」という文字列を見つけて、「たっくん」と読むなど）

音韻意識の特徴

- 「だるまさんがころんだ」の掛け声に合わせて動きを止めることができない
- ごほうびを選ぶときに、「どちらにしようかな」と歌いながら選択肢に手を当てようとするが、リズムと手の動きが一致しない
- 初めて聞くことばを復唱できない、または聞き間違える
- 簡単な日常会話はできるが、単語を思い出すのに時間がかかる

＊音韻意識

大人が、「これから、私が言った言葉を覚えておいて、私が『はい』と言ったら、それを繰り返してください。……きつね」そして5秒ほど後に、大人が「はい」と言いました。そうすると、子どもは「きつね」と言うことができました。

この場合に、子どもは音のイメージ（音韻）を覚えています。子どもは、育ってきた言語環境の中で、言葉を音のイメージとして取り出すことができるようになります。大人が話した「きつね」という音声と子どもが話した「きつね」という音声は、音の高さも強さも異なりますが、子どもは、同じ「きつね」という音のイメージを持つことができ、さらに「き」「つ」「ね」という3つの音でできていることを理解できます。

これを、音韻を意識することができる＝音韻意識と言います。

タイプ別支援

「語い」と「音韻意識」の習得に弱さを示すタイプでは、遊びなどの働きかけを行う中で、語いの習得に配慮した支援と共に音韻意識の習得に対する支援が大切です。

「音韻操作」の習得のみに弱さを示すタイプでは、音韻分解と音韻抽出の習得を促す支援が大切です。

「語い」と「音韻操作」の習得に弱さを示す子ども

遊びや読み聞かせの中で、子どもが使おうとする単語を増やします。

▼

★語いの習得を促す支援★ことば集めや連想ゲームなどを通じて、子どもが使おうとする単語を増やします。言葉集めは、音に基づくことば集め（音韻による単語想起課題）とカテゴリーに基づく言葉集め（意味による単語想起課題）などがあります。

音韻意識に弱さを示す子ども

音韻分解と音韻抽出の習得を促します。

▼

★音韻意識の習得を促す支援★清音だけの２・３文字の単語について、視覚的手がかりや絵を利用した働きかけ、または身体活動を取り入れた働きかけの中で、音韻意識の習得を促します。

表1-1　音韻操作の習得に弱さを示す子どもの２タイプ

	「語い」と「音韻意識」の習得に弱さを示すタイプ	「音韻意識」の習得のみに弱さを示すタイプ
語いの習得	弱さを示す	○良好
音韻分解	弱さを示す	良好ないしは弱さを示す
音韻抽出	弱さを示す	弱さを示す
言語性ワーキングメモリ	弱さを示す	弱さを示す

＊音韻分解と音韻抽出

子どもは、「きつね」という音全体のイメージを持つことができても、「き」という一つの音声（音節）に注意を向けて、その音だけを発音できるのは別の段階です。音を取り出して操作することを音韻操作と言います。

大人が言葉を言って、子どもがそれを覚えます。子どもが記憶している音のイメージに基づいて、一つの音節（「きつねのき」など）に対応させて、一つの行動を行うと、音全体のイメージをそれぞれの音に分解したことになります（例として、「きつね」と言いながら３つの積み木を並べる）。これが音韻分解です。また、一つの文字に対応する音を、言葉で言うこと（積み木に対応する音を言う）を、音韻抽出と言います。

★語いの習得を促す支援★

1 言葉集め【単語想起を促す課題】

①カテゴリー（「食べもの」や「動物」を表す文字やイラスト）を表すカードとサイコロを準備します。

②カードを机上に伏せておき、じゃんけんをします。

③勝った人はサイコロを振ってから、カードをめくります。

④サイコロで出た目の数だけカードに書かれたカテゴリーのことばを集めます。参加者みんなで協力する遊び方と、競う遊び方ができます。

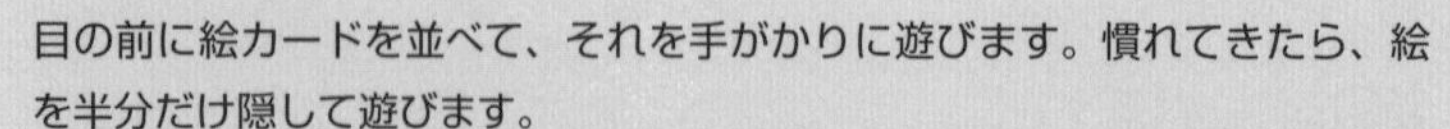

目の前に絵カードを並べて、それを手がかりに遊びます。慣れてきたら、絵を半分だけ隠して遊びます。
取り組む前に、各カテゴリーに含まれる単語としてどのようなものがあるかを話し合っておきます。絵カードを見ながら話し合うと、理解がより促されます。
「食べもの」というキーワードだけでは言葉が思いつかない場合、大人が「細長い緑の野菜がありそうだね」のようにヒントを出します。

2 連想言葉【単語の連想を促す課題】

①２人以上で、交互に言葉を出し合いながら遊びます。初めに、積み木を準備します。

②じゃんけんをして、勝った人は好きな色（または形）と、それに関連した単語を言いながら、積み木を一つ並べます（例えば、「黄色です。ひよこ」）。

③２番目の人は、最初の人が言った単語から連想される別の単語を言い（例えば、「ひまわり」など）、最初の積み木に自分の積み木を重ねます。

④同じように続けて、積み木が10個積み上がったら終わります。

一問一答式で遊びます。大人は色を表す単語のみを使用し、子どもは、そこから連想される単語を答えます。これを繰り返します（例えば、大人が「赤」と言い、子どもが「いちご」と言う。大人が「青」と言い、子どもが「空」と言う）。慣れてきたら、色以外のカテゴリーでも遊びます。

★音韻意識を身につける支援★

3 音に合わせて体を動かそう【音韻分解を促す課題】

①単語を構成する音の数（例えば、「くるま」なら３つの音）に気づかせ、その数に合わせて行動します。

②あらかじめ、「グー」は「くるま」、「チョキ」は「はさみ」、「パー」は「はな」のように、じゃんけんの手と単語の組み合わせを決めておきます。このとき、音のイメージを持ちやすくするために、濁音は避け、清音による単語に限定します。

③ジャンケンをして勝ったら、その単語の音の数だけ階段を昇り降りします。

①大人がモデルを示します。子どもは、「く・る・ま」のように１音ずつ声を出します。大人は、子どもの声に合わせて動きます。
②大人のモデルと子どもがチームを作り、指導者と競います。
③子ども一人と大人とで競うようにします。

4 音に合わせて音韻すごろく遊び【音韻分解を促す課題】

①サイコロの面に絵を描いておきます。

②サイコロを転がし、出た絵の名前を口にしながら、音の数だけコマを動かします。

＊本書の教材（音韻すごろく、24ページ）を利用できます。

大人と子どもがチームを作り、指導者と競います。すごろくのマス目に、ミッションを書いておきます。例えば、「くだものの名前を３つ言ってください」など書いておくと、連想する力もつき、クイズ感覚で楽しめます。

5 「あ」がつくものなあに？・言葉探し遊び【音韻抽出を促す課題】

①単語を構成する一つひとつの音に気づかせ、特定の音や位置に対応した言葉を探します。

②大人が「『あ』がつくものなに？」と聞きます。例／アイス、あり

③子どもはその音がつく言葉を探します。

＊本書の教材（『あ』がつくものなあに？」単語リスト、25ページ）を利用できます。

①ゲームの前に、絵カードを準備します。カードに書かれた絵の名前を、子どもに言ってもらいます。そのカードを、子どもの前に置いた状況でゲームをします。子どもの発話を引き出すのに効果があります。子どもが、単語をうまく言えない場合には、絵カードを指さして、発語を促します。
②絵カードのヒントに慣れてきたら、カードを半分隠した状態で、子どもに単語の名前を言ってもらいます。

6 しりとり遊び

読めるひらがなの文字数が10文字程度に増えてきても、音韻抽出のむずかしい子どもがいます。その場合には、読める文字だけでしりとりをします。

①しりとりでつなげることができ、その子の読める文字で組み立てられる単語を見つけておきます。

②課題で使用する単語の絵カードを用意します。絵カードに対応したひらがな単語カードを用意します。

③絵カードとひらがな単語カードを利用して、しりとり遊びをします。言葉でしりとりをしながら、ひらがな単語カードを示して、最後の音を取り出すことを手助けします。

＊言葉でしりとり遊びをするときには、単語を口に出して言いながら最後の音を取り出します。絵カードを示すことで、単語を口に出して言うことを支援します。
これを３～４回繰り返した後に、アセスメントの音韻抽出課題＊を行うと、少ない文字数の単語であれば、子どもは答えやすくなっています。

＊本書の教材（しりとり単語リストと絵カード）が使えます。

7 欠けたひらがなを当てよう

ひらがなの一部が欠けたカードを用意します。

①しりとりになるように、ひらがな単語カードを並べ、子どもと一緒に単語を言います。

②その後に、ひらがな単語カードの上に、ひらがな欠落カードを置きます。子どもの前に、ひらがな文字カードを置きます。

③大人が初めの単語カードを指さして、単語を言います。次の単語の欠落部分を指さして、子どもに「ここには、何の文字が入りますか？」と聞きます。子どもは、単語カードという視覚的情報を手がかりに、最後の文字を見つけ、文字カードを選びます。できた単語を読み上げましょう。

④何度か繰り返し、言葉だけでしりとり遊びができるように促します。

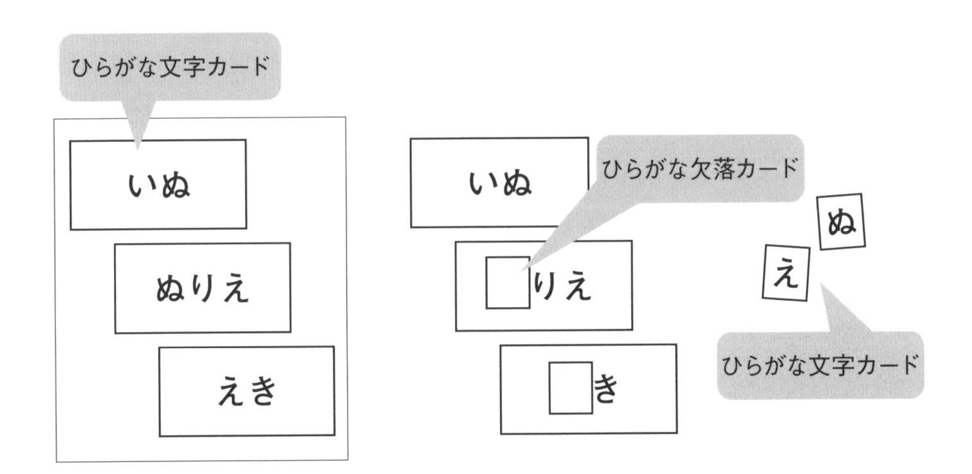

＊音韻分解と音韻抽出のアセスメント

音韻分解をアセスメントするときには、おはじきなどを使って、言葉の音の数と具体物の数が対応しているかどうかを見ます。大人が、「たぬき」と言って、３個のおはじきを並べるようすを子どもにお手本として見せ、その後子どもにおはじきを渡します。大人が「りんご」と言った後、子どもに、音の数だけおはじきを置くように言います。

アセスメントの音韻抽出では、大人が「たぬき」と言って、音一つずつに対応させながら、おはじきを一つずつ置いていきます。次に、子どもの前に置いたおはじきのうちの一つを指さして、「このおはじきの音は何ですか？」と尋ねます。

音韻意識の向上と語いの習得を促す教材

①しりとり遊びのための単語カードと絵カード

しりとりは誰でも知っている音韻抽出を促すのに効果的な遊びです。しりとりを続けるときには単語の終わりの音や始めの音に注目して抽出する必要があります。

ここでは、ひらがな学習移行期の子どものために、清音２～３文字で実施できるひらがな単語カードと絵カードを用意しました。言葉だけで遊ぶことがむずかしい場合には、絵カードを並べながら遊ぶと楽しく取り組めます。

慣れてきたら、４文字以上の単語や、長音や撥音を含む単語を使ってしりとりをします。

しりとり単語リスト

２文字①	２文字②	３文字	４文字	４～５文字
あし	いす	さかな	せんたく	しまうま
しお	すし	なまえ	くものす	まないた
おに	しか	えもの	すいえい	たいそう
にく	かさ	のはら	いもうと	うでどけい
くさ	さる	らくだ	とんかつ	いのしし

②音韻すごろくの台紙

音韻分解を促す教材です。しりとり遊びで使用した単語カードを机の上に山にして、伏せておきます。すごろく用のコマは、子どもの興味に合わせて準備します。

単語カードを１枚引き、カードに表された言葉の音の数だけコマを進めます。カードの絵が「さかな」であれば、３マス進めます。台紙の星印に止まったら、「さかなについて、知っていることを話そう」のようにイベントを決めておくと、楽しく取り組むことができます。

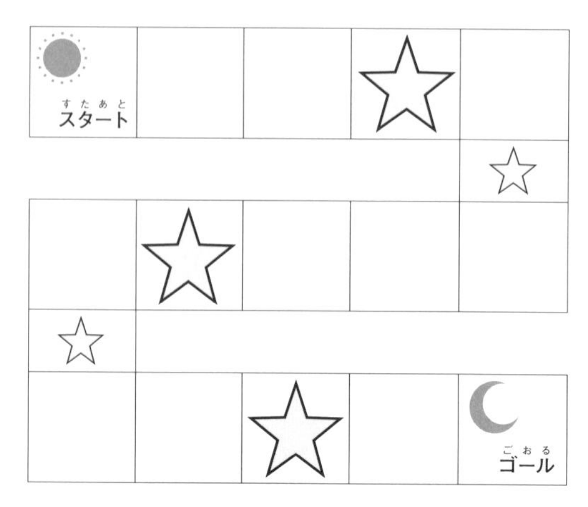

音韻すごろくの台紙

③「あ」がつくものなあに？　遊びのための単語カードと絵カード

音韻抽出を促す教材です。この遊びでは、知っている言葉から指定された音を抽出したり、提示された音から知っていることばを探し当てる力が必要です。

初めは、絵カードを見ながらことばを探します。次第に、絵カードを半分だけ隠したり、裏返したりして遊びます。絵カードを裏返して遊ぶことに慣れてくると、絵にはない単語も取り入れて遊ぶことができます。

単語カードのリスト

あ	あし	か	かき	さ	さる
	あり		かい（貝）		さかな
い	いす	き	きりん	し	しお
	いもうと		きつね		しか
	いのしし	く	くさ		しまうま
う	うでどけい		くものす	す	すし
	うし	け	けいと		すいえい
え	えもの		けいさつ	せ	せんたく
	えんぴつ	こ	こたつ		せんせい
お	おうさま		こま	そ	そば（蕎麦）
	おに				そうじき

教材一覧　https://www.godo-shuppan.co.jp/news/n59166.html

カード名	内容	
（1-1） しりとりカード	清音２～５文字単語で、しりとり遊びを行うことができます。単語カードと絵カードを使います。	
（1-2） 音韻すごろくの台帳紙	音韻分解を促すための教材です。すごろく遊びで使います。	
（1-3） 「あ」がつくもの なあにカード	音韻抽出を促すための教材です。単語カードと絵カードを使います。	

事例1 文字を見ることもいやで、授業をいやがったCさん（小2）

1年生の授業中に立ち歩いたり、教室から出ていってしまうことがあると担任から聞いて驚いた保護者は、すぐに医療機関を受診しました。検査と問診の結果、ADHDの傾向が強いと判断されました。その後、学校と相談して週に1回の放課後等デイサービスの利用も開始しました。

Cさんは1年生の最初の頃は文字を見ることにも抵抗を示し、教科書を読むことにも時間がかかりました。読み方のコツをつかむと宿題にも少しずつ取り組むようになり、1年生の後半になると、授業中に教室を離れる回数は減っていきました。

支援

1 音韻意識を促すあそび

音韻分解の指導として、「『あ』がつくものなあに？」（支援５、22ページ）、「音に合わせて音韻すごろく遊び」（支援４、21ページ）をとても楽しんでいました。後半は、言葉を口に出すだけでなく、文字をカードに置いていく課題にも取り組むことができました。

2 ひらがなかるた

ひらがな文字読みの支援は、ひらがな文字と絵カードを使って「かるた課題」をしました。38ページで紹介する３種類のカードを使いました。

「代表単語の絵カード」「ひらがな文字の形絵カード」を子どもの前に並べました。指導者が、「ねこのね」と言います。子どもは、「ねこの絵カード」と「ねの文字カード」と「ねの形絵カード」を取りました。取るときに、「ね」と言いながら取ることで、「ね」という音が文字に対応していることがわかりやすくなります。

文字と読みの間にキーワードを使う方法では、キーワードと文字の読みを分けることがむずかしかった子もいました。このかるた取りは、混乱することもなく、指導しやすい課題です。

ね

発達検査の結果では、語い力の評価は約100で、言語性ワーキングメモリの評価は約70でした。ひらがな文字の読みは、１年生の１学期では、５個程度でした。３学期にはほぼすべて読むことができました。音韻意識、運筆スキル、ひらがな文字の形の識別についても良好ではありませんでした。会話は上手で語いも良好でした（ひらがな読み書きの強い困難を示すタイプ）。

事例2 思い出せないひらがながあるDさん（小2）

Dさんは２年生で、教室の中でおとなしく、さわぐことはありません。いつもにこにこしています。いじめられているわけでもありませんが、友達との会話に、積極的に入ろうとするようすは見られません。先生がみんなに課題を説明するとき、理解に時間がかかることがあります。そのようなときには、友達がよくフォローしてくれます。

授業中ノートを取ることが苦手なので、担任が個別に指導をしました。字を忘れることがあると言っていたので、そのときはどうするか聞いたところ、「忘れてしまったら、例えばうしのうは、うしのおしりの形でうを思い出す」と言っていました。

支援

1 字と絵でかるた取り

ひらがな文字読みの指導については、ひらがな文字と絵カードを使ってかるたとりを行いました。

混同しがちな文字をかるたにして、ゲーム性を持たせて遊ぶことで書かずに楽しみながら取り組みました。

2 文字の形を意識して書く

右のカードを見てください。よく使う単語の絵を示して、絵に名前をつけました。次に、単語を言いながら、文字の形絵カードの文字の部分を指でなぞります。次に、絵だけのカードを見せて、文字の形になっていた部分を指でなぞるように教えました。

最後に、文字数の少ない単語を大人が言ったあとに、文字を書くように教えました。うまく書けないときには、文字の形絵カードを子どもが選んで、それを見ながら書くようにします。

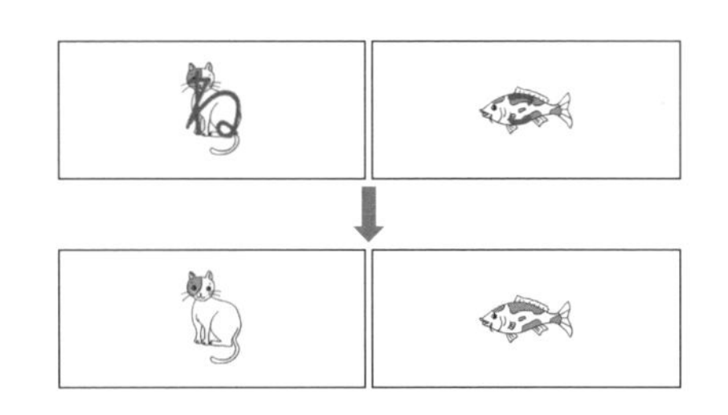

発達検査の結果では、語い力の評価は約80で、言語性ワーキングメモリの評価は約70でした。ひらがな文字の読みは、１年生の１学期では、20個程度でした。２学期には、ほぼ読むことができました。書くことは20個程度できました。ひらがな文字の識別に問題はありませんでした。ひらがな文はなかなか流暢に読むことはできませんでした（ひらがな読み書き困難を示すタイプ）。

事例3 ひらがなを書くことが苦手なEさん（小2）

Eさんは2年生で、ひらがな文字を読むことに苦手はありませんが、書くことに苦労しています。特に、授業のノートを取ることが苦手なので、担任が個別に指導をしました。よく似た字を書くことがむずかしいようすです。

家では宿題に時間をかけて取り組んでいます。何度も書き直すので、とても疲れてしまいます。作文の宿題は特にいやがります。

お父さんが、「ひらがなの形を知っている動物の形にイメージしてみて」とアドバイスしたところ、書くことの抵抗が少なくなってきました。「ねこの「『ね』はしっぽがくるんだよ」と言って、楽しんで練習するようになりました。

支援1 文字完成プリント

Eさんは、視覚認知の弱さがあり、ひらがな書き困難を示すタイプでしたので、「文字の形を意識して書く課題」に取り組みました。

「似た文字の完成プリント」（左下図）を使って文字を完成課題をしました。Eさんの書字のようすから、苦手な字のパターンを整理し、それに対応するプリントで練習しました。「は」や「ほ」が苦手でしたが、「は、ほ、ま」のプリントによる指導を行うことで、文字の違いを意識して書字できるようになりました。1文字ずつのひらがな文字プリント（右下図）で、きれいに書くことを練習しました。

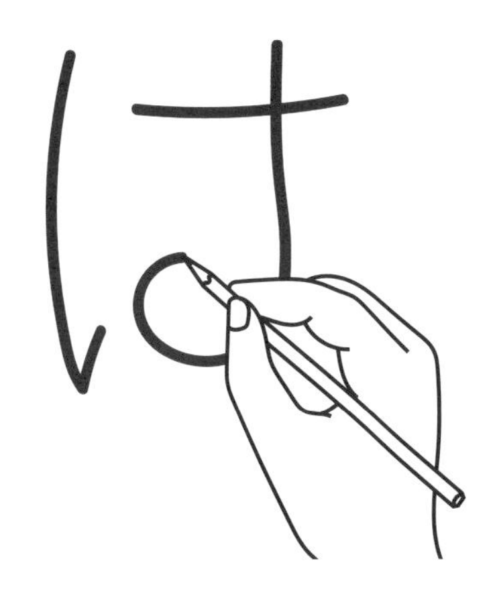

似た文字の完成プリント

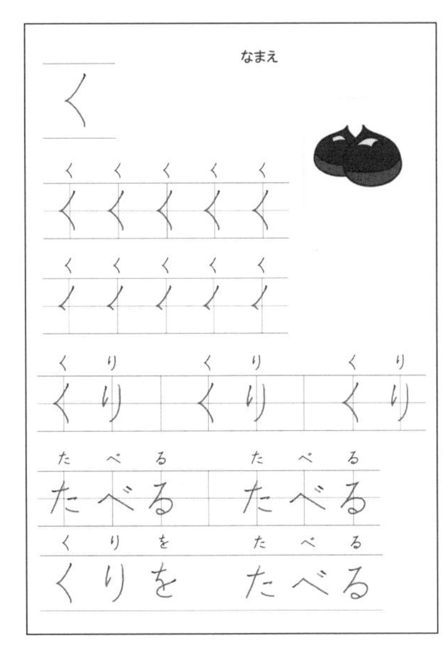

ひらがな文字プリント

発達検査の結果では、語い力の評価は約100で、言語性ワーキングメモリの評価は約90でした。ひらがなは、1学期にはほぼすべて読むことができました。書くことは20個程度できましたが似た文字と書きまちがえることもよくありました。ひらがな文字の識別に苦手を示しました。ひらがな文は流暢に読むことができました（ひらがな書き困難を示すタイプ）。

支援と教材

ひらがな文字の読み書き習得に困難を示す子どもの中には、話し言葉の発達と音韻意識の両面に弱さを持つ子どもと、話し言葉に問題はないが音韻意識に弱さを持つ子どもがいます。

文字の読みの発達は、「文字を絵として読む」段階（ロゴグラフィック段階*）から「文字と音の関係に基づいて読む」段階（アルファベット段階*）に進みます。その後、「その文字体系で習慣的に決められている、文字と音の不規則な関係を含めて読める段階」（正字法段階*）に至ります。

ロゴグラフィック段階の子どもでは、なじみのある単語の読みを手がかりに、読むことのできる文字が増えていきます。音韻分解を習得した後に、音韻抽出に進みます。

アルファベット段階に進むうえで、音韻意識の発達が大切です。アルファベット段階の子どもは、文字の形を区別し、単語を読んだ後で、どの文字がどの音と関係しているか答えること（音韻分解と音韻抽出）ができます。

学習場面での問題

- 読めるひらがながとても少ない（10個以下）
- 音韻意識に弱さを示す
- 音の数だけおはじきを置く課題（音韻分解課題）が苦手
- 音に合わせておはじきを置いてみせた後で、特定のおはじきに対応した音を答える課題（音韻抽出課題）が苦手

ひらがな文字の特徴

- 自分の名前は読むことができるが、一つひとつの文字に対応した音を口に出せない
- 意味のあるひらがな単語は読むことができるが、その文字の順番を変えて作った単語を読むことが苦手（「たぬき」は読めるが、「きぬた」は読めない）
- ものの名前を言われて指さすことができるが、その名前を復唱するのは苦手
- しりとり遊びが苦手
- たぬき言葉で遊ぶことができない

*ロゴグラフィック段階

音韻意識が形成される前の、単語を全体的に捉える段階です。単語を、線で書かれたひとまとまりの線画として捉えて、音声と対応させる段階です。子どもによっては、「り」がついている単語は、「りんご」も「りす」も、全部「りんご」と読んでしまいます。漢字をデザイン的形として捉えて、「読む」ことができます。この段階では、生活の中で単語を見たという経験に基づいて読んでいるので、無意味な単語は読むことができません。

*アルファベット段階

単語を文字と音の関係に基づいて読むことのできる段階です。ロゴグラフィック段階では読めなかった、無意味単語を読むことができます。音韻分解と音韻意識が達成されていて、音素や音節が、文字と規則的な対応関係を持っていることを理解できる段階です。

タイプ別支援

ひらがなの読み書き困難のタイプは、「ひらがなの読み書き困難が強いタイプ」、「ひらがなの読み書き困難が弱いタイプ」、視覚認知の弱さを持つ「ひらがなの書き困難のみのタイプ」に分けることができます。

ひらがなの読み書き困難が強い子ども

音韻意識に対する支援、文字の形を識別する支援が大切です。また、ひらがな文字と読みの連合形成を図る支援が大切です。

★ひらがな文字と読みの連合形成を図る支援★

ひらがなの読み書き困難が弱い子ども

運筆スキルに対する支援が大切です。

★書字スキルの弱さに対する支援★

ひらがなの書き困難のみの子ども

視覚認知の弱さに配慮した運筆スキルに対する支援が大切です。

★文字の形の識別の弱さに対する支援★

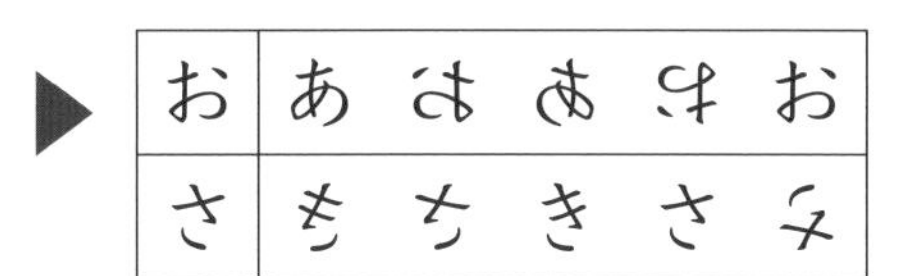

表2-1　ひらがなの読み書き困難3タイプ

	ひらがなの読み書き困難が強いタイプ	ひらがなの読み書き困難が弱いタイプ	ひらがなの書き困難のみのタイプ
ひらがな文字の読み	読める文字が10文字以下で、読めない文字が多い	○良好	○良好
ひらがな文字の書き	書けない文字が多い	書けない文字が多い	書ける文字もあるがよく間違える文字がある
音韻意識	音韻抽出や削除に弱さを示す	○良好	○良好
文字の形の区別	苦手	○良好	苦手を強く示す
ひらがな単語の読み	読むのに時間がかかり苦手	読むのに時間がかかり苦手	○良好
視覚認知の弱さ	○良好	○良好	視覚認知の弱さを有する

＊正字法段階

その文字体系で習慣的に決められている、文字と音の不規則な関係に基づいた読み方ができる段階です。例えば「はたけ」の一文字目は「は」と読みますが、「こんにちは」は「わ」と読みます。「は」という文字は状況によって「は」と読んだり「わ」と読んだりします。このように文脈から音を変えて、単語全体を適宜読むことができます。

★ひらがな文字と読みの連合形成を図る支援★

1 文字と読みのキーワードを使う (服部（2002）に基づいて作成しました)

①はじめに、「足」の絵カードを見せて「あし」というキーワードを言うように伝えます。

②キーワードに対応する音を取り出します。あしなら「あ」。

③キーワードの絵カードを見せて対応音を言い、単文字カードと対応させます。例えば足の絵カードを見せて、対応音/あ/と言わせ、複数のカードから「あ」の文字カードを選んで対応させます。

④「あ」の「文字」カードを見せます。子どもに、「あし」と言ってから「あ」と言わせます。

⑤最後に字の音読をさせます。「あ」の「文字」カードを見て、「あ」と言わせます。

★文字の形の識別の弱さに対する支援★

文字を書く上で、文字の形に注意を向けることが大切です。注意を向ける上で、間違いを探す課題は効果的です。

2 正しい字探し

①正しいひらがな文字１個と、同じ文字で誤り文字２個の、計３枚のカードを用意します。

②子どもにカードを見せ、「正しい文字を選んでください」と言います。

③１分以内にできるだけ多くの文字を探すように伝えます。この課題を通して、短時間で左右逆の文字を誤文字として区別する力がつきます。

字の区別に時間がかかる場合には、画要素の一部に色をつけます。文字の形が識別しやすくなります。

3 字の間違いを探す課題

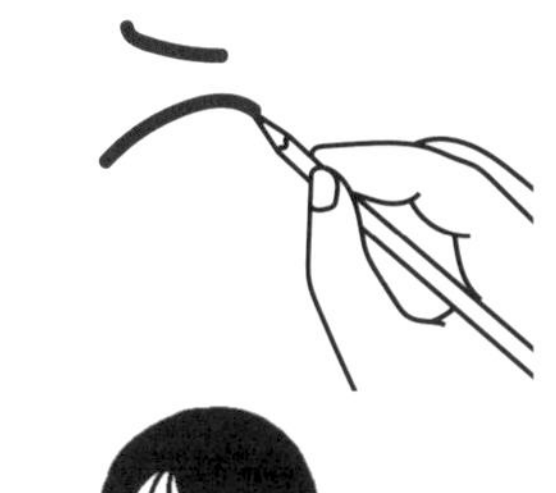

①左右逆の文字を含む誤り文字を書いたカードを用意します。

②子どもにカードを見せて、間違えているところを探すように言います。

③「間違えているところを書き直してください」と言います。この課題で、短時間で間違いの個所を判断し、修正する力がつきます。

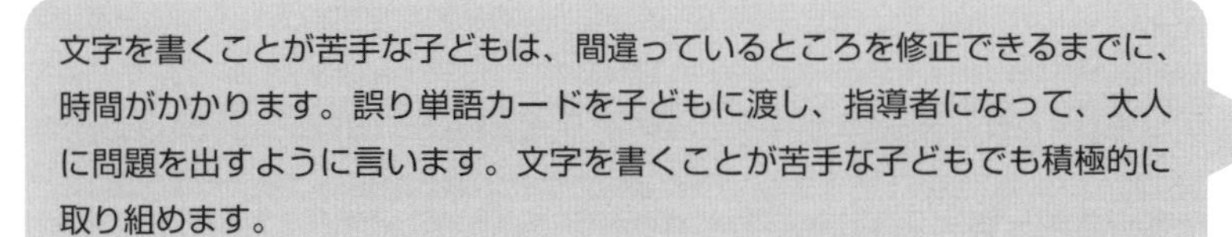

★書字スキルの弱さに対する支援★

文字を自動的に書けるようにするためには、書き練習の第一段階で、始点や終点を意識して書くことが大切です。また、字の形を意識し、画の位置を意識して書くことが大切です。その後、反復練習を通して、意識しないでも書けるようになります。

ひらがな文字をうまく書くことができない子どもは、意識して書くことがありません。書字練習を開始する段階で、意識して書くように促すことが大切です。

4 始点と終点、筆の軌跡を意識的に書くプロセスを支援する課題

①「し」「へ」のような書きやすい文字から始めます。見本の文字の始点や曲がるところや終点に1、2、3と番号を書きます。子どもに、「1から書いて」「2でまがって」「3で止まって」という大人の指示にしたがって書くことを練習します。言語指示を3項目にすると、子どもは、無理なく記憶することができます。

②子どもに、大人に対して指示を出すように、言います。

③大人に指示を出せるようになったら、子どもに、「1から書いて」など自分で声に出しながら、書くように伝えます。このようにすることで、意識的に書くプロセスを促します。

④見本の文字をなぞります。このときも、声に出しながらなぞるように指示します。

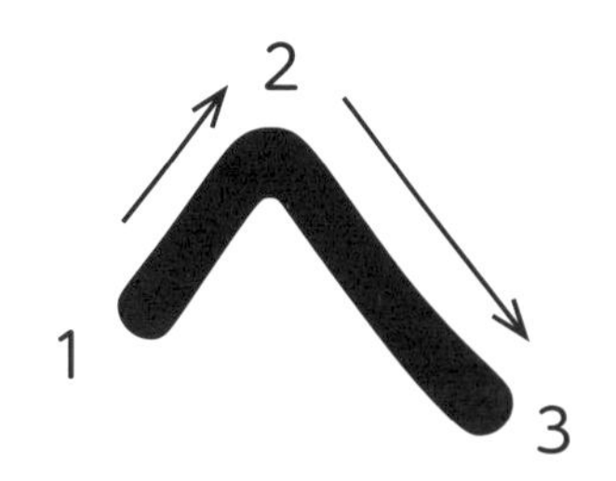

指導のポイント

大人の指示で、子どもが少し書けるようになったら、子どもが大人に指示するように言います。子どもは大人に指示することが好きなので、積極的に取り組んでくれます。

「1から書いて」などの数字が言いにくいときには、代わりに赤マルや青マルを使います。「赤マルから書いて」、「青マルで止まって」というように指示を変えます。

5 文字の形を意識して書く

文字の形絵カードを使って、文字の形に注意を向けるように促します。文字の形の把握が不十分なときは、文字の形を意識することがむずかしくなります。

①本書の教材では、ひらがな文字を表す代表単語の絵カード(3)を用意しました。併せて、代表単語のイラストの形の一部と、ひらがな文字の形と似ているところを目立たせるようにした文字の形絵カード(4)を用意しました。

②代表的単語の絵を示して、絵の名前を言うよう伝えます。

③次に、代表単語の名前を言いながら、文字の形絵カードの文字の部分を指でなぞるように教えます（例として、「きつねのき」といいながら、「き」をなぞるように教えます）。

④絵カードを見せて、文字の形の部分を、指でなぞるように教えます。

⑤絵カードを見ながら、文字を書くように指示します。形が単純なひらがな文字では、特に効果的です。

⑥単語の読みを言ったあとに、その文字を書くように教えます。「きつねの「『き』を書いて下さい」と教えます。

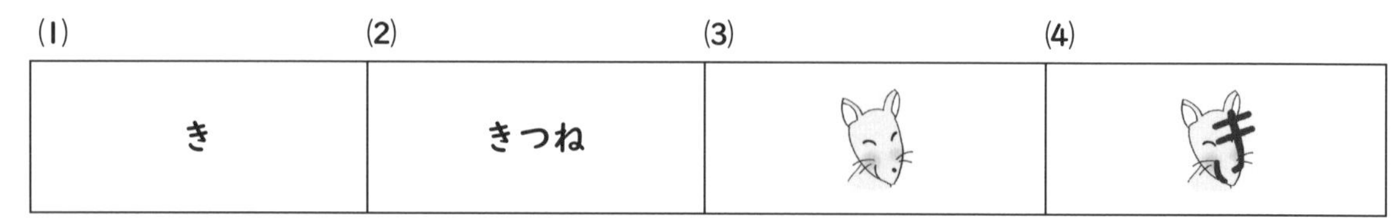

文字の形を意識して書く課題の絵カード

②の「ひらがな文字を表す代表単語の名前を言う」ことが苦手な子どもがいます。その場合には、指導者が読み、「きつねの『き』はどれ？」と言って、文字絵カードを選ぶようにします。その後、文字絵カードを見せた状態で、「『き』を書いて」と言います。子どもは文字絵カードを見て書きます。次に、文字絵カードを半分、隠した状態で、「『き』を書いて」と教えます。子どもは、視覚記憶を働かせて書くことができます。できたら、さらに隠す面積を増やします。１文字か２文字の少ない文字数で練習をはじめ、日を重ねると書字が定着します。

6 文字を完成させよう

字の一部が欠けた文字を子どもに見せます。子どもに、正しい字になるように、補って書くことを教えます。手がかりがあると、子どもは積極的に取り組むことができます。欠けている箇所を、順次大きくした見本を用意します。

①字の一部が欠けた文字が書いてあるプリントを用意します。右の例は、「た」と「こ」の反復書字課題です。ダウンロード教材のPDFにある赤い点は１画目、青い点は２画目を表します。

②欠けた箇所を補って、文字を書くように教えます。

③例では、上半分の字である場合と、下半分の字である場合のように、同じ字で、書けた箇所が違うプリントを子どもに渡します。運筆の際の注意する内容が違うので、単調な反復書字による練習とは異なります。

た　こ

た　こ

プリントに書くときに、どうしても字が乱雑になってしまう子どもがいます。そのときには、「ゆっくり書いてね」という指示が効果的なことがあります。「教室でも、ゆっくり書こう」と教えます。その後、ノートを見せてもらい、どの字をゆっくり書いたのかを確認し、ほめます。ゆっくり書いた字をほめることで、日常の書字の乱雑さを減らすようにします。

ひらがな文字の読み書き教材

ひらがな文字の読み書き教材として、この本では、①文字の形絵カードと②文字完成プリントを用意しました。

①文字の形絵カード

文字の形の把握が不十分な場合には、文字の形に注意を向けることがむずかしくなります。本書では、ひらがな文字を表す代表単語の絵カードを用意しました。ひらがな各１文字に、４枚のカードを用意しました。

カードは、ひらがな文字(1)、ひらがな単語(2)、代表単語の絵(3)、絵に文字の形を埋め込んだ形絵カード(4)の４種類です。

下に、ひらがな文字と代表単語を表しました。

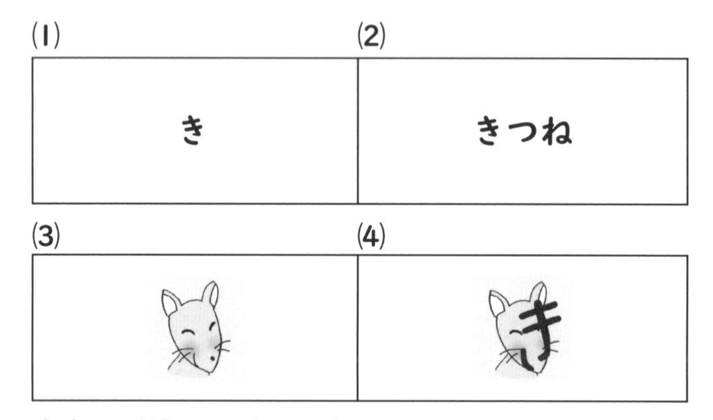

文字の形絵カードに関連したカード

代表単語は、小学生低学年の子どもが知っている単語で、文字の形を含んでいるものを選びました。下は一覧にした表です。子どもによっては、より自分が覚えやすい単語があるかもしれません。そのときは、絵を新しく作って文字の形絵カードを追加してください。

文字と代表単語

あ	あり
い	いぬ
う	うし
え	えんぴつ
お	おとうさん
か	かば
き	きつね
く	くり
け	けいと
こ	こい

さ	さる
し	しか
す	すいか
せ	せみ
そ	そば
た	たい
ち	ちきゅう
つ	つき
て	て
と	とけい

な	なす
に	にわとり
ぬ	ぬりえ
ね	ねこ
の	のはら
は	はっぱ
ひ	ひつじ
ふ	ふぐ
へ	へび
ほ	ほたる

ま	まど
み	みかん
む	むし
め	めだま
も	もも
や	やぎ
ゆ	ゆきだるま
よ	よっと
ら	らいおん
り	りんご

る	つる
れ	れたす
ろ	ろけっと
わ	わし
ん	らんぷ

②似た文字の完成プリント

文字完成課題では、字の一部が欠けた文字を見せ、子どもに、正しい字になるように、補って書くよう指示します。

「あおめぬ」「うりら」「さきこ」「しもく」「そとて」「なたこ」「はほま」「めぬの」「わぬれ」「つくし」「へのて」 のように、形が似ているひらがなのプリントを用意しました。

オレンジ色の見本線をなぞれば、文字を書けるようにしてあります。一部の文字については見本線なしでイメージで補って書く必要があります。

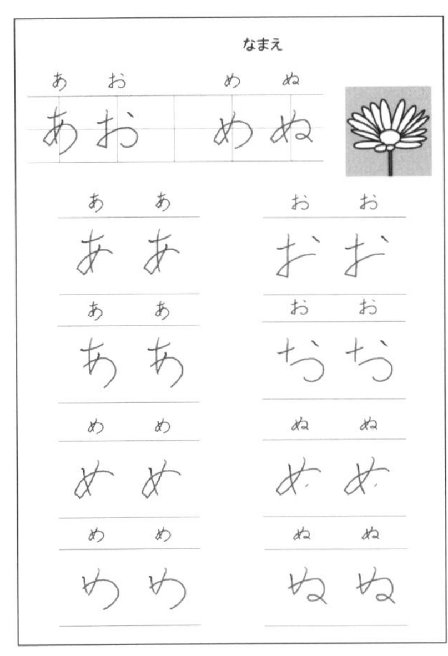

似た文字の完成プリント

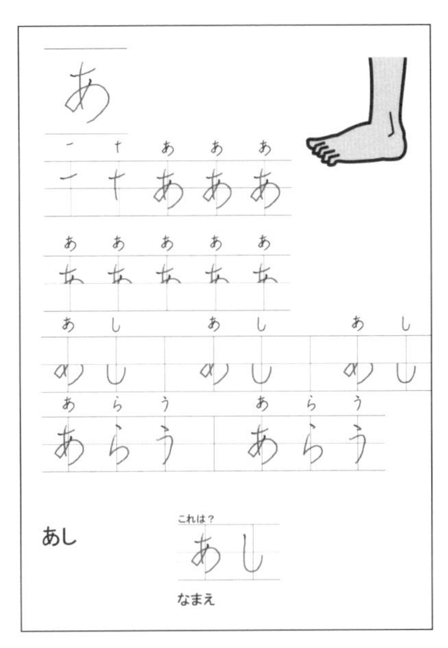

ひらがな文字プリント

③ひらがな文字プリント

ひらがな各文字について、書きプリントを用意しました。プリントの一部には、完成課題で文字を書く箇所も設定しました。

教材一覧 https://www.godo-shuppan.co.jp/news/n59167.html

カード名	内容	
（2-1） 文字の形絵カード	ひらがな各１文字に、４枚のカードを用意しました。カードは、ひらがな文字カード、ひらがな代表単語、代表単語の絵、絵に文字の形を埋め込んだ形絵カードから構成されます。	
（2-2） 似た文字の 完成プリント	「あめおめぬ」「うりら」などのように、形が類似した文字について、文字完成プリントを用意しました。一部の文字について、見本線が欠けているので、補って書くことが求められます。	
（2-3） ひらがな 文字プリント	あ～んの文字について、文字完成プリントを用意しました。	

事例1 音読で「ん」や「っ」が苦手なFさん（小2）

２年生の男子で、ひらがな文字の読みは安定していますが、ひらがな文の音読が苦手です。特殊音節が入っている単語を読むことも苦手で、促音「っ」と撥音「ん」が入っていると単語を飛ばして読むことが多いです。家で音読の宿題をするときに、お母さんに「もうやったよ」と言うことが多く、お母さんも困っています。

授業中に急に立ち上がって窓の外を見に行くなど、多動傾向も強いので、まず課題に取り組む時間を短くしました。指導課題の前と後に、ゲーム的要素の強い課題を短時間行うことを提案したところ、課題への取り組みがよくなりました。

支援

1 音記号カードの説明

苦手な促音と撥音を含む単語から指導を始めました。初めに、音記号カードの説明を行いました。説明には、音記号カードを使います。

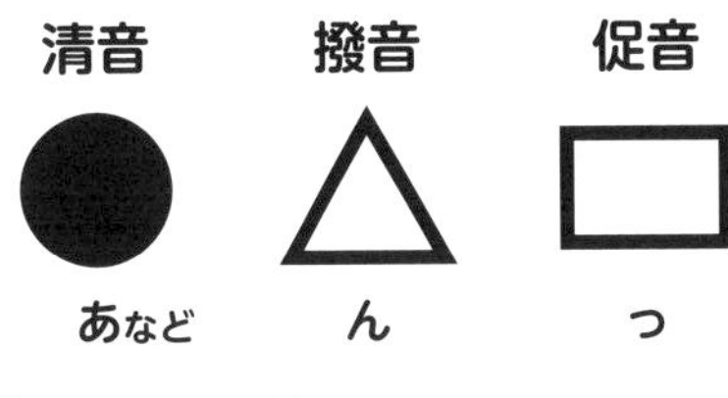

音記号カード

2 促音撥音かるた取り

47ページで紹介したかるた取りをしました。文字カード、音記号カード、絵カード３種を使うと選びやすくなります。

指導者が、単語を読み上げて、子どもが対応するカードを選びます。

3 音記号カード

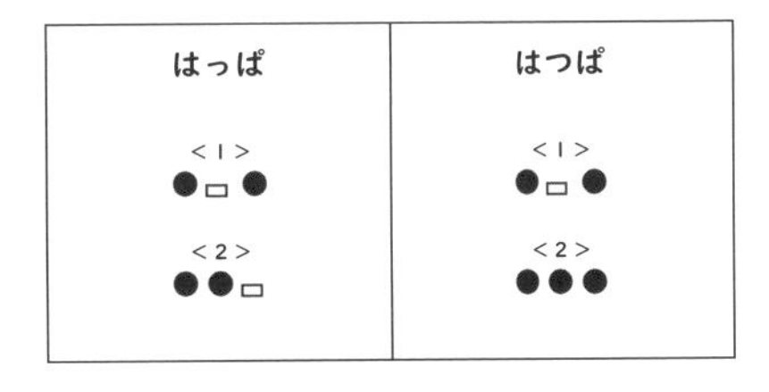

音韻意識に対する支援をするために、音記号カードの２択カードを使いました。「はっぱ」と「はつぱ」のように、促音を区別できるカードを使います。２択ができたら、３択カードにレベルをアップさせます。

4 視覚性語いの形成

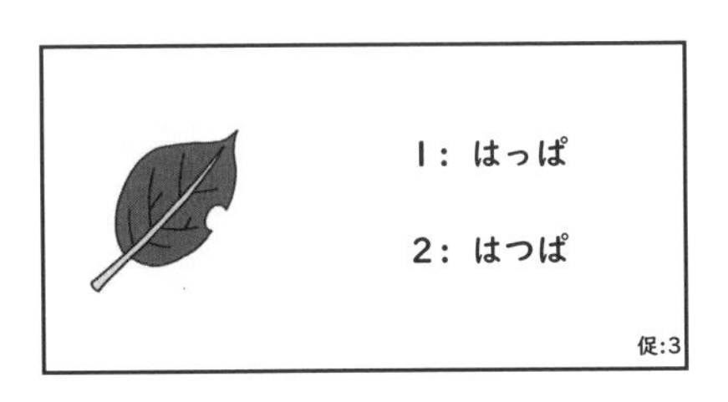

「視覚性語いの形成に基づく支援」として、特殊音節表記の選択カードを使って指導しました。指導者が子どもに、「単語を読んで正しい番号を選んで」と指示します。

発達検査の結果では、語い力の評価は約85で、言語性ワーキングメモリの評価は約75でした。ひらがな文字は、すべて読めていました。ひらがな文の音読に強い困難を示しました（特殊音節表記の読み書き困難が強いタイプ）。

事例2 「ゃゅょ」の読み書きが苦手なGさん（小3）

３年生になりました。撥音「ん」の読み書きはできますが、「しょうがっこう」を「しゅがこう」「しゅがっこう」と読んだり書いたりするなど、促音と拗音の読み書きが不安定でした。

拗音の中でも「しゃ」や「ちゃ」は比較的できるのに対し、子どもが本などで経験することの少ない「みゃ」「にゃ」は、読み書きが不安定でした。そこで、子どもがよく出合う拗音から指導を始めました。

できないことで落ち込んでしまい、学校の勉強すべてに対して拒否的な傾向が出てきて、教師や保護者は対応に苦慮しています。漢字単語の読みの苦手さも見られます。

支援

1 正しいのはどっち？

指導の開始時点で、「でんしゃ」と「でんしや」を読み間違えました。そこで、音記号カードで拗音の音韻意識に対する支援をしました。高頻度拗音（よく出合う拗音、49ページ）の単語判断課題を、２択課題で指導しました（右図）。指導者の読みに合わせて、正しい単語の番号を言うように教示します。

あかちゃん

<1>
● ● ●•△

<2>
● ●•△ ●

2 低頻度の拗音

よく出合う拗音単語ができたら、あまり出合わない拗音を含んだ単語判断カードを使いました。

正しい単語の番号が言えるようになってきたら、番号の代わりに正しい単語を紙に書く方法に切り替えました。

拗音の低頻度単語

1：にゃあにゃあ

2：にやあにやあ

3 例文づくり

拗音の高頻度単語と低頻度単語を使って、例文を作る課題を行います。

絵つきの２択カードを示し、その単語を含む例文を子どもに言わせます。慣れてきたら、子どもが書くようにします。

授業の中でよく出てくる単語が少しずつ書けるようになって、Gさんは自信がつきました。

拗音の高頻度単語

1：あかちゃん

2：あかちやん

高:1

発達検査の結果では、語い力の評価は約100で、言語性ワーキングメモリの評価は約80でした。ひらがな文字は、すべて読めていました。ひらがな文の音読に強い困難を示しました（特殊音節表記の読み書き困難が弱いタイプ）。

支援と教材

特殊音節単語の読み書きが苦手な子どもの多くは、漢字単語の読みも苦手です。特殊音節単語の読み書きを促して、漢字の読みの改善も期待できます。漢字単語の読み困難は、漢字単語の書き困難につながります。ですから、特殊音節単語の読み書き支援は、読み書き学習の基礎的支援として大切です。

「しゃ」や「きゃ」を読めるようになると、他の「みゃ」も読める子どもが多いことから、特殊音節の文字と音の関係を理解することが大切だといえます。一方、教科書で出現頻度が高い拗音（「しゃ、しゅ、ちゃ、ちゅ」など）は読めるのに、頻度が低い拗音（「にゃ、にゅ、みゃ、みゅ」など）の習得が弱い子ども達がいます。子ども達に対しては、苦手な拗音表記ごとにていねいに支援します。

特殊音節表記が苦手なタイプとして、「特殊音節表記の読み書き困難が強いタイプ」（「促音、撥音、拗音、拗長音の４種に苦手を示す子ども）と、「特殊音節表記の読み書き困難が弱いタイプ」（「拗音と拗長音のみに苦手を示す子ども」に分けることができます。

学習場面での問題

- 特殊音節の音韻意識が弱く、文字と音を対応させる学習が苦手
- 特殊音節の音のイメージの操作（音韻意識）が苦手
- 例えば「りんご」という音のイメージを心の中で保持することが苦手
- 特殊音節の音韻意識が弱く、文字と音を対応させる学習が苦手

特殊音節単語の特徴

- 促音（っ）、撥音（ん）、拗音（ょ）などの読みを間違えることが多い
- 音韻意識の弱さを示す。特に「た」抜き言葉のような音のイメージに関する課題ができない

小池ら（2017）に基づきました。

拗音と拗長音では、文字と音の関係は複雑です（ひらがな清音文字は１文字１拍で、特殊音節の促音と撥音も１文字１拍です。一方、拗音は２文字１拍、拗長音は３文字２拍です）。そのため、２年生以上になると文字と音の関係が複雑な拗音と拗長音でつまずく子どもが増えます。

タイプ別支援

「特殊音節表記の読み書き困難が強いタイプ」は、「音韻意識の不全」や「ひらがな文の流暢な読み」それぞれの弱さに対する支援が大切です。特に、促音と撥音を含めて特殊音節表記の習得を支援します。

「特殊音節表記の読み書き困難が弱いタイプ」は、促音と撥音の習得が進み、音韻意識も形成されてきているので、「ひらがな文の流暢な読み」の弱さに対する支援が大切です。特に、拗音と拗長音を中心に特殊音節表記の習得を支援します。

特殊音節表記の読み書き困難が強い子ども
音韻意識に対する支援が大切です。

特殊音節表記の読み書き困難が弱い子ども
視覚性語いの形成に基づく支援が大切です。

★音韻意識に対する支援★音を記号で表したカード（音記号カード）を使う。

★視覚性語いの形成に基づく支援★正しい単語と間違った単語が書かれたカードを見せ、正しいものを選ぶ（単語判断課題）。

表3-1　特殊音節表記が苦手なタイプ

	特殊音節表記の読み書き困難が強いタイプ	特殊音節表記の読み書き困難が弱いタイプ
苦手な特殊音節表記	促音（っ）撥音（ん）拗音（ゃゅょ）拗長音（ゅう等）の表記が苦手。	促音と撥音表記の習得は良好だが、拗音と拗長音の表記が苦手。
音韻意識の習得	3・4文字の清音単語の音韻分解と音韻抽出が苦手	清音単語は良好
ひらがな清音文字の音読のようす	○良好	○良好
ひらがな単語の流暢な読み	ひらがな単語を読むときに、1文字ずつ読む傾向がある	ひらがな単語の流暢な読みについて、短い単語（2文字単語）は比較的うまく読む
言語性ワーキングメモリ	聞いて覚える力は弱い	聞いて覚える力は弱い

★音韻意識の支援★

音記号カードを使って支援をします。音記号カードとは、特殊音節を記号で表したものです。撥音や促音は１拍、１枚のカードで表します。拗音は１拍で２文字ですので、１枚のカードに２つの記号で表します。

⑴は清音と濁音、⑵撥音、⑶促音、⑷拗音です。

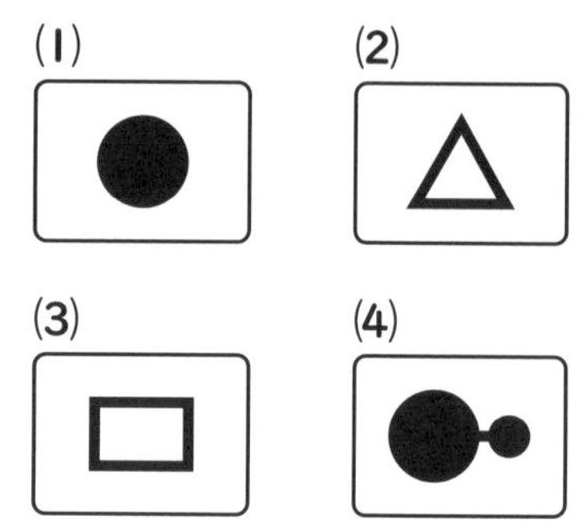

例

「でんしゃ」を音記号で表すと右のようになります。

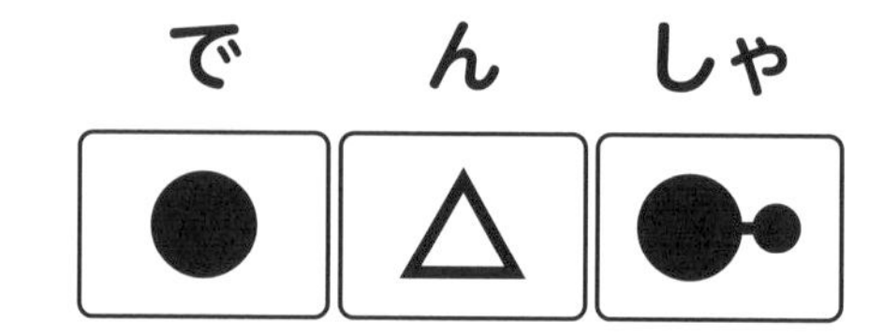

1 音記号カードを選ぶ

①「でんしや」「でんしゃ」「きて」「きって」などの音記号カードを作り、子どもの前に置きます。

②指導者が単語を言い、それに対応した音記号カードを子どもが選びます。

音記号カードの理解を促すために、１枚ずつ発音しながら、それに対応した音記号カードを見せます。特に、拗音や拗長音の指導をていねいにします。

小池ら（2017）に基づきました。

2 音記号カードから文字を並べる

①指導者が単語を発声し、それに対応した音記号カードを選んで組み合わせるよう伝えます。

②音記号カードの代わりに、文字カードで組み立てさせます。

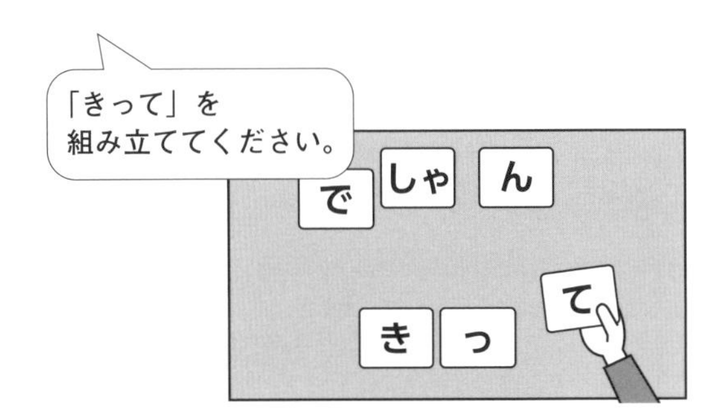

音記号の理解がむずかしい子どもには、指導を繰り返す必要があります。そんなときは、ときどき子どもと大人の役割を交代します。指導者と子どもが互いに問題を出し合うようにすると、子どものモチベーションが上がります。

小池ら（2017）に基づきました。

3 かるた取り

①絵カード、音記号カード、文字カードを準備して、子どもの前に複数枚置きます。

②指導者が単語を読み上げ、子どもはそのカードを選びます。この本では、促音単語７個、撥音単語８個、高頻度拗音単語17個、低頻度拗音単語14個をカードにしました。子どもの習得の段階に合わせて、課題を選びます。

4 音記号を選ぼう

①特殊音節に気づかせるために、音記号の２択、３択カードを用意します。

②選択カードを見せて、指導者が単語を読み、子どもに正しい音記号の番号を選ばせます。「がっこう」と「がつこう」のように間違いやすい単語も用意してあります。

③ひらがなを紙などで隠して子どもに見せ、指導者が単語を読み上げて選びます。文字情報がないので、むずかしい課題になります。

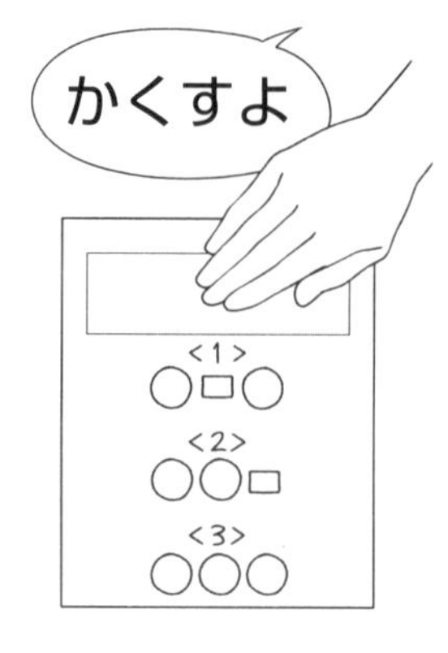

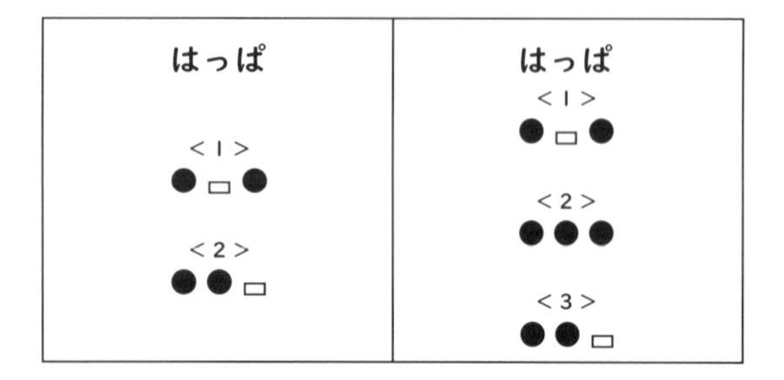

促音、撥音、高頻度の拗音、低頻度の拗音単語について、２択と３択のカードを用意しました。まずはやさしい促音や撥音の２択課題から始めて、３択課題を行います。次に子どもがよく出合う拗音に進むことで、特殊音節に対する気づきを促すことができます。

★視覚性語いの形成に基づく支援★

教科書の中で高い頻度で使われる特殊音節単語と、低い頻度の単語があります。高い頻度の表記の読みの正答率は、低い頻度の表記と比べて正答率が高いことがわかりました。つまり、低い頻度の特殊音節表記は、見て区別する経験を増やしてなじませることが有効と考えられます。正しい単語と誤った単語を見せ、正しい単語を選ぶ課題（単語判断課題）では、初めは単語の読みに基づいて選択しますが、次第に単語全体の形に基づいて判断できるようになります。このようにして視覚性語いが形成されます。

5 単語判断カード

①特殊音節表記の選択カードを用意します。

絵つきカード

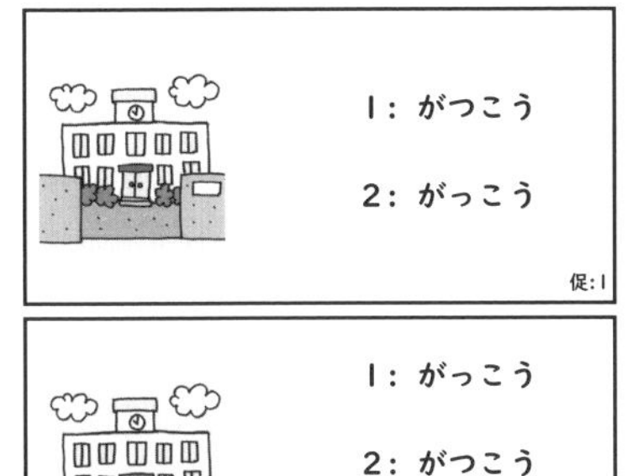

絵なしカード

1：がっこう
2：がつこう
促：1

1：がっこう
2：がつこう
3：がいこう
促：1

1：がつこう
2：がいこう
3：がっこう
促：1

特殊音節表記の単語判断カード

②単語判断カードを子どもに見せます。カードには、単語を表す絵とひらがなが書いてあります。指導者は単語を読み、子どもにその単語が何番か選びます。

③まずは習得が簡単な促音や撥音表記単語の２択のカードで指導します。次に３択課題を行います。

④促音表記の単語が安定して選べるようになったら、子どもがよく出合う拗音表記の単語が入っている２択課題と３択課題を行います。

⑤低頻度の拗音表記を習得するには、時間がかかることがあります。短時間の指導を繰り返すことで、子どもの負担は軽くなります。絵つきカードを使った後には、絵なしカードでも同じように指導します。

高頻度単語は「きゃ、きゅ、しゃ、しゅ、しょ、ちゃ、ちゅ、ちょ」などです。低頻度単語は「にゃ、にゅ、みゃ、みゅ、ひゃ、ひゅ」などです。

ひらがなを流暢に読むのがむずかしい子どもは、文字数の長い単語よりも短い単語を読みやすい特徴があります。特殊音節単語の単語判断課題がむずかしい子どもは、高頻度単語で短い文字単語から始め、高頻度で長い文字単語を学習します。

特殊音節表記単語の教材

①音記号カード

音記号カードとは、特殊音節を記号で表したものです。撥音や促音は１拍なので、１枚のカードで表します。拗音は、１拍ですが、２文字ですので、１枚のカードに２つの記号で表しました。

この本では、46ページに紹介した４種類の音記号カードを用意しました。これらのカードを使って、特殊音節表記を組み立てることができます。

促音と撥音の表記は、拗音や拗長音より習得が簡単です。また、特殊音節表記の習得が困難な子どもでも、「しゃ」や「ちゃ」のような低学年の教科書によく出てくる表記の習得は容易であることがわかりました。

子どもが練習しやすい教材を使うことで、その表記について学習しやすくなります。

②かるた課題用カード

低学年の子どもでも、かるたなら繰り返し楽しく取り組むことができます。

使いやすい単語カードを、促音、撥音、高頻度拗音、低頻度拗音に分けて用意しました。

③音記号選択カード

音記号選択課題について、２択と３択の課題を用意しました（支援４、48ページ）。選択肢が２個の単語選択課題も取り組みやすい課題です。このカードを見せ、ヒントとして使いながら、音記号を組み立てる課題に使います。

④単語判断カード

高頻度拗音と低頻度拗音に分けて単語カードを作ったので、子どもの困難の程度に合わせてカードを選ぶことができます。単語カードは、２択用と３択用のカードを用意しました。これにより、子どもに負荷をかけることなく、反復して練習に取り組むことができます。

⑤本書の教材カードの構成について

本書で紹介した教材では、各特殊音節表記の単語について、複数枚のカードが用意されています。カードの内容は、次の表のようになります。

教材カードの構成

カード名	カードの内容
音記号カード（支援２、47ページ）	清音カード、促音カード、撥音カード、拗音カード
かるた課題用カード（支援３、47ページ）	特殊音節単語カード、絵カード、特殊音節単語＋絵カード、音記号カード
音記号選択カード（支援４、48ページ）	絵＋音記号２択カード、絵＋音記号３択カード 特殊音節単語＋音記号２択カード、特殊音節単語＋音記号３択カード
単語判断カード（支援５、49ページ）	絵＋特殊音節単語２択カード、絵＋特殊音節単語３択カード 特殊音節単語２択カード、特殊音節単語３択カード

かるたカードは、促音、撥音、拗音について利用できます。

音記号選択カードと単語判断カードはそれぞれ、促音、撥音、高頻度拗音、低頻度拗音で利用できます。本書の教材の特殊音節表記単語のリストは、下の表になります。子どもにとってなじみのある単語から構成しました。

特殊音節表記単語のリスト

清音単語	促音単語	撥音単語
うし	がっこう	きりん
やま	きって	さんま
わに	とらっく	とんぼ
かえる	はっぱ	みかん
きつね	ゆきがっせん	せんせい
さかな	ばった	にんじん
	ばっと	ふうせん
		らいおん

高頻度拗音単語（1）	高頻度拗音単語（2）	低頻度拗音単語（1）	低頻度拗音単語（2）
あかちゃん	ちゃいろ	びょういん	げんりょう
あくしゅ	ちゅうしゃ	びょうき	さんみゃく
かいしゃ	ちょうちょ	ねんぴょう	にゃあにゃあ
がっきゅう	でんしゃ	はっぴょう	ひゅうひゅう
こんちゅう	とっきゅう	きょうりょく	ちゅんちゅん
じてんしゃ	はくしゅ	ざいりょう	
しゅくだい	じどうしゃ	どりょく	
しょうがつ	こうちゃ	きゅうびょう	
しょくじ		ぎょうざ	

教材一覧　https://www.godo-shuppan.co.jp/news/n59168.html

カード名	内容
（3-1）音記号カード	音記号の組み立て課題で利用する。
（3-2）かるた課題用カード	かるた取り課題で利用する。促音・撥音・拗音についてカードを用意。
（3-3）音記号選択カード	音記号の選択課題で利用する。清音・促音・撥音・高頻度拗音・低頻度拗音についてカードを用意。2択カードと3択カードがある。
（3-4）単語判断カード	特殊音節表記の選択課題で利用する。清音・促音・撥音・高頻度拗音・低頻度拗音についてカードを用意。2択カードと3択カードがある。

事例1 短いひらがな単語の音読でつまるHさん（小1）

Hさんは、1年生の時に音読をするときに途中でつまってしまうことが多く、2年生になってもうまく読むことができませんでした。発達の遅れを心配されて医療機関を受診した結果、言葉の発達は平均以上で目立った認知の遅れはないが、文字と音の変換に弱さがあることがわかりました。その後個別の学習支援が開始され、約3か月後にはひらがな文の読みが少しずつ改善してきました。

ひらがな単語の流暢な読みの支援では、2文字単語から指導を始めました。ひらがな1文字ずつの読みは達成しているので、単語を見せると、1文字ずつ読もうとします。

単語をまとめて読むという読み方に、慣れていないようすでした。

支援

❶ 絵カードをヒントに読む

はじめに、視覚性語いで読む課題（課題４-１）を行いました。絵カードを見せて、何が書いてあるかを言うように伝えました。次にひらがな単語カードを絵カードと共に示して、単語カードを読むように言います。最後に、ひらがなカードを示し、読むように教示します。

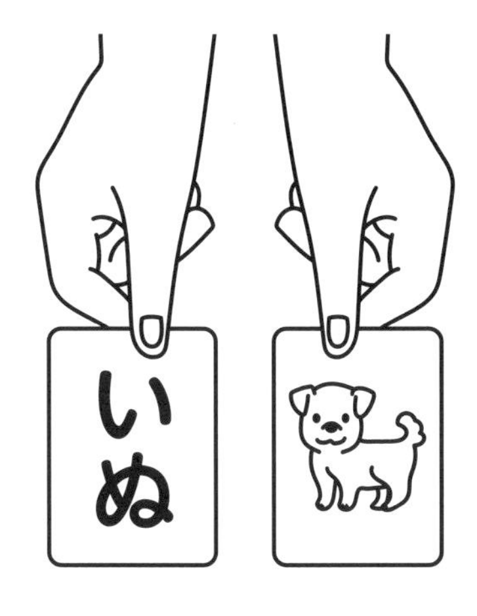

❷ 単語判断課題

絵つきのカード（右⑴）を見せ、子どもに名前を言ってから、２択から正しい番号を言うように伝えました。次に、絵なしのカード（右⑵）を見せ、単語の読みを口頭で提示して、正しい単語を見つけるよう教示しました。

最後に子どもが正しい単語を見つけて、読み上げるように教示しました（右⑶）。少ない文字数の単語で指導を行いました。

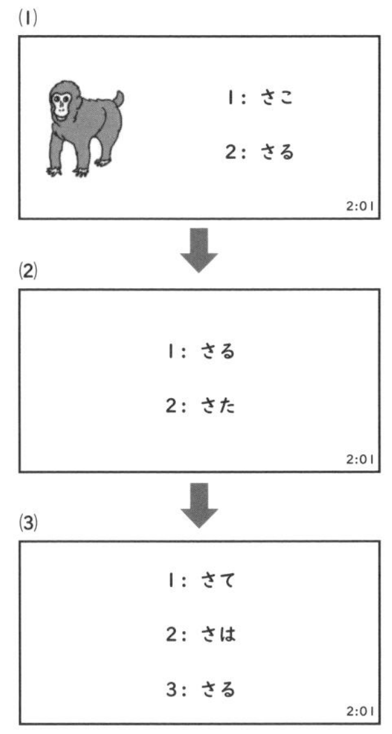

❸ 短い単語の文章を音読

２文字や３文字の単語を含む文章を用意し、音読します。❶から❷で練習した単語を使います。文の音読がスムーズになったということは、単語をまとめて読む力がついてきたという証拠です。

発達検査の結果では、語い力の評価は約100で、言語性ワーキングメモリの評価も約100でした。ひらがな文字は、すべて読めていました。２文字単語判断課題と４文字単語判断課題は、共に10パーセンタイル*（156ページ）以下の低成績でした（ひらがな単語の流暢な読み困難が強いタイプ）。

事例2 長い単語の音読と意味の理解がむずかしいIさん（小2）

Iさんは友達が多く、昼休みには活発に遊びます。授業のときは、休み時間と比べるととてもおとなしくしています。教科書の音読がとても苦手で、文章の内容は、友達に教えてもらっているようです。授業中に発言するよう指名されても、言葉で表現することが苦手で、うまく答えを言えないことがあります。

２年生の教科書の中には、「みの回りにいる人」や「ものしりな人」を「しょうかいする」ことに関係した題材が出てきます。「みの回り」や「ものしり」「しょうかい」などの単語がわからないようでした。

２文字単語をうまく読むことができますが、４文字単語については、流暢に読むことができませんでした。そこで、３文字単語の指導から始めました。

支援

1 文字がかくれたカード

4文字の単語について視覚性語い で読む課題を行いました。絵カードとひらがな単語カードを見せて、単語カードを読むように言います。次に、一部の文字が隠されたひらがなカード（右図）を示し、読みます。4文字単語課題での練習がむずかしい場合には、3文字単語課題から練習します。

2 日頃の授業につなげる

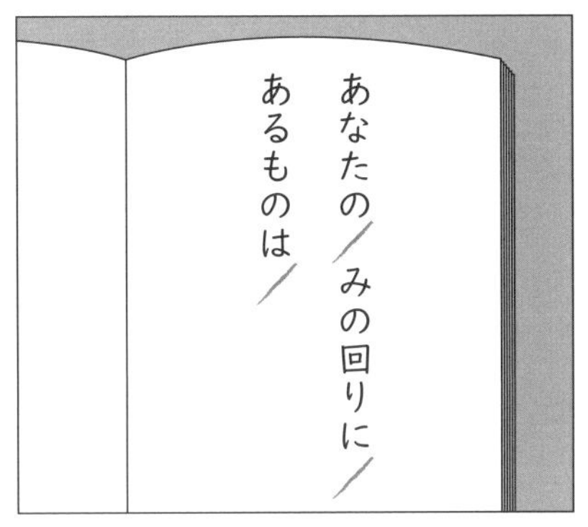

教科書を読むときの区切りをＩさんと相談して決めました。その箇所を鉛筆でマークづけし、読む練習をしました。

慣れたらマークを薄く見える程度まで消して、読む練習をしました。さらにマークを消して、読む練習をしました。

この手続きを繰り返すことで、Ｉさんは息継ぎを意識できるようになりました。

3 マイエピソード作文

子ども自身のできごとを題材にして、読みにくい単語を使って作文し、音読してもらいます。

一人で文を作ることがむずかしい場合には、指導者が先に文を作り、その文のように作文することを促します。この課題を繰り返すことで、生活場面でも、学習した単語を使うことが増えてきました。

Ｉさんの指導の流れ
指導者が「物知り」について作文し、それを見せて、Ｉさんに作ってもらいました。

- 指導者の作った文
「私の妹は、PCのゲームについてよく知っています。私は、妹がゲームのことに物知りなので、驚きました。」
- それを見てＩさんは「ぼくの友達は、サッカーのことをよく知っています。なんて物知りなんだろうと思いました。」と作文しました。
- Ｉさんに音読を教示しました。知っている内容の文章なので、スムーズに音読できました。

発達検査の結果では、語い力の評価は約85で、言語性ワーキングメモリの評価も約80でした。ひらがな文字は、すべて読めていました。2文字単語判断課題は良好でした。4文字単語判断課題は、5パーセンタイル＊（156ページ）以下の成績でした（ひらがな単語の流暢な読み困難が弱いタイプ）。

支援と教材

２文字のひらがな単語を流暢に読むことが苦手な子どもは、ひらがな文の読み困難が強い子どもです。短いひらがな単語を使ってかるた取りで遊ぶ活動を行います。２文字単語から始めて読めてきたら、３文字単語を含めた活動にします。併せて、かるた取りで使った単語を含む短い文の音読を指導します。

２文字単語は流暢に読めるのに、４文字単語の読みがむずかしい子どもには、次ページ以降で紹介する「視覚性語いで読む課題」や「単語判断課題」による指導を行います。指導では、少し長い単語をまとめて読む力を促します。

教科書に出てくる単語を「視覚性語いで読む課題」や「単語判断課題」で指導すると効果的です。その単語を含む文章の音読が改善していきます。

学習場面での問題

- ２文字などの短いひらがな単語をまとまりとして読むことが苦手
- ２文字なら読めるが、４文字の長いひらがな単語をまとまりとして読むことが苦手

ひらがな文の読みの特徴

- 音読に時間がかかり、読むことに対して消極的
- 文末を正確に読まないことがある
- １文字ずつ読むことがある

小池ら（2017）に基づきました。

タイプ別支援

ひらがな文の流暢な読み困難については、「２文字単語のように短い単語をまとまりとして読むことが困難なタイプ（読み困難が強いタイプ）」と、「短い単語は良好だが長い単語（４文字単語）の読みが困難なタイプ（読み困難が弱いタイプ）」に分けることができます。読み困難が強いタイプに対しては、短い単語による支援が効果的です。また言葉の意味理解の弱さを示す子どももいます。

ひらがな文の流暢な読み困難を示す子ども
単語をまとまりとして読むプロセスが関係します。

▼

★単語をまとまりとして読む力の支援★単語の形になじむための工夫をします。教科書の文章中の単語について指導するとよいでしょう。

言葉の意味理解が弱い子ども
語いの弱さが関係します

★語いの弱さに対する支援★例文を理解して、単語の意味について学習します。子ども自身の経験を手がかりにして例文を作ることで、語いを増やす働きかけを行います。

表4-1　ひらがな文の流暢な読みが苦手なタイプ

	ひらがな文の流暢な読み困難が強いタイプ	ひらがな文の流暢な読み困難が弱いタイプ
文の音読のようす	文章は１文字ずつの読みになってしまう（読み間違えや語尾を適当に読むことがある）	文章は１文字ずつの読みになってしまう（読み間違えや語尾を適当に読むことがある）
単語の音読のようす	３・４文字の清音単語の音韻分解と音韻抽出が苦手な子どももいる	２文字単語であれば、流暢だが、４文字単語だと流暢でない
ひらがな文字の読み	ひらがな文字の読みが不安定な子どももいる	○良好
ひらがな単語の流暢な読み	ひらがな２文字単語を読むときに、１文字ずつ読む傾向がある	ひらがな２文字や３文字の単語は比較的うまく読む（長い単語は、１文字ずつ読む）
漢字単語の読み	漢字単語の読みは苦手	漢字単語の読みは苦手
語い力	語いの力が弱い傾向が強い	語いの力が弱い子どもがいる
言語性ワーキングメモリ	聞いて覚える力は弱い	聞いて覚える力は弱い

★単語をまとまりとして読む力の支援★

単語をまとまりとして読む力には、文字数が影響します。まとめて読むことのできる文字数の単語から始めて、３文字単語、４文字単語とだんだん文字数を増やします。なじみのある単語から開始し、なじみのない単語も含めて練習します。

教科書にのっている文章中の単語がすらすらと読めるように支援します。単語が流暢に読めるようになると、文章の読みは顕著に改善します。

1 視覚性語いで読む課題

①絵カードを出し、名前を言います（カード⑴）。その後ひらがな単語カードを読むよう教えます（カード⑵）子どもが読むことができる文字数の単語から指導します。

②一部の文字が隠されたひらがなカード（カード⑶、単語完成カード）を見せて、読むように教えます。慣れてきたところで、１文字を隠したカード⑷を見せ、読ませます。

③通常のカード⑵を見せ、読むように教えます。短い文字の単語なら、まとめて読もうとするようすが見られます。

④２文字のひらがな単語を流暢に読むことが苦手な子どもは、ひらがな文の読み困難が強い子どもです。２文字単語から始めて読めてきたら、３文字単語も含めて活動を行います。指導で使った単語を含む短い文の音読を指導します。

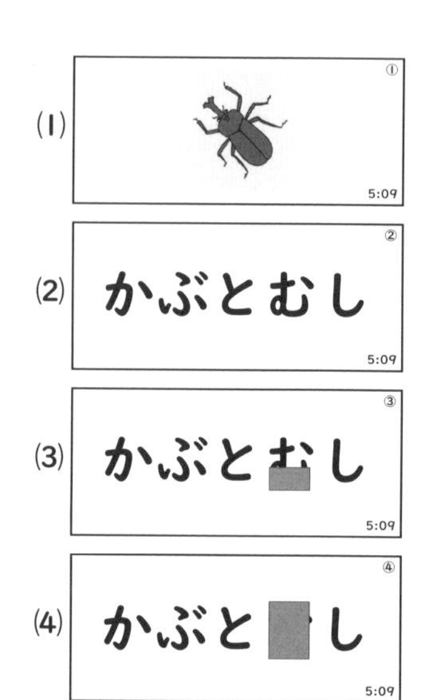

４文字単語の読みがむずかしい子どもには、「視覚性語いで読む課題」や「単語判断カード」による指導を行います。教科書中の単語について、「視覚性語いで読む課題」や「単語判断カード」による指導を行うことで、その単語を含む教科書文の音読の改善を図ることができます。

子どもの経験したできごとについて、子どもと話し合って文を作り（エピソード作文）、その文を読むという課題は、子どもにとって取り組みやすく、語いの定着につながります。

フラッシュカード課題と単語完成カードは、初めに見せるときには、隠すスペースを小さくします。文字の３分の１程度から始めると読みやすくなります。

2 単語判断カード

本書の付録単語カードには2問と3問選択があります（63ページ）。単語をまとまりとして読むことが苦手な子どもは、3問選択課題がむずかしい場合があります。その際には、2問選択課題を使います。

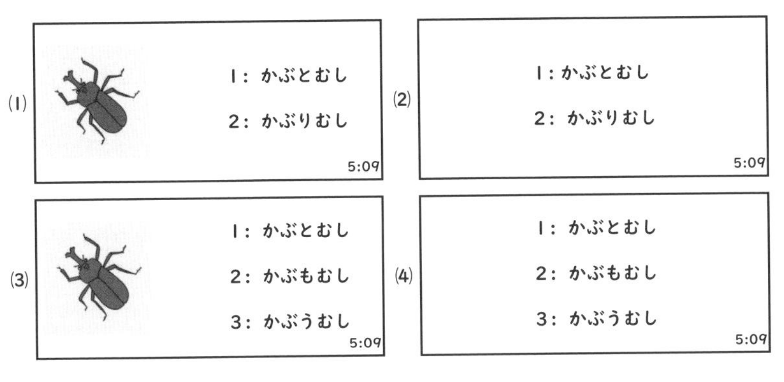

①絵つきのカード（上図(1)）を見せます。子どもは絵を手がかりに、正しい単語の文字だと思う番号を選びます。

②単語のみのカード（上図(2)）を見せます。子どもは、単語の形と読みを手がかりに正しい単語を探します。

③②を安定して選ぶことができるようになったら、3択の選択課題を行います。本書の教材では、2文字単語から5文字単語まで用意してあります。子どもができる文字数の単語から指導します。

④1分ほどの制限時間を設けて、限られた時間内でできるだけ多く選択するよう伝えます。繰り返していくと、選択できる数が増えていくので、練習の効果が実感できます。今学習している教科書の単元に出てくる単語の選択課題を作って取り組むことも効果的です。授業がよく理解できるようになり、自信がつきます。

子どもが単語を読んでいるときに、指導者が一緒に1文字ずつ音読すると、判断するのが簡単になります。

★語いの弱さに対する支援★

語いがまだ十分でない子どもは、文章の中にある言葉を理解することがむずかしい場合があります。例えば、文章中で、「さつまいも」に関連して、「くき」「なえ」「うね」と出てきても、それが何を意味しているのか理解がむずかしい場合です。

3 エピソード作文

語いの弱さを持つ子どもには、子ども自身が経験している内容が入った文を示して、読むように求めます。

①語いの理解が不十分な単語をまとめます。

②生活場面の中でのできごとを手がかりとして、単語の理解を促す文を作ります。「学校では、チューリップを育てました。チューリップのくきのさきに、花がさきました」「テレビで、やさいを作っている畑をみました。畑には、うねがあり、そこになえをうえていました。たまねぎを作っていました」というように、子どもの経験したことについて、学習単語を使って作文します。その後音読するように求めます。

③次の週の指導では、前の週に作った例文を音読させ、単語の意味を確認した後、文章の音読を求めます。

単語の意味をまだ理解していない場合には、①指導者が文を作り、子どもに見せた後に「同じような内容の文を作ろう」と提案する②子どもが好きなゲームやアニメの内容を手がかりにして、文を作ることを提案する、この2つの方法があります。

ひらがなの流暢な読み教材

①文字数に応じた読み単語リスト

下の表は、ひらがなをすらすら読むための教材の単語リストです。ひらがなの場合、長い文字数は読めなくても、短い文字数の単語なら読むことができる子どもがいます。

子ども達に合った文字数の単語で、読みの練習ができるように、2文字から5文字の単語を用意しました。文字数ごとに、各15単語あります。

ひらがな単語の流暢読み単語リスト

2文字単語	3文字単語	4文字単語	5文字単語
さる	きつね	せんせい	おばあさん
ねこ	きりん	たまねぎ	おかあさん
かに	くじら	ちかてつ	おじいさん
あし	ごりら	ともだち	おとうさん
いぬ	さらだ	にんじん	おねえさん
うし	さんま	のこぎり	れいぞうこ
うま	すずめ	ひこうき	あさのかい
おに	とまと	ふうせん	おにいさん
くま	とんぼ	らいおん	かぶとむし
とら	たぬき	いのしし	さつまいも
やま	さかな	えんぴつ	たまごやき
つき	すいか	おとうと	とうがらし
とり	とけい	かなりや	ゆきだるま
なく	ひつじ	けんがく	ゆでたまご
ふね	みかん	たいそう	らんどせる

②ひらがなの流暢な読みを支援する

教材には、視覚性語いで読む課題カード（図4-1）と単語判断課題カード（図4-2）があります。単語カードの右上に示した数字①～④はそれぞれ使い方があります。

視覚性語いで読む課題をするときは、絵カードを見せて、その名前を言います（カード①）。次に、文字の一部分が隠れたひらがなカード（③、④）を見せ、読むように教えます。この流れを繰り返すと、単語をまとめて読むことができます。

この練習をした後に、通常のひらがな単

図4-1　視覚性語いで読む課題カード

語（カード②）を見せます。子どもは、単語をまとめて読もうとする意識が働き、まとめ読みが定着していきます。

単語判断課題には、２問選択と３問選択のカードがあります。初めに、絵と単語のカードを見せて、正しい表記を選ぶように教えます。複数の単語について、この練習をした後に、ひらがなのみのカードを示します。単語全体の形に基づいて読むことができるようになると「これは正しい単語だ」と判断する時間が短くなります。

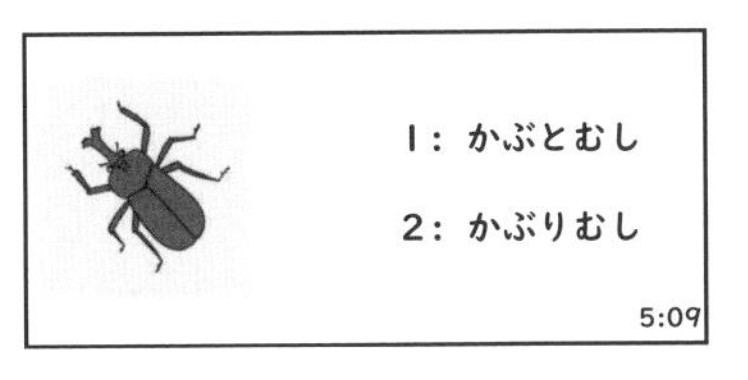

1：かぶとむし
2：かぶもむし
3：かぶうむし
5:09

1：かぶとむし
2：かぶりむし
5:09

1：かぶとむし
2：かぶはむし
3：かぶせむし
5:09

図４-２　単語判断課題カード

教材一覧　https://www.godo-shuppan.co.jp/news/n59138.html

カード名	内容	
（4-1） 視覚性語いで読む課題カード	２文字単語、３文字単語、４文字単語、５文字単語の絵カード、ひらがな単語カード、ひらがな単語１文字隠しカード、ひらがな単語半文字隠しカード	[QR]
（4-2） 単語判断課題カード	２文字単語、３文字単語、４文字単語、５文字単語の単語判断課題カード 各文字単語について、２択カードと３択カードがある。また絵つきカードと絵なしカードがある	[QR]

事例1 言葉をあまり知らず、漢字が読めないＪさん（小５）

小学校低学年のときから教科書の音読が苦手で、高学年になり漢字の読みの弱さが特にはっきりしてきました。明るい性格で友達から好かれている彼は、低学年の時には、周りの友達が助けてくれました。今は授業でわからない問題があると、集中が途切れ「わからない」「つまらない」と言い出し、友達もフォローしにくい雰囲気になっています。

苦手の背景をアセスメントしました。新聞、写真、手紙、道路などの漢字は読めました。イメージが浮かびにくい単語（低心像性単語）については読み間違いが多く、「市立」を「こくりつ」、「地区」を「ちきゅう」と読みました。

支援

1 絵を使って説明

課題の文章カード（70ページ）を読んでもらいました。Ｊさんは「平野」を「へいち」と読みました。語い力の弱さがあったので、漢字単語の意味を確かめながら指導しました。Ｊさんにカードを見せて、平野の絵を見ながら意味を説明し、絵の特徴を話し合いました。

Ｊさんは、「絵を見ても意味がよくわからない」と答えたので、平野の航空写真を見せて説明しました。その後、絵と漢字のカードを使って、読みや意味を答えることができるか、確認しました。

できないときは、読み方と説明を一部隠したカードを使って、答えを促しました。１回に学習する単語の数は３個程度にしました。

2 マイエピソード作文

❶の絵を使った説明と併せて、例文作りを行いました。Ｊさんは「平野を知らない」と言いました。そこで、Ｊさんがどこで「平野」という言葉に出合ったかを話し合って作文しました。できた作文が右の図です。

１週間に１回の指導で、３週間にわたって「平野」のカードを見せて、どのような文を作ったのか、尋ねることで記憶が定着していくようすがうかがえました。

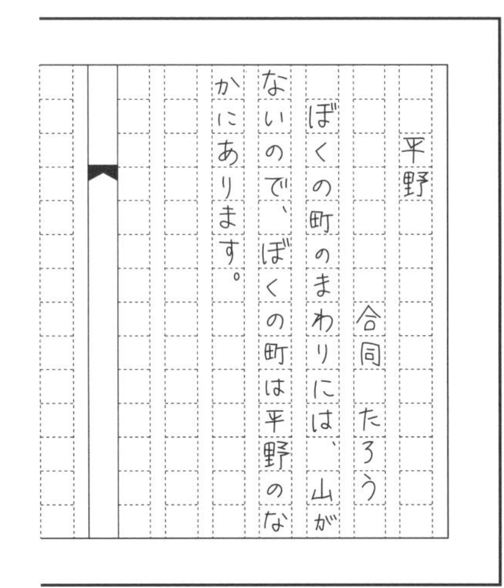
平野
合同 たろう
ぼくの町のまわりには、山がないので、ぼくの町は平野のなかにあります。

発達検査の結果では、語い力の評価は約85で、言語性ワーキングメモリの評価は約80でした。ひらがなの流暢な読みに関しては、３年生の時に著しい弱さを示しました（２文字単語判断テストと４文字単語判断テストは10パーセンタイル＊（156ページ）以下でした）。５年生でひらがなの流暢な読みは改善してきています。単語を構成する漢字の読みについての意識が弱いようすが見られます（語い力の弱い漢字読み困難のタイプ）。

事例2 言葉は知っているが漢字を読むのが苦手なKさん（小5）

小学校低学年では漢字の読み書きが苦手でした。高学年で複雑な漢字が増え、読み方を覚えられない漢字が出てきました。ひらがなの音読はそれほど苦手ではありませんが、漢字が多い文はすらすらと読めません。具体的なイメージが浮かぶ漢字は得意なようです。

「調整」という文字を見たときは、「これは、しゅうり？「り」はあってる？」と聞きました。意味が似ている単語を推測して読むようすが見られ、また漢字１文字ずつの読みに対する意識が弱いようです。また、「規制」を「せいげん？」と読みました。例文を作ってもらうと、「ゲームでずるいことをして、規制になる」と言いました。意味が大きく外れているわけではありませんが、単語の使い方の弱さも見られます。

支援

1 漢字絵カード

まず、右の文章カードを示して読むように教えました。うまく読めない単語を指導しました。この文章に出てくる漢字単語カード⑴を見本刺激として見せて、絵カード⑶も複数見せます。漢字に対応する絵カードを選ばせます。

次に絵カードを見せて、読みカード⑷を選ばせます。このように順番に指導することで、習得しやすくなります。１回の指導で３個の漢字単語の読み支援を行いました。

この県（けん）は観光に来る人も多いです。そのため、各地を案内（あんない）してくれる本部があります。牛を放牧（ほうぼく）しているところが見えたり、山や川など自然（しぜん）もゆたかです。交通の便（べん）が少ないので、地方からは車で来る人が多いです。そのため、立体のちゅう車場もあります。県民おすすめの物産も人気です。特に年末や年始に来る人が多いです。

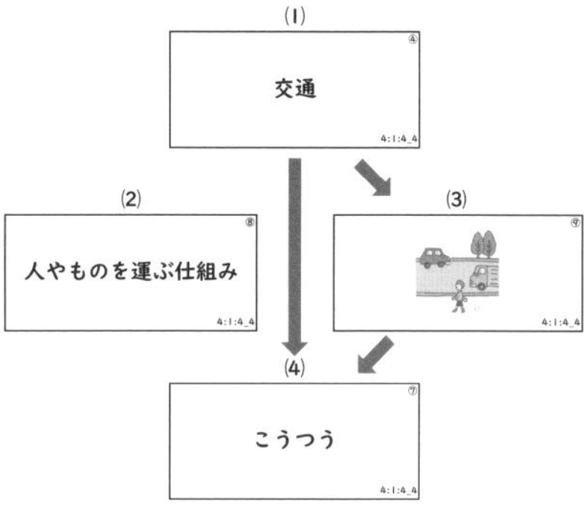

(1) 交通

(2) 人やものを運ぶ仕組み

(3)

(4) こうつう

2 マイエピソード定義

「地方」という単語は地図帳でよく見ると話していたので、「地方」は、彼の中で「地図帳に書かれている漢字」というエピソード定義になりました。このエピソード定義を指導者が読んで、Kさんが対応する漢字単語カードを選んで読みを言う流れで指導しました。また、指導者が漢字単語を言って、Kさんがエピソードを口頭で答えました。

発達検査の結果では、語い力の評価は約100で、言語性ワーキングメモリの評価は約90でした。ひらがなの流暢な読みに関しては、２年生では著しい弱さを示しました（２文字単語判断テストと４文字単語判断テストは10パーセンタイル＊（156ページ）以下でした）。５年生の現在、ひらがな文の読みは改善傾向を示しています（語い力の強い漢字読み困難のタイプ）。

支援と教材

言語性ワーキングメモリ*が弱い子どもは、抽象的な漢字単語の読みの習得がむずかしくなることが報告されています。これより、漢字の読みの習得は、語い力や言語性ワーキングメモリの働きに支えられていることがわかります。

漢字単語の読みの視覚的イメージを高めると、言語性ワーキングメモリが弱くても習得しやすくなることが報告されています。生活の中で出合う単語で読めない単語を中心に支援することが効果的です。

言語性ワーキングメモリは、学齢期から青年期にかけて発達することが報告されています。今漢字が読めなくても、年齢が上がると徐々に改善することもあります。社会生活上で必要な漢字が読めるように積み上げることで、子どもの自己効力感が改善します。学習性無力感を防ぐ上で、とても意味があることです。

学習場面での問題

- 語い力の発達が弱い
- 抽象的な意味の漢字の読みが苦手
- 聴覚記憶が弱い
- 言葉を心の中で反復して記憶することが苦手
- 視覚的イメージの乏しい単語の読みが苦手

漢字読みの特徴

- １・２年生から漢字を読み間違えることが多い
- 低学年の漢字の読みは問題ないが、４年生以上の抽象的な漢字の読みの習得が困難

＊小池ら（2017）に基づいて作成しました。

＊言語性ワーキングメモリ

私達は考えるときに記憶を使います。自動車を運転しながら助手席の人と会話をする場面を考えてみましょう。言語情報や視覚情報を取り入れながら運転し、会話内容を考えて発話しています。このように、複数の種類の情報を一時的に脳内に留めておき、処理しながら行動をするときに役立つ記憶をワーキングメモリ（作業記憶）と言います。

黒丸を数える場面を考えてみましょう。私達は、一つ、二つ、三つと丸を数えていきます。そのときに、最後に言った数を覚えておき、また数え終わった丸の場所も覚えておきます。

つまり、言語情報と視覚情報の２種類を、一時的に記憶することがわかります。言語情報の一時的記憶を、言語性ワーキングメモリといいます。また視覚情報の一時的記憶を、視覚性ワーキングメモリといいます。それぞれのワーキングメモリは言語的長期記憶や視覚的長期記憶につなげるという働きを持っています。

タイプ別支援

漢字読み困難のタイプには、「語い力と漢字の読み習得の両方に弱さを示すタイプ」と、「語い力は良好だが、漢字の読み習得に弱さを示すタイプ」があります。

どちらも言語性ワーキングメモリの弱さがあるため、弱さに配慮した指導が大切です。

語い力が弱く、漢字読みが困難な子ども

「語いの弱さ」「言語性ワーキングメモリの不全」「ひらがな文の流暢な読み困難」に配慮して、漢字単語の読みの習得を支援します。

★語いの弱さに対する支援★例文の理解に基づき、単語の意味について学習する。カテゴリー分けをして、単語の意味の共通点に気づかせる。

語い力が強いが、漢字読みが困難な子ども

「言語性ワーキングメモリの不全」「ひらがな文の流暢な読み困難」に配慮して、漢字単語の読みの習得を支援します。

★言語性ワーキングメモリの弱さに対する支援★単語の視覚的イメージを高めたり、子ども自身のエピソードと関連づけさせる働きかけを行う。

表5-1　漢字読み困難のタイプ

	語い力が弱く、漢字読みが困難であるタイプ	語い力が強いが、漢字読みが困難であるタイプ
漢字単語を読んでいるようす	抽象的で、イラストで説明しにくい漢字単語の読みがむずかしい	抽象的で、イラストで説明しにくい漢字単語の読みがむずかしい
単語の意味の理解	意味理解がむずかしい単語がある	○良好 （単語を読めなくても、その単語を会話の中で使うことができる）
言語性ワーキングメモリ	聞いて覚える力は弱い	聞いて覚える力は弱い
語い力	語い力が弱い子どもがいる	○良好
特殊音節表記の読み書き	特殊音節表記の読み書きは苦手	特殊音節表記の読み書きは苦手な子どもがいる
ひらがな単語の流暢な読み	低学年の時に、ひらがな単語を流暢に読むのが苦手だった	低学年の時に、ひらがな単語を流暢に読むのが苦手だった

★言語性ワーキングメモリの弱さに対する支援★

具体的なイメージを持ちづらい単語は、読みの習得がむずかしくなります。具体的なイメージを持てるように、絵を通して理解したり、子ども自身の具体的な経験を手がかりにして課題を組み立てます。

1 漢字絵カード

①文章カード（図5-1）を見せて、間違えたり、読めなかった単語を教えます。

②視覚的イメージを高める指導では、学習カードの⑴から⑷（図5-2）を使います。⑴と⑵のカードを子どもに示し、読みや意味を子どもに見せながら、絵の特徴について、子どもと話し合います。

③カード⑶や⑷を見せ、読みと意味を言うように教えます。うまく言えないときには、カード⑸や⑹（図5-3）でヒントを出します。

町をたんけんして、新聞にまとめることにしました。きめられたじかんにもどれるように時計、あとでようすがわかるように写真をとるためのカメラを持っていこうという意見が出ました。外では車に注意（ちゅうい）して歩くとやくそくして出発しました。通学路に公園があります。ここではよく運動をしている人がいます。近くに銀行があることも発見しました。

図5－1　文章カード

図5－2　視覚的イメージを高める学習カード

⑸	⑹
新聞 ⑤ し□ぶ□ 3:1:1_1	新聞 ⑥ 多□の□に知□せる □めに□とめた紙 3:1:1_1

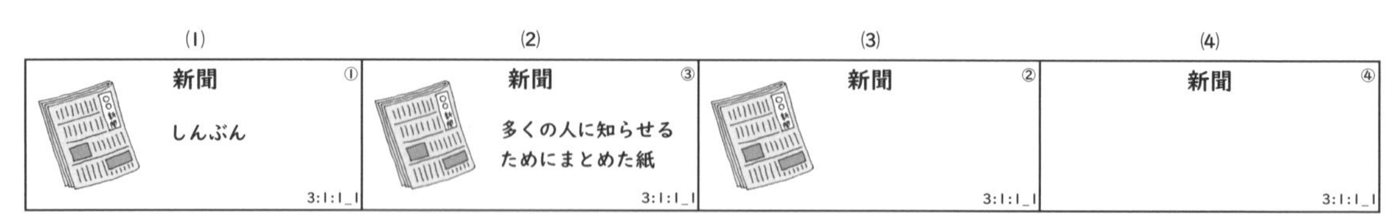

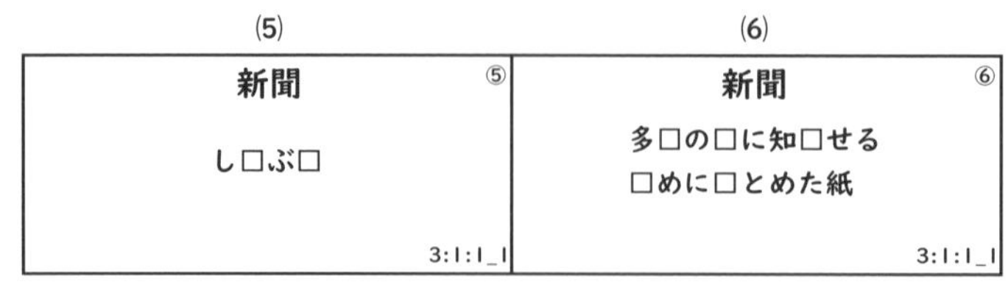

図5－3　読みを促す学習カード

2 意味・絵・文字マッチング

刺激等価性による指導*では、子どもの前に複数の絵カードを置き、漢字単語カードを示して絵カードを選択させる「漢字単語→絵」の課題をします。そして絵カードを読む課題をした後に、「漢字単語→読み」の課題をします。

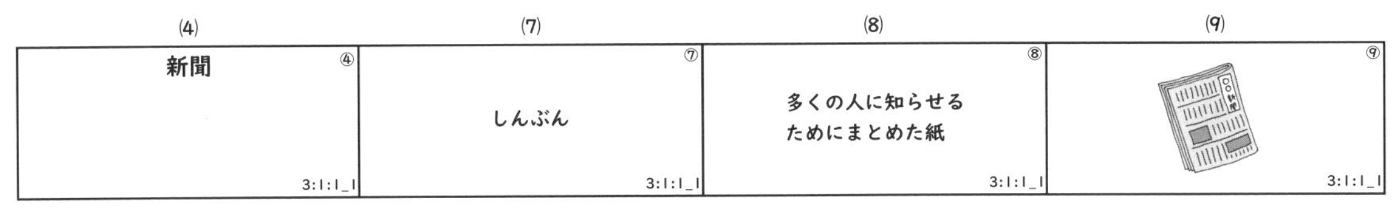

図5－4　見本合わせ学習*の指導で使う学習カード

絵を見せても読めていない場合には、その絵が意味理解の手がかりになっていない可能性が考えられます。子どもにとって意味を表している絵や写真を探して、それを指導の中で使うようにします。

＊見本合わせ学習

見本合わせ学習では、子どもの前に2個ないし3個の選択刺激が置かれます。指導者が見本刺激を呈示すると、子どもは、それに対して一つの選択刺激を選びます。選んだ刺激が正当である場合には、強化が与えられます。見本刺激Aに対する選択刺激Bのマッチング（A→Bと表示）が学習されます。見本刺激や選択刺激として、絵や文字、単語、音声などさまざまな刺激が用いられます。

＊刺激等価性による指導

複数の種類の見本合わせ学習を行うと、学習の後に特定の組み合わせの見本合わせ学習が容易になることが報告されています。この組み合わせとして、反射律（A→Aが同一見本合わせ学習で成立した後に、B→B、C→Cが成立しやすくなる）、対称律（A→Bが見本合わせ学習で成立した後に、B→Aが成立しやすくなる）、推移律（A→Bと、B→Cが見本合わせ学習で成立した後に、A→Cが成立しやすくなる）の関係が知られています。刺激等価性に基づく指導を行うことで、少ない練習機会で、多くの刺激間のマッチングが可能になることが確認されています。

3 マイエピソード定義による支援

①はじめに、子どもがその漢字をいつ、どこで見聞きしたか話を聞き情報を整理します。カード⑽、⑾、⑿（図5-5）を使います。

②子どもの前に何枚か漢字単語カードを並べ、「読んでみるから聞いたことがある言葉を教えて」と指導者が言います。例えば「地方」という単語を見聞きして、「関東地方は地図帳で見たことがある」と答えたら、「地図帳での分け方」がエピソードによる定義になります。子どもは対応する漢字単語カードを選び、単語の読みを言います。

③漢字単語カードを指さし、単語の読みとエピソード（「地図帳で見た分け方」）を合わせて言うように教えます。

子どものエピソードを使った指導は、イラストや写真を準備しにくい概念的な漢字単語に効果的です。

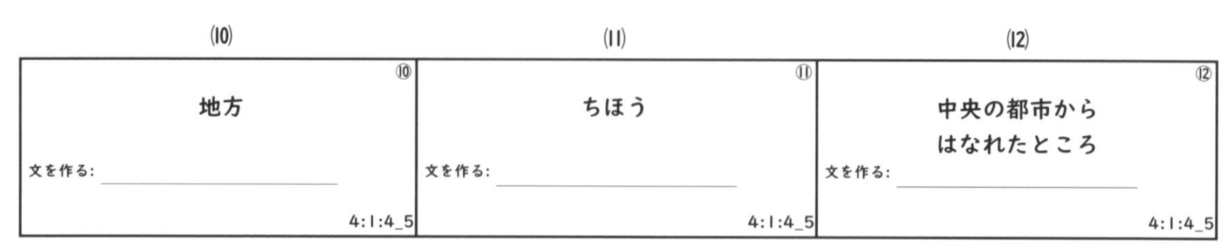

図5－5　エピソード定義に基づく指導で使うカード

子どもが例文を作ることがむずかしい場合には、指導者自身のエピソードを作文して、子どもに見せます。子どもには、大人の失敗話が受けます。過去に失敗したり、苦労したりした話を子どもに聞かせ、「失敗したけれど、工夫したので最後はよくなった」、という話を作ります。

4 例文作り

①子どもに漢字単語を使った例文を２つ作るように伝えます。うまく例文を作れない場合には、指導者が見本を作ります。

②次回の指導で、前回学習した漢字単語を見せ、どのような例文を作ったか確認します。答えられなかったり間違えていたら、前回作った例文を子どもに示します。例文を作った時点から、２週間後に忘れてしまう子どもがいます。反復して聞くことで、どのような例文を作っていたのか、安定して思い出せるようになります。例文をイメージできるようになると、漢字単語の読みも定着してきます。

前にどんな文を
つくったかな

子どもと話し合って、漢字単語をあらわす文を決めます。指導の次の週に、「どのような例文を前の週で作ったか」と聞くことで、イメージを促します。読みが定着した漢字単語については、以前作った文章をうまく再現することができます。

★語い力の弱さに対する支援★

語いが弱い子どもは、その単語がどのようなカテゴリーに関連しているのか、意識することが弱くなります。単語を絵や文と関連づける課題を通して、単語がさまざまなカテゴリーに関連していることに、気づかせます。

5 カテゴリー分けカード

①カテゴリーの名前カードと、そのカテゴリーに含まれる複数の漢字カードを用意し、子どもの前に置きます。

②カテゴリー名カードを見せて、対応する漢字カードの読みを言いながら子どもに選ばせます。

(例) カテゴリー名カード「はたらく」を提示して、「会社」「出勤」「給料」などの漢字カードを選ばせる。

＊カテゴリー名は、子どもにとって身近なものにすると効果的です。

小池ら（2017）に基づいて作成しました。

漢字単語の読み教材

漢字の読み困難に対する支援の教材として、「絵を利用した漢字読みカード」教材を用意しました。

「絵を利用した漢字読みカード」は、文章カード（70ページ、図5-1）、視覚的イメージを高める学習カード（図5-2）、読みを促す学習カード（図5-3）、見本合わせ学習の指導で使う学習カード（71ページ、図5-4）からできています。

表5-2にあるように、各学年に、10枚の文章カードがあります。各カードの文章には、10個の学習単語が使われています。

子どもに文章カードの音読を教示し、読めなかった漢字単語について、学習カードを利用して指導を行います。各漢字単語について、漢字絵カードによる支援（70ページ、支援1）、意味・絵・文字マッチングによる支援（71ページ、支援2）、マイエピソード定義による支援（72ページ、支援3）を行うことができます。

表5-2　漢字単語の読み教材の内容

1年	
かんがえたこと	
犬やねこのこと	大きい、犬、出る、入る、上がる、下りる、口、小さい、目玉、足
花と草のこと	花、草、白い、赤い、青い、二、三、木、竹、田
本をよんだこと	学校、先生、本、男、子、虫、女、草花、川、四
空のこと	青、空、白い、天、木、森、中、正しい、字、文
山のこと	山、雨、水、土、田、川、人、音、気、休む
話したいこと	
月をみにいったこと	町、出る、村、月、でん車、お金、千、百、林、左
どうぶつえんのこと	入る、早い、右、生きる、小山、手、立つ、耳、王さま、名まえ
お正月	年、正月、月よう、貝、火よう、力、糸、水よう、木よう、金よう
さんすうのこと	土よう、先、五、六、七、八、玉、九、石、十
2年	
わたしが、かんがえたこと	
春のこと	春、朝、雪、光、外、南、風、国、言う、国語
夏のこと	夏、考える、晴れ、遠い、鳴く、鳥、海、魚、空、星
秋のこと	秋、台風、お茶、お米、牛、馬、広い、野原、草、食べる
冬のこと	冬、強い、北、昼、弱い、家、近く、店、行く、体
公園のこと	公園、池、歩く、走る、兄、弟、姉、妹、絵、多い
わたしが、話したいこと	
教室のこと	教室、時間、算数、理科、生活、図画、音楽、読書、楽しむ、父と母
作文のこと	作文、書く、大切、何、兄弟、元気、岩、学校、声、歌う
町たんけん	町、地図、道、寺、角、電車、市場、肉、毎日、売り買い
サッカーのこと	広い、会場、合図、黒色、赤色、黄色、顔、方、頭、当てる
楽しみなこと	曜日、新聞、読む、分け合う、形、雲、親友、話す、紙、作る
3年	
わたしたちの町のようす	
町のことを調べよう	新聞、時計、写真、意見、出発、通学路、公園、運動、銀行、発見
わたしたちをまもる仕事	近所、病院、昼間、病気、人数、道路、点字、大切、感想、夕方
町のようす	有名、県立、図書館、場所、市役所、中心、市立、自動車、大会、注目
見学してみよう	日時、計画、交番、安全、駅員、見学、曜日、予想、学習、手紙
日本について調べよう	全国、地図、白地図、筆記用具、屋上、方位（い）、記号、整理、全国、様子
わたしたちのくらしをささえる仕事	
作物ができるまで	地元、農業、空気、時期、作物、農協（きょう）、食事、反対、農薬、注意
食品がとどくしくみ	安心、外国、品物、鉄道、運転手、生協（きょう）、週間、注文、地区、市場
水が使えるためのしくみ	家族、水道、はく物館、勉強、部屋、下水、通路、地下水、上手、説（せつ）、明
工業の様子	工業、工場、中央、食品、電気、道具、土地、全体、用意、仕事

昔と今のちがい	電話、世代、生活、年代、正月、行事、農具、時代、年表。発表
4年	
地いきのとくちょうを調べよう	
地図から読み取ろう	等高線、平野、高原、山地、地形、自然、放牧、位置、県庁（ちょう）、市町村
地元のつながり	商店、市民、不自由、集団（だん）、組合、電気せい品、必要、手動、毎年、案内
有名な作物	産地、品種、生産、農家、作業、害虫、気候、選別、出荷、道順
県のみりょく	観光、各地、本部、交通、地方、立体、県民、物産、年末、年始
世界との交流	世界、交流、以前、協同、活動、国内、問題、協力、何回、参加
くらしをささえる仕事	
水がとどくまで	水道局、家庭、上流、作戦、調節、成功、給水、配水管、節約、対応（おう）
水道ができるまで	工事、材料、石炭、利用、東西南北、方角、市内、毎日、苦労、完成
工業の仕事	努力、原料、地中、鉄分、谷川、合成、分別、失敗、苦心、午後
安全を守る仕事	無線、事件（けん）、発生、感知、隊員、現（げん）場、放水、救助、交代、心配
私たちを守る仕事	急病、出動、急行、合図、通行、車両、左右、画面、番号、健康
5年	
私たちの暮らす地域	
地域の様子	人口、増加、独特、工夫、評判、原材料、表示、面積、有害、輸出
よりよい暮らしにするための工夫	情報、発信、研究、性能、進歩、内容、要望、便利、有効、開発
情報と生かして暮らす	通信、報道、責任、関心、目的、理解、編集、予報、予定、行動
日本の国土の特徴	災害、原因、受信、調査、取材、生命、技術、使用、移動、固定
暮らしをささえる仕事	
日本の農業	消費者、国土、自給、主食、日照、消費量、能率、改良、分解、栄養
日本の産業	産業、資源（げん）、貿易、製品、性質、価格、数量、効率、会議、条約
日本のちく産業	飼育、種類、気象、不安定、程度、公害、植林、調整、成長、保護
日本の漁業	漁業、漁港、漁船、漁場、規制、方法、制限、寒流、両方、陸地
日本の工業	設備、大型、機械、確保、燃料、発進、金属、品質、検査、輸送
地球を守るための工夫	再生、専（せん）用、危（き）険、要素、酸性、四季、快適、地帯、輸入、現地
6年	
よりよい暮らしにするために	
地域での仕事	地域、事務所、住民、充（じゅう）実、資金、予算、負担、職員、分担、民間
体験して学ぶこと	牧場、体験、授業、規模、教育、指導、公開、製造、技術者、運営
農業での工夫	農産物、環（かん）境、薬品、防止、吸収、都道府県、気温、温室、酸性雨、小麦
政治の仕組み	
議員になるには	国民、立候補、国家、公約、公報、平等、選挙、投票、決定、重要
日本の政治	政治、実現、義務、経済、権利、収入、支出、議会、議員、機関
内閣の仕事	内閣、税金、建設、提出、世論、判断、保障、主義、多数、承認
裁判所の仕事	裁判所、裁判官、憲法、判決、解決、組織、人権、署名、主張、一般（ぱん）
平和な世界にするために	
戦争の歴史	人類、平和、大戦、戦争、難民、国境、兵器、予防接種、障害、国旗
世界の国々の協力	国連、加盟、団体、南半球、有数、先進国、基金、効果、医薬品、海面
世界の人々との交流	競技、発展、貴重、宗教、電子、対人、祭典、禁止、国歌、同時

教材一覧　https://www.godo-shuppan.co.jp/news/n59169.html

カード名	内容	
（5-1）絵を利用した漢字読みカード	各学年に、10枚の文章カードがある。 漢字単語１個について、視覚的イメージを高める学習カード4枚と、読みを促す学習カード２枚、見本合わせ課題による指導で利用する学習カード４枚からなる。	

事例1 覚えられる量が少なく、漢字の読み書きがむずかしいLさん（小4）

２年生のとき、教科書の音読に強い苦手を示しました。特に漢字を読むことがむずかしかったので、単元の文章を理解するのに時間がかかりました。毎週の漢字の書きテストでは２割ほど得点が取れましたが、授業中に落ち着かず、集中力が低いことを先生から指摘されていました。３年生になると漢字テストの書きはほぼ書いてありませんでした。作文を書くと漢字ではなくひらがなで表記する状態が続きました。

学習に取り組む姿勢があまり見られず、好きな教科を聞いても答えてくれませんでした。友達とバスケットボールをするときは熱心で、試合でも友達に信頼されています。

支援

1 形と絵を自分で解釈

Lさんは、「脈」という漢字を、「月が出ているときに、葉っぱのうらがわを見たら、線が3本あった」と表現しました。そこで、「月」と「葉っぱ」の絵から形絵カードを作りました。

形絵カードを見せて、Lさんに読ませ、漢字を書かせました。また、漢字形絵カードを見せた後に裏返して、視覚記憶を手がかりに書かせました。

2 ブロックの形を表す言語的手がかり

Lさんは言語性ワーキングメモリが弱いので、漢字のブロックの形を視覚的によく捉えた語句を使うようにしました。

言語的手がかり書字プリントは、ブロックの言語的手がかりを記憶するのに効果的です。

また、書字の第1回の学習から、2～3週間にわたってリマインドしました。リマインドするときには、言語的手がかりの足し算を書いてもらい、漢字を1回書きます。Lさんが言語的手がかりを思い出せなかった場合には、初めに書いたプリントを見せて、思い出せるようにしました。

3 漢字間違い探し

学校の漢字テストで、線の過不足で間違えてしまう字については、漢字の一部が欠けていたり、間違えている漢字を見て誤りを探す課題で、指導しました。少しずつですが、間違いの箇所が少なくなってきました。

発達検査の結果では、語い力の評価は約80で、言語性ワーキングメモリの評価は約70でした。視空間認知の評価は90でした。低学年ではひらがな文の流暢な音読に困難を示しました（漢字読み困難と漢字書き困難を示すタイプ）。

事例2 漢字の形が見分けられないMさん（小５）

漢字の読みはしっかりできているのですが、書きがとても苦手です。

３年生になって、新出漢字の学習と小テストがある日には、学校の登校をしぶるようになりました。家庭で漢字の練習にていねいに取り組み、時間もかけていましたが、なかなか覚えられない日々が続きました。その頃、子どもが「どう書いたらいいかわからない」「漢字がグネグネした迷路のように見える」と言っていたと保護者から担任に相談がありました。

Mさんは両方の下肢にマヒがあり、肢体不自由特別支援学校に在籍していました。医師から「視覚認知の弱さに配慮した読み書き支援をお願いします」という依頼を受け、学習支援を始めました。視空間認知の弱さを補うために、言葉を手がかりとした漢字学習に取り組みました。

支援

1 漢字の形を言葉で把握する課題

漢字の１画１画に名前をつけ、カードを作りました（右図）。その名前を言いながら書くことで、正確に漢字のブロックを書けるようになりました。その後、漢字のブロックに名前をつけて、ブロックの名前を組み立てることで複雑な漢字を書くことができるようになりました（図6-4、89ページ）。

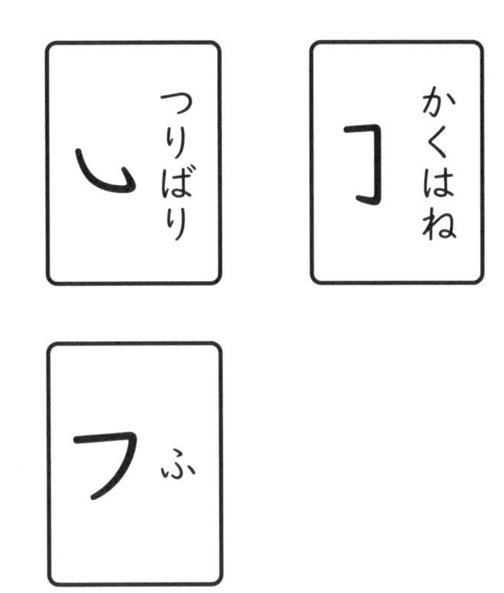

2 ブロック積み上げ書字プリント

新出漢字を書字練習するときに使いました。Mさんが考えた手がかりを、プリントに記入して使用しました。新出漢字の学習が楽になったとMさんから報告をもらいました。

第２部の図31（174ページ）は、そのときにMさんが自分で作った学習方法のノートです。興味深いことに、Mさんは、「それでも」というページを作り、「それでも覚えにくい漢字もある　卵　似　依」を、「覚えにくい共通点　一つ一つに分けにくい、つながりがむずかしい」と書き、「これをどのように覚えていくかが大きな課題です」と分析しています。言葉で把握できなかった漢字は、「上から斜め下」への軌跡をもつ画を含んでいます。このようにわかりづらい画については、色分けをして区別するとわかりやすくなりました。

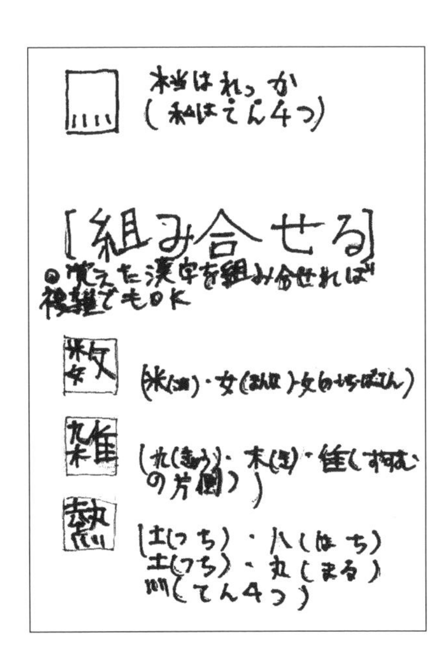

発達検査の結果では、語い力と言語性ワーキングメモリの評価は共に、約110でした。視空間認知に関する評価が約70でした。ひらがなの流暢な読みは、良好でした（漢字書き困難のみのタイプ）。

支援と教材

漢字の読みが苦手な子どもは、書くこともむずかしくなることが報告されています。また、漢字読みの苦手がなくても、漢字の形の識別がむずかしい子どもや、漢字を部品に分けることが苦手な子どもは、漢字の書きがむずかしくなります。漢字を書くためには、漢字を読む力や、漢字の形を識別する力、漢字を部品に分ける力が必要です。

漢字の書き困難を支援するときは、子どもの得意な力を利用して、書きの定着を図ります。

漢字を部品に分けると記憶しやすくなります。漢字の形や部品について言語的手がかりを工夫し、部品を選んで組み立てるなどの課題を通して、書字の定着を図ります。学習してから1・2週間後、言語的手がかりを思い出させること（リマインド）により、書字の定着が改善することがわかってきました。

ICT機器を利用することで、漢字は書けなくても読めさえすれば入力できるようになりましたが、基礎的な漢字を書けるようになることで、子どもの自己効力感の改善につながります。

学習場面での問題

- 漢字の細部を正確に書くことが苦手
- 抽象的な意味の字を書くことが苦手
- 文字の部品の位置関係を把握することが苦手
- 書いた字が正しい字なのかを判断することが苦手

漢字書きの特徴

- 生活でよく使う単語を書くことがむずかしい
- 抽象的な意味の漢字単語を書くことがむずかしい
- 複雑な形の漢字を書くことが苦手で、習得が困難である
- 視空間認知*が弱いため書いた字の正誤を判断できない

*小池ら（2017）に基づいて作成しました。

*視空間認知

私達は、視覚を通して形、位置、色、表情に至るまで多くの情報を受け取っています。近年の脳科学研究から、視覚情報処理に関係する脳機能には、見て判断するという活動に役立てるための脳機能と、ものの位置や向きを認識する脳機能があるとされています。

タイプ別支援

漢字書き困難は、「漢字の読み困難と書き困難を示すタイプ」と「漢字の書き困難のみを示すタイプ」に分けることができます。

漢字の読み困難と書き困難を示すタイプでは、読める漢字単語の書字を支援することや、言語性ワーキングメモリの弱さに配慮した漢字の書き支援が大切です。

漢字書き困難のみを示すタイプでは、視空間認知の弱さに配慮した書き支援が大切です。

漢字読み困難と書き困難を示す子ども

言語性ワーキングメモリの弱さに配慮した漢字の書き支援が大切です。

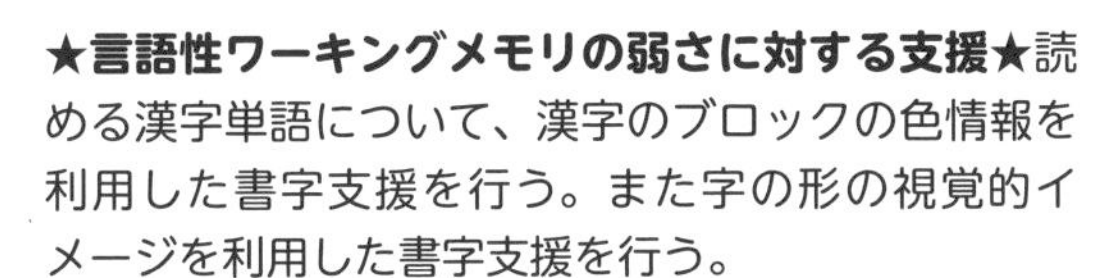

★言語性ワーキングメモリの弱さに対する支援★読める漢字単語について、漢字のブロックの色情報を利用した書字支援を行う。また字の形の視覚的イメージを利用した書字支援を行う。

漢字書き困難のみを示す子ども

視空間認知の弱さに配慮した漢字の書き支援が大切です。

★視空間認知の弱さに対する支援★漢字のブロックの構成について、言語的手がかりを利用した書字支援を行う。また字の形の視覚的識別を促す支援を行う。

表6-1　漢字書き困難のタイプ

	漢字読み困難と書き困難を示すタイプ	漢字書き困難のみを示すタイプ
漢字単語を書くようす	読めない漢字については全く書けない	複雑な形の漢字を書くことが困難
漢字単語の読み	抽象的で、イラストで説明しにくい漢字単語の読みがむずかしい	○良好
言語性ワーキングメモリ	聞いて覚える力は弱い	○良好
視空間認知	○良好	視空間認知の弱さを持つ
語い力	語い力が弱い子どもがいる	○良好
ひらがな単語の流暢な読み	低学年の時に、ひらがな単語を流暢に読むのが苦手だった	低学年の時に、ひらがな単語を流暢に読めた

★言語性ワーキングメモリの弱さに対する支援★

言語性ワーキングメモリの弱さに比べて、視空間認知がよい事例が多いので、視覚的手がかりを利用します。色や絵に関する情報を記憶することは得意なので、漢字を書くときの手がかりになるように、課題を組み立てます。

1 漢字の形絵カード

①漢字の形の特徴を示した絵カードを作ります（漢字の形絵カード）。（例）魚であれば、漢字のブロックを反映した魚の絵

②絵カードを示して、子どもに漢字を書かせます。

③漢字の読みを言い、対応する絵カードを選ばせ、漢字を書かせます。

指導のポイント

イラストには、ブロックをうまく反映させて、漢字の読みと意味に対応させます。記憶の手がかりになるように、少しデフォルメするとよいです。

2 漢字の形絵カードをよく見よう

①漢字の形絵カードを３秒間見せます。

②見せたカードを裏返し、視覚記憶を手がかりに漢字を書かせます。

③別の複数の漢字で、①②を繰り返します。

④できるようになったら、「欠落漢字カード」でも①②を繰り返します。

指導のポイント

視覚記憶に基づいて書かせる指導では、画要素を欠落させた「欠落漢字カード」を利用すると効果的です。

言語性ワーキングメモリの弱い子どもは、視覚的に似ている形を頭の中で当てはめて、手がかりにします。子どもと話し合って、覚えやすい形のものを選びます。学習後、１週間に２回程度、絵の手がかりは何だったか、イメージさせます。間違って答えた場合には、正しい絵の手がかりを教えます。一定の期間後にリマインドさせることで、記憶の定着を促します。

3 言語的手がかり書字ワークプリントを利用した課題

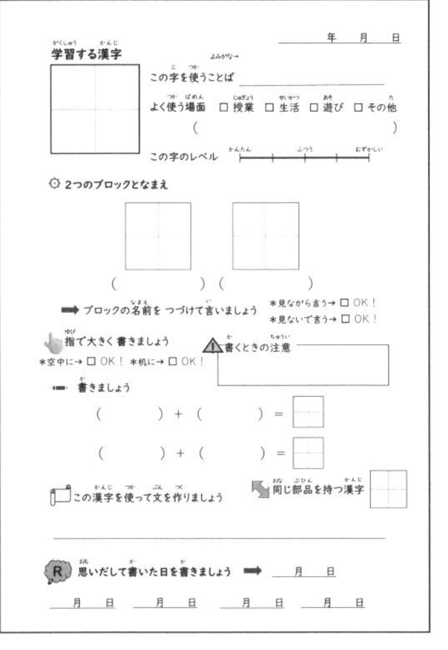
年　月　日

学習する漢字

この字を使うことば

よく使う場面　□授業　□生活　□遊び　□その他

（　　　　　　　　　　　　　　）

この字のレベル

2つのブロックとなまえ

（　　　　）（　　　　）

ブロックの名前をつづけて言いましょう　＊見ながら言う→□OK！　＊見ないで言う→□OK！

指で大きく書きましょう　＊空中に→□OK！　＊机に→□OK！

書くときの注意

書きましょう

（　　　　）＋（　　　　）＝

（　　　　）＋（　　　　）＝

この漢字を使って文を作りましょう

同じ部品を持つ漢字

思いだして書いた日を書きましょう ➡ 　月　日

月　日　　月　日　　月　日　　月　日

言語的手がかり書字プリント

2ブロックの漢字：　リマイド　練習用紙

書いたところは紙でかくして、見ないで書きましょう。

月　日	（　　　）＋（　　　）＝　□
月　日	（　　　）＋（　　　）＝　□
月　日	（　　　）＋（　　　）＝　□
月　日	（　　　）＋（　　　）＝　□
月　日	（　　　）＋（　　　）＝　□
月　日	（　　　）＋（　　　）＝　□
月　日	（　　　）＋（　　　）＝　□
月　日	（　　　）＋（　　　）＝　□

リマインド用書字プリント

漢字をブロック（部品）に分け、ブロックを説明した言葉（言語的手がかり）を利用して、書字プリントを作ります。

①学習する漢字単語を記入します。子どもがその単語を初めて聞いたときのことなど、エピソードを記入するよう伝えます。

②ブロックを説明する語句を、言語的手がかりとして記入するよう伝えます。子どもが考えた言語的手がかりを利用すると効果的です。

③漢字の足し算を２回、書かせます。

④一定期間の後に、再度学習します。リマインド用のプリントに、漢字の足し算を書きます。１週間に２回、２週間にわたってリマインドします。反復書字をしなくても、定着に効果的です。

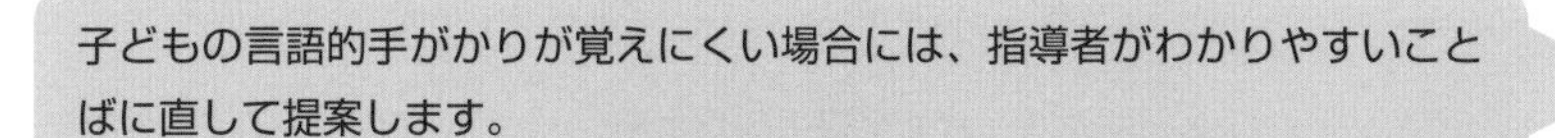

支援１、２は小池ら（2017）に基づいて作成しました。

4 ブロックを組み立てて漢字を作ろう

①子どもの前に、漢字の部品カードを複数置きます。

②漢字の読みカードを見せ、併せて漢字カードを短時間見せます。漢字カードは、欠落漢字カードにして、難易度を上げることもできます。

③見せた漢字カードを覚えさせ、手元のブロックカードを組み立てて漢字を作らせます。

指導のポイント

透明なカードにブロックを書いておくと、重ねても見えるので組み立てが簡単になり、わかりやすくなります。

5 漢字の絵カードと欠落漢字カード

①単語の絵カードを見せて、何の単語の絵か確認します。

②複数の漢字カードを置いておき、絵カードを示して、それに対応する漢字カードを選ばせます。

③その漢字カードを見ながら漢字を書かせます。

④欠落漢字カードを複数枚置いた状態で絵カードを見せて、その絵カードに対応する漢字欠落カードを選ばせます。そのカードを見て漢字を書かせます。

⑤欠落部分を大きくしていき、④と同じ方法で練習します。

漢字の形をよく覚えていない場合があります。子どもが十分に漢字カードを見た後に、裏返しにし、記憶の手がかりとします。漢字カードの上半分に、白紙カードを置いて、一部見えないカードを手がかりとする方法も効果的です。

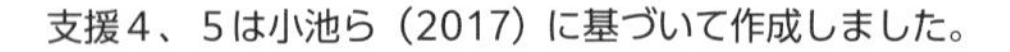
支援4、5は小池ら（2017）に基づいて作成しました。

★視空間認知の弱さに対する支援★

言語性ワーキングメモリが良好な事例が多いので、言語的手がかりを使った指導を行います。漢字の部品の構成について、言語的手がかりを利用した書字支援や、漢字の形の視覚的視識別を促す支援があります。

6 ブロック積み上げプリント

①プリントの1行目を、左の枠の中から書いていきます。
書き順は、赤、青、黒の順番になっています。

②2行目、3行目を書くときは、赤枠を意識して書くようにします。

指導のポイント

子どもが覚えやすい言語的手がかりと、プリントが異なる場合には、子どもが覚えやすい言語的手がかりに手直しします。

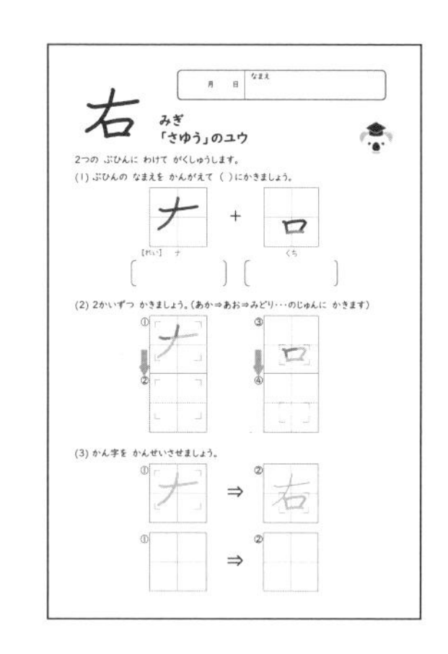
月　日　なまえ

右　みぎ
「さゆう」のユウ

2つの ぶひんに わけて がくしゅうします。

(1) ぶひんの なまえを かんがえて (　) にかきましょう。

ナ ＋ 口

【れい】ナ　くち

[　　] [　　]

(2) 2かいずつ かきましょう。(あか⇒あお⇒みどり…のじゅんに かきます)

①ナ ② ③口 ④

(3) かん字を かんせいさせましょう。

①ナ ⇒ ②右

① ⇒ ②

7 漢字の形を言葉で把握する課題

①漢字をブロックに分け、ブロックごとに名前をつけます。

②つけたブロックの名前を使って、漢字のブロック名カードを作ります。
（例）「杉」→「木に、ななめ３ほん」

③子どもの前にブロック名カードを複数枚置いてから漢字を見せ、対応するブロック名カードを取らせます。

④子どもの前に漢字カードを複数枚置いてからブロック名カードを読み、対応する漢字カードを取らせます。

言葉の手がかりが定着するまで反復する必要があります。ブロック名カードの半分を指導者が言い、残りを子どもに言わせます。
ブロック名カードの一部を隠したカードを用意し、手がかりが少ないブロック名カードを選ぶ課題を行います。「木にななめ３ほん」という手がかりであれば、「■にな■め３■ん」のように、３文字に１文字ずつ隠すなどの方法があります。

8 漢字の間違い探し

①漢字の一部が間違っている文字を作成し、子どもに見せます。

②見つけた間違いに印をつけて、正しい文字を下に書かせます。

③時間を決めて、何個漢字の間違いを発見したか記録します。成果を見せると、意欲が上がります。

子どもが間違っている漢字を用意し、指導者に問題を見せます。指導者は、わざと間違えるなどして対応します。役割を交代して行うことで、同じ漢字を反復して取り組めるように工夫します。

支援７、８は小池ら（2017）に基づきました。

支援の教材

漢字書字支援の教材には、「言語的手がかり書字練習用プリント」教材と「ブロック積み上げ書字プリント」による教材の２種類を用意しました。

⑴言語的手がかり書字練習用プリント

学習する漢字を構成するブロック数に応じて、プリントを用意しました（図６-１）。本書では、２～５ブロックのプリントがあります。

ブロックを表わす言葉を子どものアイデアを基にして、覚えやすいものに工夫します。

子どもの経験したことを題材に、漢字を使って作文をしてもらいます。

学習してから２週間程度、ブロック言葉を思い出す（リマインド）ことで、書字の定着が促進されます。そこで、リマインドして書くためのプリントを用意しました（図６-２）。

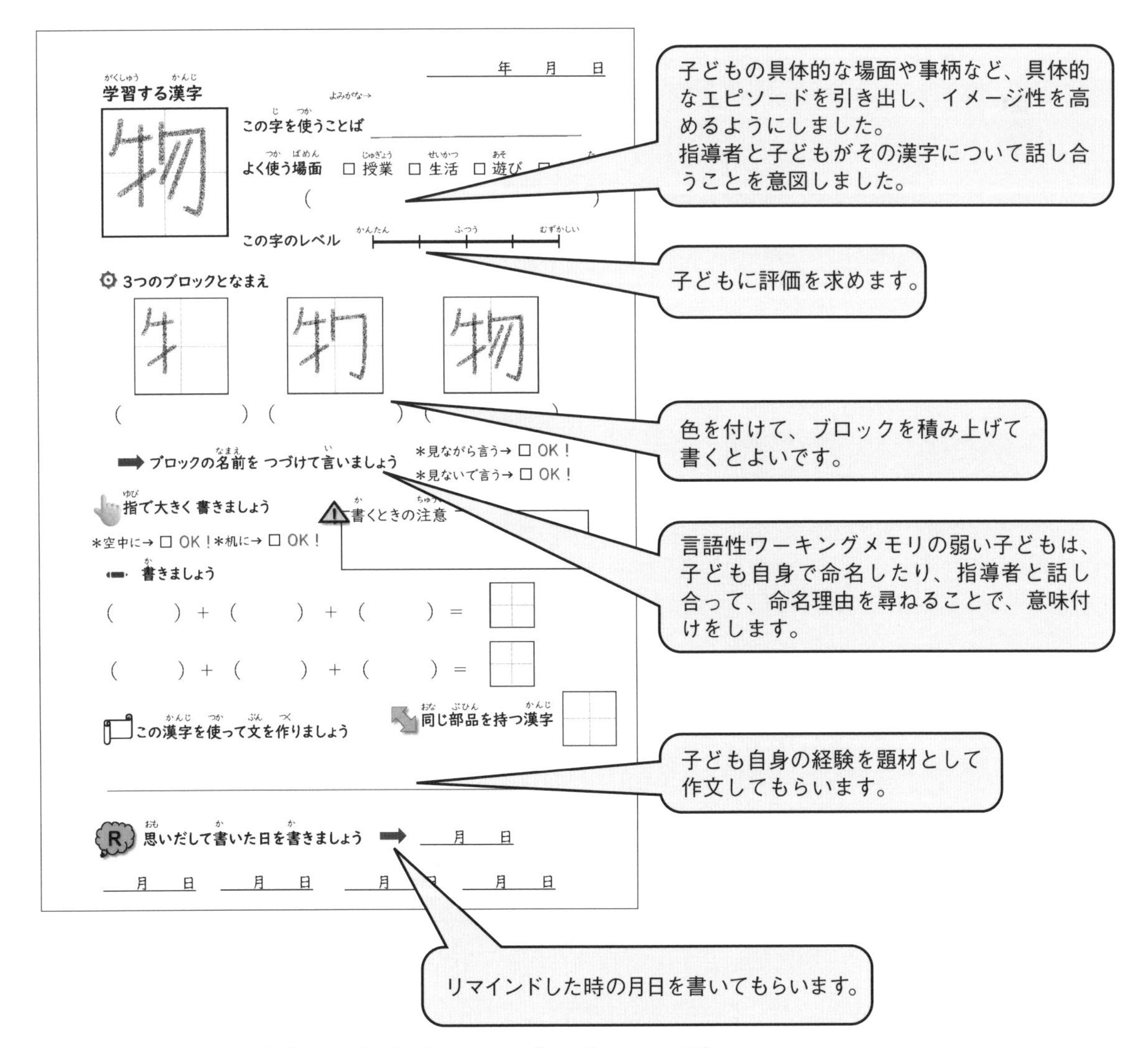

図６-１　言語的手がかり書字プリント（３ブロック用）

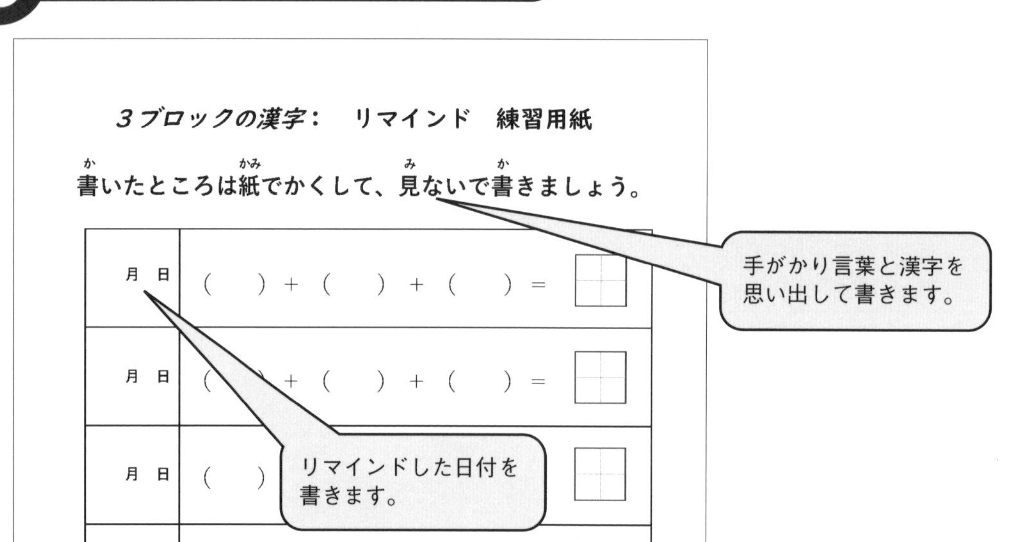

図6-2　リマインド用書字プリント（3ブロック漢字）

⑵ブロック積み上げ書字プリント

このプリント（図6-3）は、3行からできています。各行で、左の枠から書いていきます。

はじめの1行目の左枠は、オレンジの線をなぞります。次の枠も、オレンジの線をなぞって、積み上げるブロックは、赤、青、黒で示されます。

2行目では、各枠で積み上げるブロックは、赤い四角で示されるので、そこに、漢字のブロックを書き込みます。ブロック以外の書字は、オレンジの線です。

3行目では、赤い四角だけがあります。ブロック以外の書字は、子どもが判断して行います。積み上げるブロックは、赤い四角の中に書き込みます。

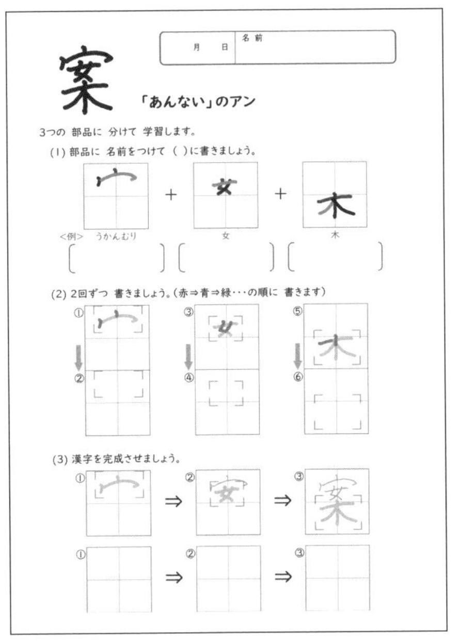

図6-3　ブロック積み上げ書字プリント

丨 → たて
一 → よこ
ノ → ななめ
亅 → たてはね
丶 → てん
フ → ふ
㇆ → ふはね
㇕ → かく
㇆ → かくはね
㇗ → つりばり

図6-4　画要素と言語的手がかりとの対応

教材一覧　https://www.godo-shuppan.co.jp/news/n59170.html

プリント名	内容	
（6-1）言語的手がかり書字プリント	言語的手がかりを使って漢字書字練習を行う時に使うワークプリント。	
（6-2）ブロック積み上げ書字プリント	漢字のブロックを積み上げて書いていくプリント。3回、練習を行う。回を重ねるにつれて、なぞる箇所が少なくなっていく。	

事例1 文字がうまく読めず文の内容理解が難しいNさん（小4）

国語に強い苦手意識を持っていて、文字がうまく読めないために、文章の意味理解が困難です。ひらがなはあまり間違わないものの、たどたどしい読み方で結果的に文章全体の内容を読み間違えてしまうことが多いようです。

ひらがなは正しく読めていますが、漢字が読めないので文章の意味を把握するのがむずかしいことが伺えました。そこで、文章中に登場する漢字すべてに「ふりがな」をふる工夫を行いました。

また、読み書きも苦手なためすべての教科のテストで低い点ですが、話したり聞いたりする活動は比較的スムーズにできます。

文章や質問は支援者が読み上げて、口頭で回答する方法で課題を進めました。

支援

1 絵を手がかりにする

文の内容を表す絵を提示し、その絵の内容について話し合います。文章の表現と絵の関係について、考えたことを指導者と子どもがお互いに示して違いを発表します。子どもが指示語や接続詞を使って話をしたときにはそれを書きとめ、会話の中での指示語や接続詞の働きを説明します。

2 こそあどクイズをする

絵を見せます。指導者は指示語を使って絵の内容を表現します。「それ」や「あれ」がさす言葉を子どもは考えて答えます。クイズ形式で、問題を出す人と答える人を交代することで、指示語の使い方を学習します。クイズのやりとりを書きとめて、指示語とそれがさす言葉を線でむすぶ練習をしました。

3 つなぎ言葉クイズをする

1文を指導者が読み上げます。「雨がふっている……だから？」と質問をして、その後に続く文を子どもが考えて答えます。つなぎ言葉が変わると後続文も変わることを、話し合いの中で学習します。「雨がふっている。だから、かさがない？」など、わざと間違えて指摘することを楽しむようすも見られました。

発達検査の結果では、語いと言語性ワーキングメモリの評価は約80でした。ひらがな文の流暢な音読が苦手であり、漢字の読みに弱さがあるため、文章の読解が苦手です。また、接続詞や文法の理解も曖昧であり、マクロルールの使用も困難です（ひらがなや漢字の読み困難を示すタイプ）。

事例2 指示語・接続詞などの文法理解が苦手なOさん（小5）

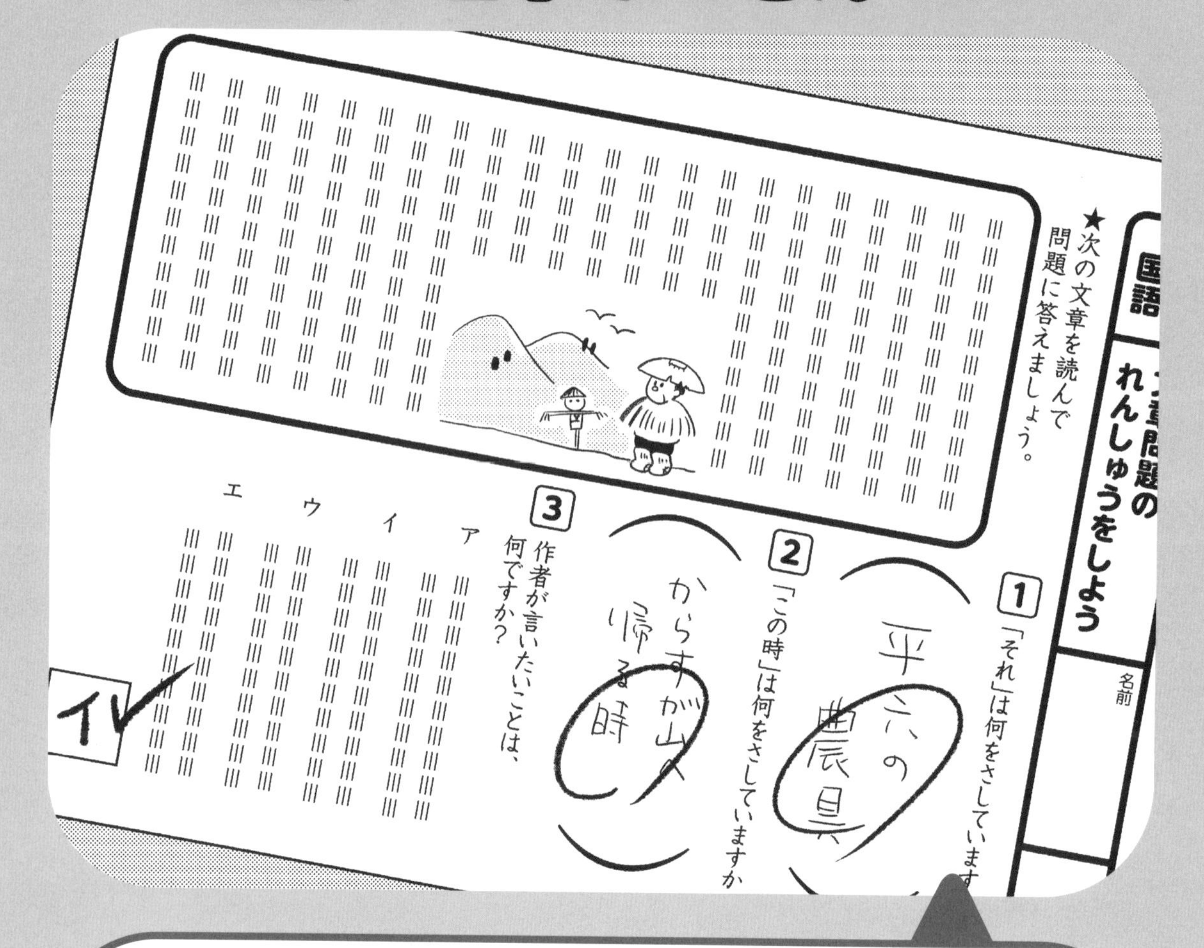

Oさんはひらがなや漢字の読み書きは得意ですが、文章の全体像を捉えること、文章の要点を把握することが苦手です。音読は途中で飽きてしまったり、読むのを止めてしまうことがしばしばありました。

国語のテストでは、文章題になると無回答が多く、選択問題でも間違いが目立ちました。また、作文を書くことが苦手で、誤字があったり助詞が間違っていたりして、全体的に読みにくい文章になってしまう特徴がありました。

言語性ワーキングメモリの弱さがあり、自分で文章を読みながら内容を把握することがむずかしいので、絵などを手がかりにしながら、「文章のまとめプリント」を活用して文章全体をまとめる練習をしました。短文の理解力が進み、長文の読み取りにも抵抗感が減っていきました。

支援

1 こそあど言葉プリント(支援編)

指示語の理解があいまいだったので、こそあど言葉プリント（支援編）を活用して、選択問題で指示語が示すものを探す練習をしました。作文が苦手なタイプでしたので、選択肢に置き換えることで取り組みやすい工夫をしました。選択肢問題が自分で解けるようになった段階で、こそあどプリント（定着編）に進むと自分で回答できることも増えました。

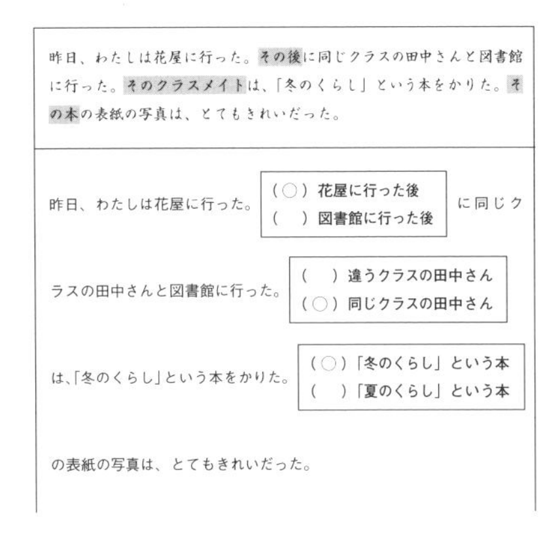

2 つなぎ言葉プリント(支援編)

接続詞の理解もあいまいだったので、つなぎ言葉プリント（支援編）を活用して、短い二つの文章の間に入る接続詞を５つの選択肢から選ぶ練習をしました。それぞれのパターンで文章を読んでみて（最初のうちは読み上げを実施しました）、正しいものを選択します。接続詞の働きの理解があいまいでしたので、記号をもとに選択肢を選ぶ過程をたどることで、徐々に機能の理解も可能となっていきました。日常生活の中でも、接続詞を使って話す場面も増えました。

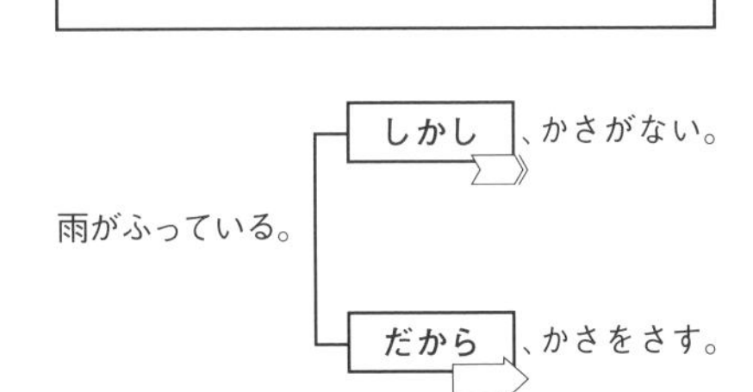

発達検査の結果では、語い力の評価は約100でしたが、言語性ワーキングメモリの評価は約80でした。ひらがな文の音読には困難を示しませんでしたが、文章の読解が苦手です。また、指示語と接続詞の理解には弱さが認められました（段落の理解が苦手なタイプ）。

事例3 文章を読んで話の要点を理解するのが苦手なPさん（小4）

国語のテストで、漢字の読み書きの問題はよくできているのですが、文章の意味内容に関する問題で、無回答や誤答が目立ちました。算数のテストでも、文章問題の式が立てられず、困っています。

学校生活で何か困っていないか尋ねたところ、話してはくれるものの、まとまりがないために、何が言いたいのかわからず相手にうまく伝えることができませんでした。

指示語や接続詞などの文法の理解に関するテストではつまずきは見られませんでしたが、長文の要点把握や因果関係の把握になるとつまずいているようすが明らかになりました。

支援

1 だからなぜならプリント（支援編）

短文の中で指導を行いました。「だからどうなったのか」「なんでそうなるのか」を矢印の方向性を意識しながら、読み進めます。指導者が本文や質問を読み上げることで、文章に苦手意識の強いタイプであっても、会話の中で因果関係の把握が可能となります。

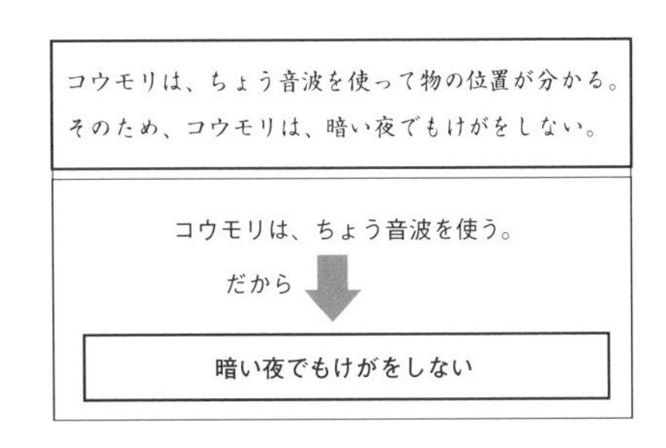

2 ヒントを出す

自分の言葉で説明できない場合には、空欄の部分だけを回答できる問題にしました（入門編・支援編）。例えば、「コウモリは超音波を使う、だから“どんなとき”でもぶつからないの？」などの単語で回答できるヒントを出します。

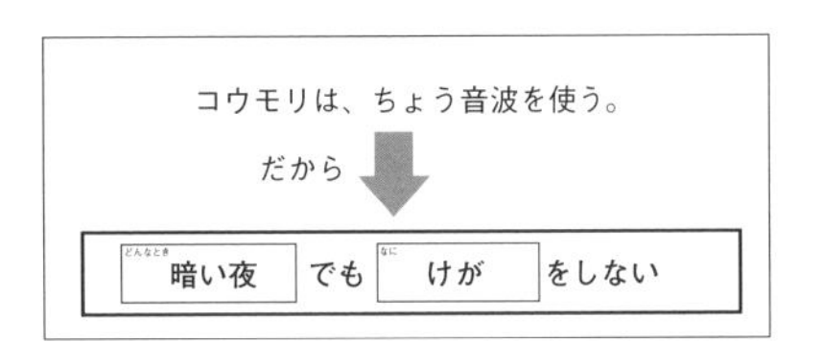

3 文章のまとめプリント（入門編）

文章を要約する練習をしました。文章全体をまとめるために、まずは全体の流れに無関係な文を外します。次に、いくつかの単語を図式化してまとまりのある言葉に置き換えます。さらに、文にタイトルをつける練習をします。最初のうちは自分で思いつかないようでしたので、２つの選択肢から最適なものを選ぶようにしました。自分でタイトルをつけられるようになると、自分で考えたタイトルと、指導者が考えたタイトルのどちらが面白いのか対決もしました。

発達検査の結果では、語い力と言語性ワーキングメモリの評価は約100でした。ひらがな文の音読には特に問題は見られませんが、文章の読解が苦手です。また、指示語や接続詞などの文法の理解は比較的良好でした（段落をまとめるのが苦手なタイプ）。

支援と教材

文章読解では、①文章を音読し、文の意味を理解した上で、②段落の要点を把握し、③段落と段落の関係を踏まえて自分の言葉でまとめることが求められます。

①文章を音読する力は、ひらがな文と漢字単語を流暢に読む力が関係します。流暢に読むことの支援については第4節と第5節で述べました。

②段落を理解する力は、語い力と指示語や接続詞を理解する力によって支えられます。

③段落をまとめる力は、別の言葉で、短くまとめて表現するスキルに関係します。このスキルは、マクロルール*を使うスキルとも言われています。

文章の読解が苦手な場合には、①②③のどの段階が苦手なのか整理することが大切です。どの力に弱さがあるのかを明らかにすると、短い文章で練習をすることで、弱いスキルの発達を促すことができます。

学習場面での問題

- 語いの発達が弱い
- 聴覚記憶の弱さがある
- 指示語や接続詞の理解の弱さなど、文理解の弱さがある
- 話のテーマや要点に関する情報処理能力の弱さがある

読解の特徴

- 指示語や接続の理解が苦手
- 複数の短文から、そのポイントを把握することが苦手
- 複数の短文から、因果関係を把握することが困難
- ４年生程度の複数の段落からなる長い文章の要点理解が困難

小池ら（2017）に基づきました。

＊マクロルール

文章を理解する場合には、ミクロ理解とマクロ理解が必要です。ミクロ理解とは、文や個々の段落について意味を理解することであり、この意味は、ミクロ命題に相当します。マクロ理解とは、文章全体の要点を理解することであり、この要点は、マクロ命題に相当します。マクロ理解のためには、ミクロ命題相互の関係を判断し推理することが必要となります。

タイプ別支援

読解困難は、漢字の読み困難を伴う「ひらがな・漢字の読み困難を示すタイプ」(文字の音変換に弱さがあるため文章の意味理解が苦手)と、漢字の読みは良好であるが読解が苦手な「段落の理解が苦手なタイプ」(指示語や接続詞を理解・使用することが苦手)、「段落をまとめるのが苦手なタイプ」(文章の因果関係を理解することや要点の把握が苦手)に分けることができます。

ひらがな・漢字の読み困難を示す子ども

語い力の弱さが関係します

▼

★語いの弱さに対する支援★文章を読み上げて、単語の意味を学習します。自分で文章が作れない場合には、選択問題にすることで、短文の中で意味理解を促します。

段落の理解が苦手な子ども

指示語や接続詞の理解が関係します

▼

★指示語や接続詞の理解に対する支援★「指示語と接続詞で言い換える課題による指導」で、文法の理解を促します。

段落をまとめるのが苦手な子ども

マクロルールを使うスキルが関係します

▼

★複数の段落を理解するスキルに対する支援★「因果関係を考える課題による指導」を行う。また、「話の要点を話す指導」によって、段落相互の理解を促します。課題を実施するときに、ひらがな読みの苦手さや言語性ワーキングメモリの弱さに配慮して、課題を見せます。

表7-1　読解困難のタイプ

	ひらがな・漢字の読み困難を示すタイプ	段落の理解が苦手なタイプ	段落をまとめるのが苦手なタイプ
漢字単語の読み	抽象的な漢字単語の読みが苦手	○比較的良好	○良好
言語性ワーキングメモリ	聞いて覚える力は弱い	聞いて覚える力は弱い	○良好
語い力	語いの力が弱い	○良好	○良好
ひらがな単語の流暢な読み	流暢な読みが低学年時に苦手だった	○良好	○良好
指示語・接続詞の理解	指示語や接続詞の理解・使用が苦手	指示語や接続詞の理解・使用が苦手	○比較的良好
文章の要点の読み取り	要点の読み取りが苦手(マクロルールの使用が苦手)	要点の読み取りが苦手(マクロルールの使用が苦手)	要点の読み取りが苦手(マクロルールの使用が苦手)

★語いの弱さに対する支援★

具体的なイメージを持ちづらい文章では、全体の構成を理解することがむずかしくなります。そこで、文章のなかに登場する単語の意味や読みを確認することで、文章全体のイメージを持てるように課題を進めます。絵を見せたり、子ども自身のエピソードと関連づけたりする方法も有効です。また、単語の読みや意味を知らないために、文章を読むことが苦手なタイプもいます。本文を読み上げることで、聞いて内容をつかむようにします。

1 文章のイメージ性を高める指導

①文の中に出てくる単語の読み方を確認します。

②それぞれ、単語の意味も確認します。

③わからないときには、文章全体を示す絵を手がかりに全体像をつかみます。

昨日、わたしは遠足で、動物園に行きました。
去年の遠足は、となりの遊園地でした。
わたしは、小さいおりで、レッサーパンダやカワウソを見ました。また、大きいオリではゾウやカバを見ました。
あっという間に、バスの時間になりました。

文章全体を表す絵を見せることで、文字を読まなくてもどんな話かおおよそ把握できます。

「遠足（えんそく）」は、学校で学習や見学のために外に出かけること。
「バス（ばす）」は、たくさんの人が乗れるのりもの。

文章を読みながら情景をイメージすることがむずかしい場合には、最初に単語の意味を確認したり、初めに文章の内容と一致した絵や写真を示して、話し合うことも大切です。自分の体験と言葉を結びつけていくことで、文章の内容が把握しやすくなります。また、会話をすることは文章の要点を自分の言葉として表現することに役立ちます。

2 子どもが理解できる状況を含めた、リライト文

①文に出てきた単語を用いて、子どもに質問をします。

②子どもから、エピソードを引き出します。

自分で文章を読むことがむずかしい場合には、子どもが経験したことのある情報に置き換えたり、興味や関心のある内容にしていくことも大切です。動物園の話に興味を持たない子どもに対しては、ゲームの話に置き換えるなど、文章を子どもに合わせてリライトしていく中で、作者の言いたいことについて考えます。

★指示語や接続詞の理解に対する支援★

段落の理解が苦手な背景には、指示語や接続詞などの文法の理解が弱いという理由もあります。よって、指示語の指す具体例を探す練習や、接続詞の機能について学ぶことで、段落相互のつながりが理解しやすくなります。

3 指示語を具体的に言い換える

①8〜10文程度の文章を見せます。

②指導者が1回読みます。

③文章に出てくる指示語（この、その、あの等）を枠の中の具体例に言い換えるように教えます。

④わからないときには、具体的に選択肢を出します。

⑤書き直した文章を読み、文章がすっきりとまとまることに気づかせます。

元の文章

昨日、私は花屋に行った。そのあとで、同じクラスの田中さんと図書館に行った。田中さんは、「冬のくらし」という本を借りた。その本の表紙の写真は、とてもきれいだった。また、その本の中の動物の絵は、とてもかわいかった。そのような本を、私は見たことがなかった。

私は、「冬のくらし」も読んでみたいと思った。

言い換えた文章

昨日、私は花屋に行った。花屋に行ったあとで、同じクラスの田中さんと図書館に行った。田中さんは、「冬のくらし」という本を借りた。「冬のくらし」という本の表紙の写真は、とてもきれいだった。

また、「冬のくらし」という本の中の動物の絵は、とてもかわいかった。きれいな表紙をしていて、かわいい動物の絵がある本を、私は見たことがなかった。

私は、「冬のくらし」も読んでみたいと思った。

小池ら（2017）に基づいて作成しました。

指示語を具体例に言い換えることがむずかしい場合には、文章の中で指示語が指している語句を囲むように教えます。囲むことが難しい場合には、選択肢の中から選ぶように言います（支援編）。長文がむずかしい場合には、短文から指導を始めます（入門編）。

4 接続詞の機能を学ぶ

① 2つの文章を見せます。

② 指導者が1回読みます。

③ 2つの文章をつなぐ接続詞を選びます。

④ わからないときには、記号を手がかりにします。

⑤ 完成した文章を読み、接続詞の機能に気づかせます。

①下の文章に当てはまるつなぎ言葉を、下の中からえらびましょう。

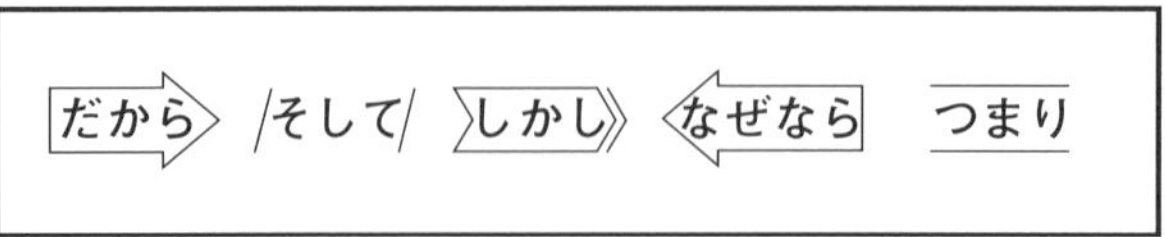

●ヒント：つなぎ言葉の記号をヒントにしてみましょう：

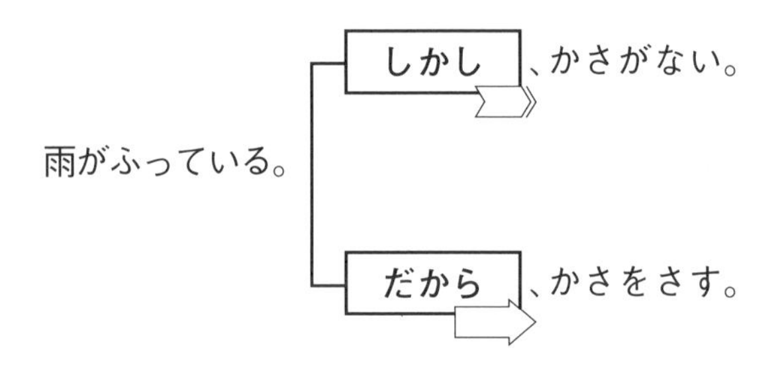

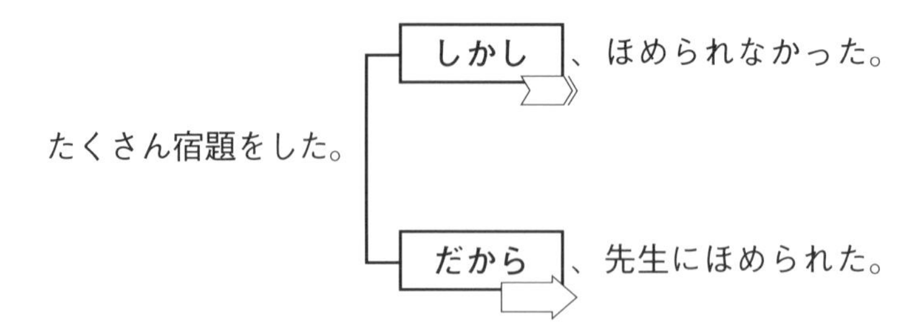

2つの文章を接続詞でつなぐことがむずかしい場合には、接続詞の機能ごとに色分けして線を引きます（「だから」順接：赤、「そして」添加：緑、「しかし」逆接：青、など）。
機能ごとに線を引くことが苦手なときには、接続詞の記号を手がかりに、機能のイメージ性を高めましょう（支援編）。
複数の選択肢から選ぶことがむずかしい場合には、2つの選択肢からどちらが正しいかを選ぶクイズのような楽しい遊びにして取り組みましょう（入門編）。

★複数の段落を理解するスキルに対する支援★

段落をまとめるのが苦手な要因として、マクロ命題（段落の要点）を把握することの弱さが関係しています。文章の要点を把握するためには、因果関係を理解することや、マクロ命題相互のつながりを理解することが大切です。

5 因果関係を「だから」と「なぜなら」でつなぐ

①3～5文程度の短い文章を見せます。

②指導者が1回読みます。

③「だから～なぜなら」シートで練習します。

④問題に答えます。

> コウモリは、ちょう音波を使って物の位置が分かる。そのため、コウモリは、真っ暗やみても物にぶつからず飛べる。だから、コウモリは、暗い夜でもけがをしない。
>
> 【問題】
>
> コウモリは、なぜ暗い夜でもけがをしないのですか？

【文献(5)】

だから～なぜならシート

コウモリは、ちょう音波を使う。

だから↓　↑なぜなら

暗いやみでも物にぶつからない。

だから↓　↑なぜなら

暗い夜でもけがをしない。

←【使い方】□に記入させる。

指導のポイント

「だから～なぜなら」シートは、因果関係を気づかせることに効果的です。

小池ら（2017）に基づきました。

「だから」と「なぜなら」で文章の因果関係を双方向からまとめるのがむずかしい場合には、「だから」で文章をまとめてから、次に「なぜなら」でまとめます（定着編①）。自分で文章をまとめられないときには、穴埋め課題にすることで、文章の要点を押さえます（支援編②）。空欄補充がむずかしい場合には、2文のつながりの中で因果関係を押さえていきましょう（入門編③）。

6 話のポイントをおさえよう

お母さんへ
　きのう、わたしは遠足で、水族館に行きました。
去年の遠足は、となり町の動物園でした。
　わたしは、川の水そうで、アユやサケが泳ぐのを見ました。また、大きな水そうで、アジやマグロを見ました。
　あっという間に、帰りの時間になりました。
［問題］
　「わたし」が伝えたかったことを要約しましょう。

【伝えたかったこと】
きのう、わたしは遠足で水族館に行き、川や海の魚を見て、楽しい時間を過ごしました。

小池ら（2017）に基づきました。

①５文程度の短い文章を見せ、指導者が１回読みます。

②要点（伝えたかったこと）と関係のない文をマークします。

③いくつかの表現を上位のカテゴリーに相当する言葉で書き換えます。
川の水そうで、アユやサケが泳ぐのを見ました。また、大きな水そうで、アジやマグロを見ました。→川や海の魚を見ました。

④いくつかの文を、違った文章で短く表現します。
→楽しい時間を過ごしました。

⑤書き換えた文を基にして要点を話します。
★要点とは、「大切なこと」や「伝えたいこと」。
★要点は、読み手により変化するので、指導では個々に判断する。

指示語や接続詞の理解が弱い場合には、「指示語と接続詞の理解に対する支援」を行い、併せて短文で「複数の段落を理解するスキルに対する支援」を行います。指示語や接続詞がよく理解できているときは、「因果関係を考える課題による指導」と「話の要点を話す指導」を行います。それぞれの弱さや理解度に応じて教材を使い分けていきましょう。

文章全体の読解を説明するモデルとして、統合構築モデル*があります。このモデルには、話のポイントを押さえるうえで、効果的な3つのマクロルールがあります。

- ●ルールA：無関係な情報を外します。
- ●ルールB：カテゴリーの言葉で置き換えます。
- ●ルールC：いくつかの文を違う文章で短く表現します。

・ルールA：無関係な情報を外すことが苦手な子どもの場合には、子どもがよく知っている事柄について例文（例えば、はさみについての作文）を示し、「とても大事なところ（とてもよく切れる）」と「少し大事なところ（持ちやすい）」に分けて、色分けをして線を引く活動をします。この活動は、反復して遊ぶことのできる活動です。この活動を行ったあとに、問題文についても、大事なところについて話し合います。

・ルールB：カテゴリーに置き換えるのが苦手な子どもの場合には、「別の言葉でまとめる」活動を遊びの中で経験します。「ケーキ」「チョコレート」「グミ」「これをまとめると何でしょう」という遊びは、単純ですが楽しみながら取り組めます。子どもが知っている単語で練習したあとに、問題文に出てくる単語にも取り組みます。

・ルールC：文章の内容を把握して別の言葉で置き換えることが苦手な子どもの場合には、子どもがよく知っている事柄について「タイトル」をつける遊びをします。ゲーム感覚で反復して取り組むことで「別の言葉で置き換えることは楽しいことなのだ」ということを経験します。

自閉症的な傾向を持つ子どもは、話の細かい部分の理解は正確であるものの、全体的な理解がむずかしいことがあります。そのような場合には、「話の要点を話す課題」を行うことで、書かれていない情報にも注目できるため、文章の全体像の把握には効果的です。
読み困難を持つ子どもは、文章の内容がわからないのではなく、そもそもひらがなや漢字が読めないことがあります。そのような場合には、「語いの弱さに対する支援」を行うことで、文字を読むことを保障しましょう。そのうえで、文章全体のイメージを高めていくことが大切です。

＊統合構築モデル

Kintsch ら（1978）は、文章全体の読解を説明するモデルを提案しました。このモデルでは、「文章の局所的な内容の理解」から「包括的な内容の理解」に進む軸と、「記述されているテキストベースの内容理解」から、「読み手の知識に基づく記述されていない内容理解」に進む軸の2つの軸から、読解が達成されるとしています。

読解支援の教材

読解の支援教材には、「こそあど言葉プリント」（指示語を具体的に言い換えることを学習）、「つなぎ言葉プリント」（接続詞の機能を学習）、「だからなぜならプリント」（因果関係を“だから”と“なぜなら”でつなぐことを学習）、「文章のまとめプリント」（語のポイントを把握することを学習）の４種類を用意しました。それぞれのプリントに、難易度がやさしい順に入門編、支援編、定着編があります。

①こそあど言葉プリント

指示語の使い方を、具体例に置き換えながら練習します。

入門編（右上図）では、２つの短文で、指示語と指示語がさす単語の関係を学習します。

ヒントが必要な場合には、４つの選択肢の中から指示語に合う具体例を選択します。

支援編（右下図）では、６～８つの文で構成された長文で、指示語と指示語がさす単語の関係を整理します。指示語がさす単語は、２つの選択肢から、それぞれ文章に当てはめて読みながら、適当なものを選びます。

定着編では、長文の中で、指示語と指示語がさす単語の関係をまとめます。指示語が指す具体例となる単語を、文章の中から自分で探して記述する一般的な問題です。

それぞれの文章において、指示語でまとめられた文章と具体例に書かれている文章のどちらが読みやすいのか、最後に子どもに評価させます。自分で評価をする癖がつくと、自分で文章を書くときにも、読みやすさを意識することができるようになっていきます。

①つぎの文章を声に出して読み、　　の言葉をくわしく書きましょう。

動物の本はかわいかった。**その**本を、わたしも読んでみたいと思った。

動物の本はかわいかった。［動物］の本を、わたしも読んでみたいと思った。

●ヒント：つなぎ言葉の記号をヒントにしてみましょう：

植物　動物　食物　果物

昨日、わたしは花屋に行った。**その後**に同じクラスの田中さんと図書館に行った。**そのクラスメイト**は、「冬のくらし」という本をかりた。**その本**の表紙の写真は、とてもきれいだった。

昨日、わたしは花屋に行った。［（○）花屋に行った後／（　）図書館に行った後］に同じクラスの田中さんと図書館に行った。［（　）違うクラスの田中さん／（○）同じクラスの田中さん］

②つなぎ言葉プリント

接続詞の使い方を短文の中で練習します。

入門編（右上図）は、2つの文をつなぐ接続詞を2つの選択肢から選ぶ課題です。接続詞の機能が、記号を補助として表示されています。適切な選択肢を選んだ後は、文章を声に出して読んでみることで、選択した接続詞に違和感がないかどうかを確かめます。

支援編（右中央図）は、2つの文をつなぐ接続詞を、5つの選択肢から選ぶ課題です。5つの選択肢から選ぶ課題です。5つの選択肢の機能が記号化されているため、記号を手がかりとして、つなぎ言葉を選びます。正しい機能を理解するというよりは、記号を手がかりに、機能を視覚的に捉えやすくすることをねらいとしています。

定着編（右下図）は、記号の手がかりがない条件で、2つの文をつなぐ接続詞を、5つの選択肢から選ぶ課題です。自分で空欄補助ができる場合には、選択肢を見ないで接続詞を記述します。

①それぞれの文章に当てはまる、つなぎ言葉はどちらでしょうか。

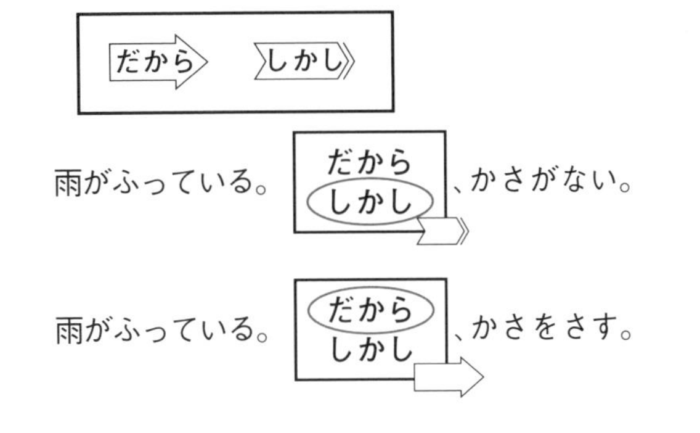

①下の文章に当てはまるつなぎ言葉を、下の中からえらびましょう。

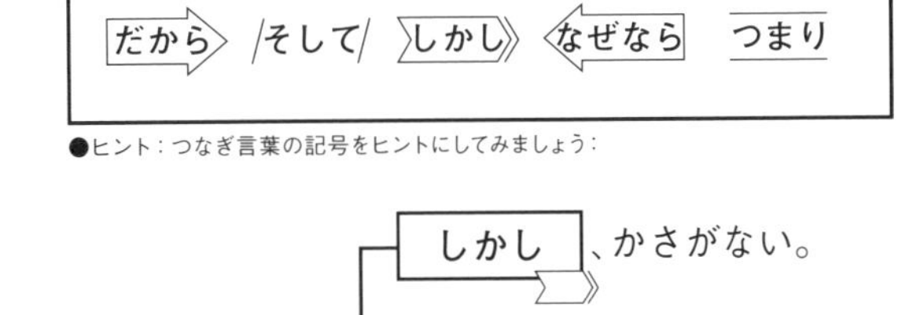

①下の文章に当てはまるつなぎ言葉を、下の中からえらびましょう。

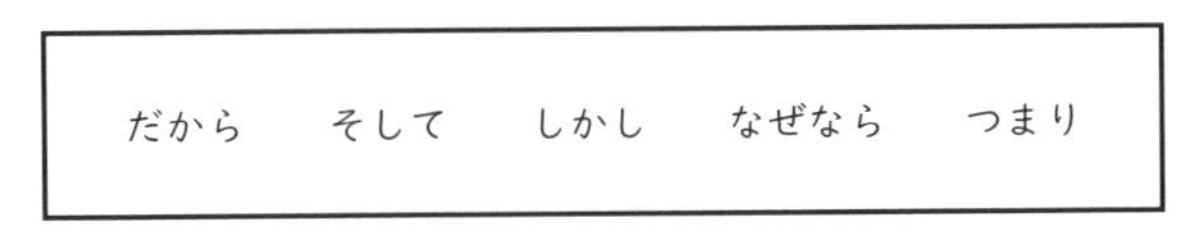

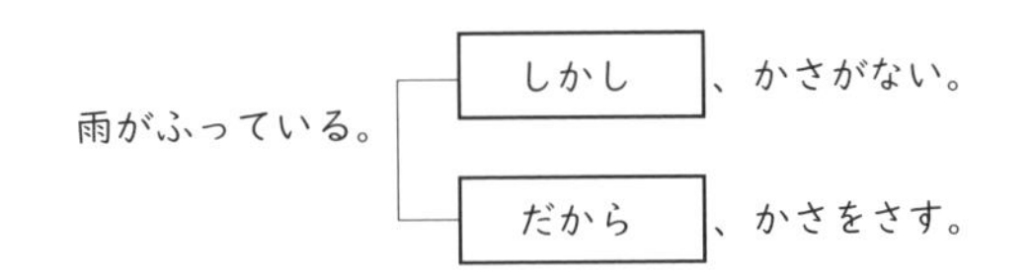

③だからなぜならプリント

因果関係のつながりを、短文の中で練習します。「だから」と「なぜなら」を用いて文章のつながりを整理することができます。

入門編は、2つの文について、「だから」と「なぜなら」それぞれ1方向の因果関係を判断する課題です。文の内容は絵でも示され、4つの選択肢から解答を選ぶことができます。

支援編には、支援①と支援②があります。支援①は、3つの文で、「だから」と「なぜなら」それぞれ1方向の因果関係を判断する課題です。回答は穴埋め課題ですが、選択肢はありませんので、本文から答えとなる1文を選びます。支援②では、2つの文で因果関係を判断する課題です。回答は自由記述ですが、空欄の左上にそれぞれヒントが記述されているため、想起がむずかしい場合には、手がかりとして活用することができます。

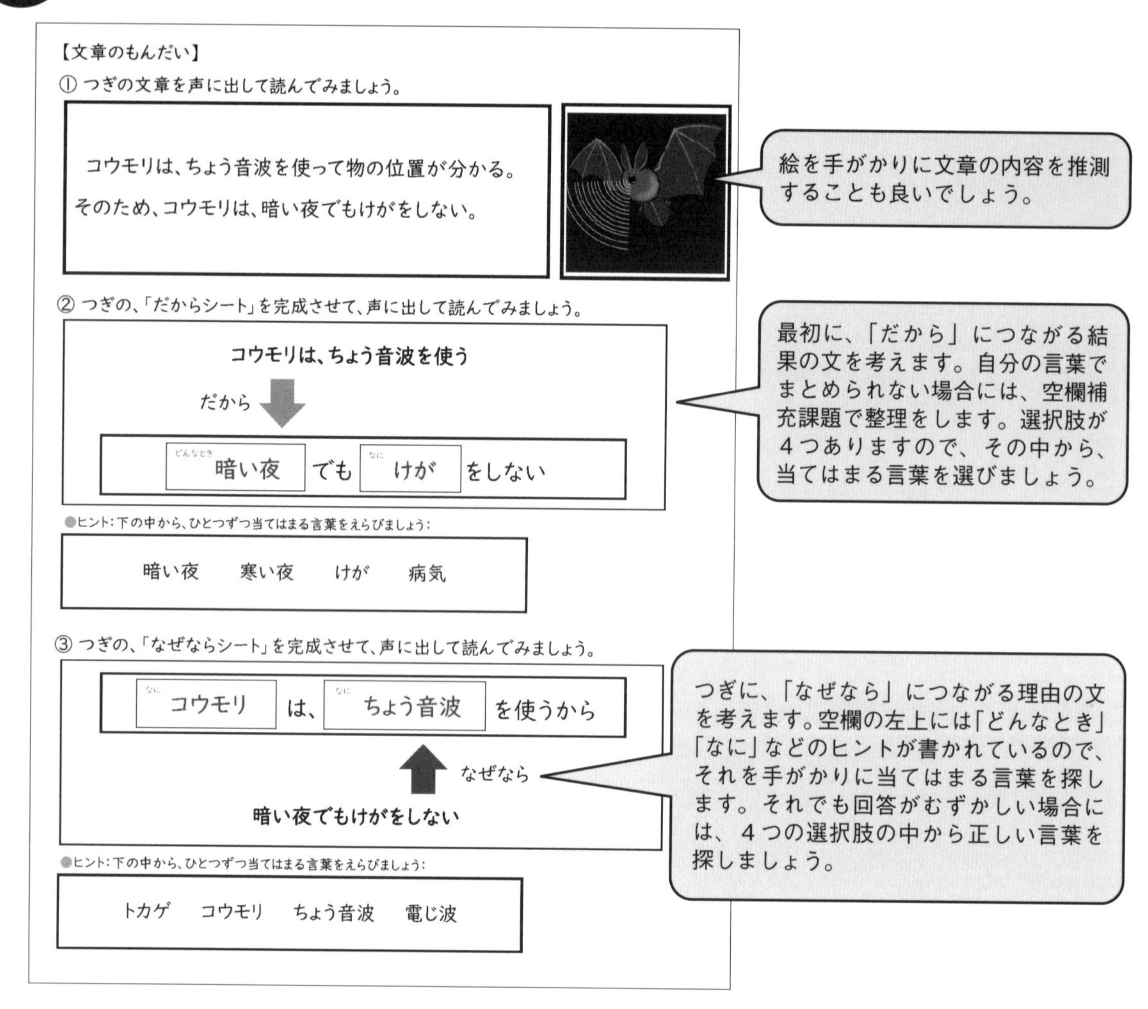

定着編は、３つの文について、「だから」と「なぜなら」それぞれ１方向の因果関係を判断する課題です。回答は自由記述ですので、本文から適切な箇所を選びます。３つの文章のつながりについて、「だから」で結果を整理すること、「なぜなら」で理由を意識することで、文の因果関係を明確化することができます。

④文章のまとめプリント

マクロルールの使用を、短文の中で練習します。３つのマクロルール（ルールＡ・Ｂ・Ｃ）を強化できるので、部分的に教材を活用することも可能です。

入門編（107ページ図）は、要点を図式化してまとめたり、選択肢から適切な回答を選び文章を整理する課題です。文の内容は、絵によっても示されます。

支援編は、空欄補充のなかで文章の要点をつかみやすくする課題です。選択肢が提示されていたり、空欄補充の場合には左上にヒントが記述されているため、本文から検索するときの手がかりとして活用することができます。

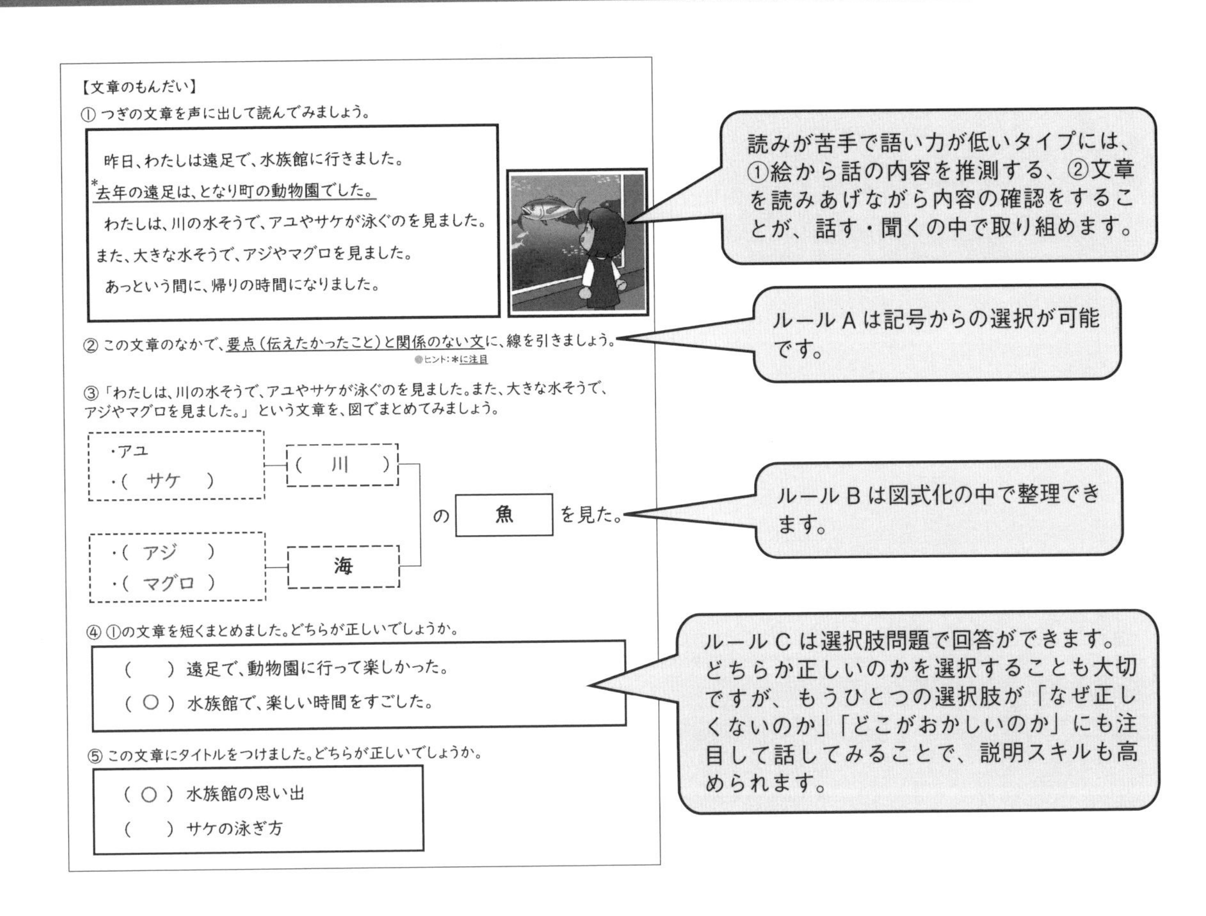
【文章のもんだい】

① つぎの文章を声に出して読んでみましょう。

昨日、わたしは遠足で、水族館に行きました。
*去年の遠足は、となり町の動物園でした。
わたしは、川の水そうで、アユやサケが泳ぐのを見ました。
また、大きな水そうで、アジやマグロを見ました。
あっという間に、帰りの時間になりました。

② この文章のなかで、要点（伝えたかったこと）と関係のない文に、線を引きましょう。
●ヒント：*に注目

③「わたしは、川の水そうで、アユやサケが泳ぐのを見ました。また、大きな水そうで、アジやマグロを見ました。」という文章を、図でまとめてみましょう。

・アユ
・（ サケ ）
（ 川 ）

・（ アジ ）
・（ マグロ ）
海

の 魚 を見た。

④ ①の文章を短くまとめました。どちらが正しいでしょうか。

（　） 遠足で、動物園に行って楽しかった。
（ ○ ） 水族館で、楽しい時間をすごした。

⑤ この文章にタイトルをつけました。どちらが正しいでしょうか。

（ ○ ） 水族館の思い出
（　） サケの泳ぎ方

定着編は、長文の内容を自分の言葉でまとめていく一般的な読解の課題です。3つのマクロルール（ルールA・B・C）を整理することができますが、自由記述での回答になっているため、全体的な読解スキルが安定しているタイプに活用しましょう。

教材一覧　https://www.godo-shuppan.co.jp/news/n59171.html

プリント名	内容	
（7-1）こそあど言葉プリント	指示語の使い方を学ぶことができます。①指示語を具体例にする練習をする、②具体例を選択肢から選ぶ、③短文の中で指示語の操作を学ぶプリントです。	
（7-2）つなぎ言葉プリント	接続詞の使い方を学ぶことができます。①2つの文をつなぐ接続詞を考える、②記号を手がかりに接続詞の意味を学ぶ、③どちらの接続詞が正しいのかを考えることで接続詞の機能を学びます。	
（7-3）だからなぜならプリント	因果関係のつながりを学ぶことができます。①「だから」と「なぜなら」で3つの文章をつなぐ練習をする、②空欄補充の中で因果関係を学ぶ、③2文のつながりの中で因果関係を把握します。	
（7-4）文章のまとめプリント	マクロルールの使用を学ぶことができます。①長文を短い文章でまとめる練習をする、②空欄補充の中で文章の要点をつかむ、③要点を図式化したり選択肢から選ぶことで文章をまとめます。	

事例1 アルファベットの読み書きがむずかしいQさん（小5）

Qさんは、小学校低学年の頃から「っ」「びゅ」などひらがなの特殊表記や漢字などの学習が苦手でした。学習態度は落ち着いていて、授業中は静かですが、担任がクラス全員に指示をしても通らなかったり、先生の説明が理解できなかったりすることがあります。一方、絵を描くことや、レゴブロックを組み立てることは得意です。

小学5年生になりアルファベットの学習が始まると、なかなか覚えられないと悩んでいました。いくつか書ける文字はありますが、読み方がかわからないため、「Aを書いてください」という問題には答えられません。

この他、ABCの歌を歌うことや、アルファベットカードをABC順に並べる活動にもうまく取り組めないようすでした。

支援

1 絵を手がかりに覚える

アルファベットを学習するときに、絵となじみのあるカタカナを手がかりにした指導を行いました（支援1、116ページ）。仁王立ちしている人の絵の上にAと書き、少しずつ手がかりの絵を薄くしていき、最終的には手がかりなしで書けるよう練習します。

2 形と音を一致させる

Qさんは聞きなじみのない音声を記憶することがむずかしいようです。

上の支援と並行して、文字の読み方をカタカナでAの下に書き加えさせました。なじみのある日本語の文字で読み方が書いてあることで、Qさんは文字の名前が認識できるようになり、書くことと併せて指導することで、文字の形と名前が一致するようになりました。

発達検査の結果では、言語理解と言語性ワーキングメモリが80～85、知覚推理が100程度という結果で、言語や音声といった聴覚的な情報処理に困難があることがうかがえました。ひらがな特殊表記にも困難さを示していたことから、音韻意識が弱いことも推測できます。一方で、視覚的な情報処理は得意でした（読み書き共に苦手なタイプ）。

事例2 名前や音は覚えているが、書くことがむずかしいRさん（小5）

Rさんは物の形や位置、色など、視覚的な情報の記憶や操作が苦手です。アルファベットの形がなかなか覚えられません。VとW、nとmなどの似た形や、反転すると同じ形になるbやdが頭の中で混ざってしまいます。

似た形の文字が少ない大文字は比較的得意ですが、小文字は間違えてしまう文字が多く、大文字と小文字のペアもあやふやです。存在しないアルファベットを書いてしまうこともありました。

視覚記憶に困難さを持つ一方で、ネイティブスピーカーのように英語を発音することができ、単語の意味を聞くとすぐに答えられる、日本語の意味を教えると対応する英単語をすぐに発音できるなど、言語性ワーキングメモリや聴覚記憶はとても優れているようすが見られました。

支援 1 言語的手がかりを使う

はじめに、比較的わかっている大文字から指導しました。そのとき、「Oはドーナツのようなオー」のように文字の形を言語化して教えました（支援４、118ページ）。

2 小文字変形

大文字がすべて正確に書けるようになった後、小文字の指導に移りました。大文字から小文字への変形する過程を言語的手がかりとして使い（119ページの支援６）、大文字と小文字のペアも同時に学習できるようにしました。

変形過程が示しづらいａ、ｄは、ｂ（Ｂの上半分の曲線を取る）を指導した後に、その逆がｄ、ｄの縦棒を短くしたものがａ、と教えました。このほか、ｑは数字の９と同じ向き、というように、知っている数字やほかの文字と関連付けた指導も有効でした（支援５、118ページ）。

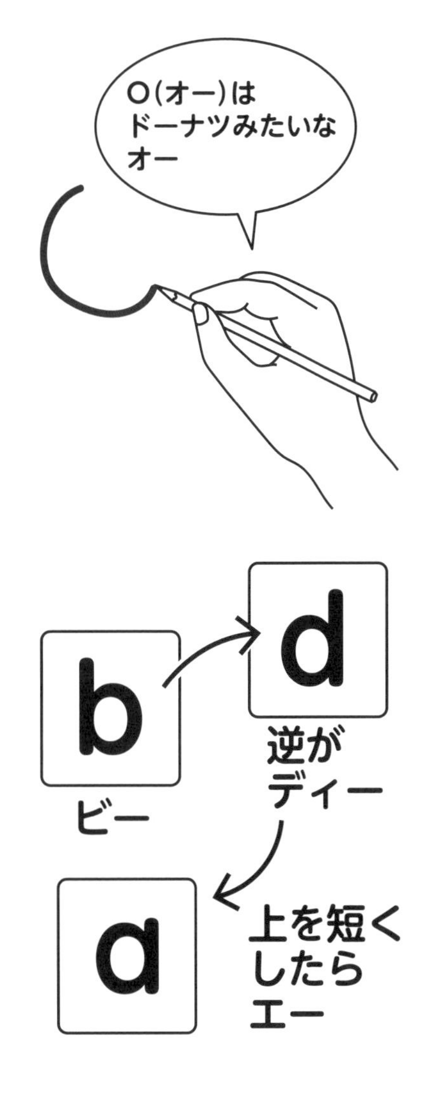

発達検査の結果では、言語性ワーキングメモリや言語理解が良好な一方で、知覚推理が90を下回っており、聴覚的な情報処理と比較して視覚的な情報処理が困難であることが示されました。処理速度も低く、一度に多くの課題を出されると投げ出してしまう傾向があります。ひらがなの読み書きと漢字の読みは得意ですが、漢字の書きは困難さがあります（書きのみ苦手なタイプ）。

事例3 ローマ字の学習困難を示したSさん（小6）

Sさんは最近学校でよくパソコンやタブレットなどのICT機器で勉強する機会が増えましたが、なかなかタイピングが覚えられません。「かきくけこ」や「さしすせそ」など、よく打つ文字はわかるのですが、時々どのように打てばいいのかわからない文字があります。

わからない文字があると、ローマ字表を見て確認していますが、打ちたい文字を探すのに時間がかかります。小学１年生の頃は、拗音や促音の学習に時間がかかりました。

支援 1 表記のルールを理解する

ローマ字については、ひらがなの五十音表を活用して、表記規則の理解を促すように支援しました（支援7、121ページ）。下のような教材①を使って学習を行ったところ、子音と母音を組み合わせる規則を理解することができました。このことで、ローマ字全般の表記を効率よく学習することができ、ローマ字表を見なくても打てる文字が増えてきました。わからない表記をローマ字表で探すときにも、表記規則が理解できたことで、すぐに探したい文字を見つけることができるようになってきました。

世界で通じる日本語：ローマ字で伝えよう 第１回①　（　　）年（　　）組（　　）番

1. 文字と読み方、組み合わせた音を確認しましょう。

	あ a	い i	う u	え e	お o
ク k	ク+あ-か ka	ク+い-き ki	ク+う-く ku	ク+え-け ke	ク+お-こ ko

カタカナは、英語で「k」の文字を発音したときの音です。
日本語の「ク」よりも短い音です。

2. 次の音を組み合わせるとできる音を選び、線でつなぎましょう。

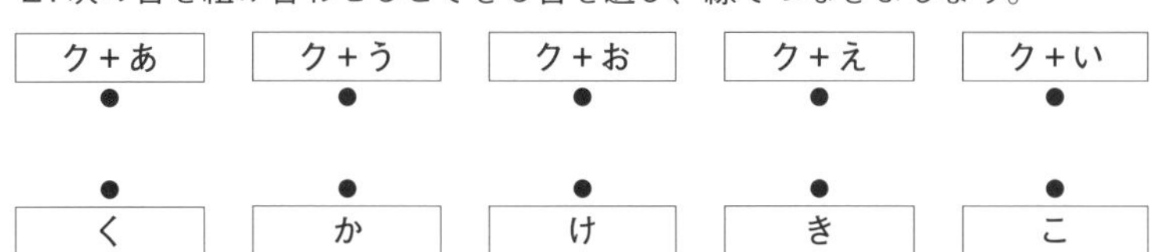

発達検査の結果では、深刻な困難さはないようですが、言語性ワーキングメモリが他の指標と比較してやや低いようです。ひらがなや漢字の読み書きや、ひらがなの音韻抽出・分解については特にできないわけではありません。Sさんの困難さは、日本語ではなく、アルファベット言語の学習に必要な子音・母音の操作を行う音韻意識の弱さに起因するようです（ローマ字が苦手なタイプ）。

支援と教材

アルファベットを学習するには、アルファベットの名前、音、形を覚える必要があります。

「名前」とは、カタカナで表記するとA≒エイ、B≒ビーのように、ABCの歌で歌われているものです。文字の名前を音声として覚え、文字の形と関連づけます。言語性ワーキングメモリが弱い場合には、アルファベットの文字と音とが一致しにくく、学習がむずかしくなります。

次に「音」とは、カタカナで表記するとA≒ア、B≒ブのように、文字に対応する子音や母音の音で、単語の発音を構成するものです。日本語の音韻操作には問題がなくとも、アルファベット言語の読み書き習得に必要な子音・母音といった単位の音韻操作が困難な場合は、学習がむずかしくなります。小学3年生で指導されるローマ字の学習を通じて、文字の音を理解する基礎が養われます。小学生の段階で、アルファベット文字やローマ字でつまずいている場合は、中学生になると英単語の学習が困難になるリスクが著しく高くなります。

最後に「形」とは、文字の形で、小学校では大文字・小文字を自力で書けるようになることが求められます。視覚記憶が苦手な場合には、アルファベットの文字の形、特に似た形の文字（例：VとW）を見分けたり、反転すると同じ形になる文字（b,d,p,q）の習得でつまずきます。認知特性を把握してから、支援方法を検討することが重要です。

学習場面での問題

- ABCの歌がなかなか歌えるようにならない
- アルファベットカードをABC順に並べ替えることができない
- アルファベットの名前・形（A≒エイ、B≒ビー）を覚えられない
- アルファベットの名前は覚えているが、書くことがむずかしい

アルファベット読み書きの特徴

- 形の似た文字（VとWなど）や、反転すると同じ形になる文字（bとdなど）を混同する
- 文字の形を覚えることがむずかしく、存在しない文字や反転した文字を書く
- 大文字と小文字のペアが覚えられない

タイプ別支援

小学生のアルファベットの読み書き困難のタイプは、３つに分けることができます。

アルファベットの読み書き共に苦手な子ども

アルファベットの読み書き全般に困難を示します。聴覚記憶と言語性ワーキングメモリの弱さに配慮します。

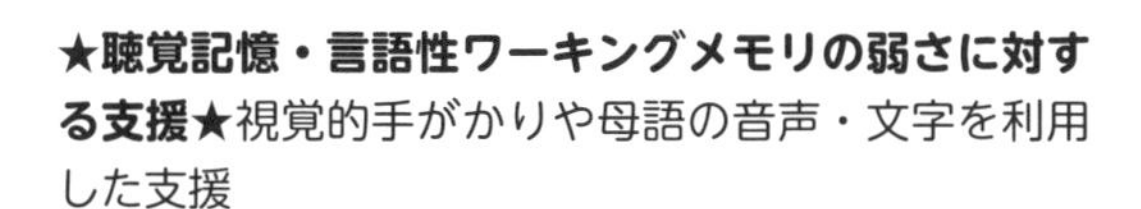

★聴覚記憶・言語性ワーキングメモリの弱さに対する支援★視覚的手がかりや母語の音声・文字を利用した支援

アルファベットの書きのみ苦手な子ども

アルファベットの書きが困難です。視覚認知の弱さに配慮します。

★視覚記憶・視覚認知の弱さに対する支援★言語的手がかりを使った支援

ローマ字が苦手な子ども

ローマ字の学習でつまずくことが多いです。アルファベット言語特有の子音・母音といった単位の音の操作が困難なので、日本語を使って支援します。
文字の名前・形の学習には、本人の得意な力を生かして支援の方法を考えます。

★アルファベット言語に必要な音韻意識の弱さに対する支援★母語である日本語を利用した支援

表8-1　小学生のアルファベットの読み書き困難３タイプ

	アルファベットの読み書き共に苦手なタイプ	アルファベットの書きのみ苦手なタイプ	ローマ字が苦手なタイプ
名前	文字の名前（A≒エイ、B≒ビー）を覚えることが困難	○良好	○良好
音	文字の音（A≒ア、B≒ブ）を覚えることが困難	○良好	子音・母音といった音素の操作が困難
書き	文字の形に対応する名前を思い出せないので書けない	・文字の形を記憶できない ・反転すると同じ形になる文字を混同する ・形の似た文字を混同する	○良好
文字形の認識	○良好	弱い	○良好
音韻意識	弱い	○良好	弱い
言語性ワーキングメモリ	弱い	○良好	○良好

★聴覚記憶・言語性ワーキングメモリの弱さに対する支援★

1 文字の形を視覚的なヒントで

①アリの足が大文字のＡ、顔が小文字のａなど、絵を手がかりにします。

②耳慣れない音声の記憶がむずかしいため、文字の名前をなじみのあるカタカナで表記すると学習しやすくなることがあります。

文字の形を覚えるためには、体や手を使って文字の形を表す、ねんどで文字の形を作る、砂の上に指で書くなど、複数の感覚を使って文字の形を捉える指導が有効な可能性があります。文字の名前と形が一致しない場合には、「トランプのＡ（エース）のエー」、「ドリンクＳ・Ｍ・Ｌサイズ」など、身の回りのアルファベットに関連づけることで、記憶に残りやすくなると考えられます。

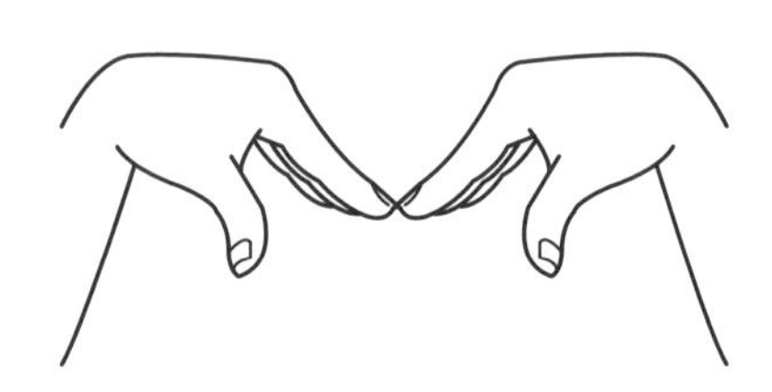

・聞くことのほうが得意な子には言語的手がかりを使った支援方法を試してみましょう。

2 大文字から小文字の変形

子ども自身に変形過程を図示させ、視覚的に大文字と小文字をつなげます。

G → G → 9 → 9
G → G → 6 → 9
180度回転させる

畑江ら（2017）に基づいて作成しました。

指導者がモデルを提示します。いくつかの文字を変形して見せたり、子どもに途中から残りの変形方法を考えさせたり、途中経過を示したりする方法が考えられます。次第に大人の出番を減らし、子どもが自力で変形できるよう促します。

3 体を使って覚える

文字の形を体で表すことで、向きを印象付ける方法です。

①絵文字のいいね！　のように両手の親指だけを上げましょう。
　左手がｂ、右手がｄと覚えます。

②横書きの文字は左から右に向かって書くことと関連させ、左手が先に来るｂだと教えます。

指導者の握りこぶしくらいの大きさの文字で、黒板に「a＿c＿」と書きます。「エイ、ビー、スィー、ディー」と言いながら、「ビー」のところでサムズアップした左手をａとｃの間に置き、「スィー」のところでサムズアップした右手をｃの右隣に置きます。同じ動作を子どもにもさせて、文字の向きを理解させます。手で動作できたら、文字カードに切り替えて同じことを行います。文字カードも置くことができたら、実際に文字を書かせます。少しずつ難易度を上げることで、無理なく学ぶことができます。

★視覚記憶・視覚認知の弱さに対する支援★

4 文字の形を言語的なヒントで表す

①「Mはとがった山が二つ」のように、文字の形を言語で説明します。

②似た形の文字については、「Wは谷がダブルで、シングルなのはV」のように、見分けやすいよう文字形の違いを言語化するとよいでしょう。

5 すでに知っている他の文字と関連づける

①「qは数字の9と同じ向き」、「Jはひらがなの『し』と逆」というように、ひらがなや数字と関連づけて言語化します。

キュー

数字のキュー

ジェー

しと逆！

4と5の指導がうまくいかない場合は
・体や手を使って文字の形を表す、粘土で文字の形を作る、砂の上に指で書くなど、多感覚を使って文字の形を捉える指導が有効である可能性があります。
・見ることのほうが得意な可能性があります。視覚的手がかりを使った支援方法を試してみましょう。

6 小文字は大文字からの変形過程を言語で説明する

①「Fはかぎかっこを丸めて、残った横線を伸ばして十字に」というように、大文字からの変形過程を言葉で説明します。こうすると、大文字と小文字のペアが認識しやすくなり、小文字同士の弁別が可能になります。

②反転すると同じ形になる文字については、「Bは上の曲線を取る。Dの小文字はその逆。Aの小文字は、dの縦棒を短く」というように、似た形の文字と弁別する方法を言語化するとよいでしょう。視覚認知に困難がある場合、子どもが自力で変形過程を考えることがむずかしいため、指導者が変形過程を提示しましょう。

かぎかっこ（「）を丸めて、横棒を伸ばして十字にする

F → Ϝ → f

E → ℮ → e

上の横棒２本をつないで、丸める

・変形過程を複数示し、子どもにとって理解しやすい変形方法を選びましょう。
・子ども自身が言語化することがむずかしい場合は、「この線をどうする？」、「曲げる？　なくす？」というように、指導者がリードして選択させましょう。
・変形が困難な文字については無理せず、118ページの方法を取り入れて指導しましょう。

表8-2　アルファベットの大文字を変形させて小文字にする言語的手がかりの例
※アミカケは変形が困難だったため他の方法で指導した文字※

文字	指導方法	備考
a	ｄの縦棒を短くする	ｂ、ｄの学習後に指導
b	体の前で両手でサムズアップさせ、横書きの文字は左が先に来るため、左がｂ、右がｄと覚える	ｄと併せて指導
c	大文字をそのまま小さくする	
d	体の前で両手でサムズアップさせ、横書きの文字は左が先に来るため、左がｂ、右がｄと覚える	ｂと併せて指導
e	大文字の上２つの横棒をつなげ、丸める	
f	「(カギカッコ）を丸め、横棒を伸ばし十字を作る	
g	ｑの縦棒を丸める	ｐ、ｑの学習後に指導
h	右の縦棒の上半分を消し、横棒を丸める	
i	大文字を小さくし、丸い点をつける	
j	大文字を小さくし、丸い点をつける	
k	大文字をそのまま小さくする	
l	横棒を消す	
m	大文字を小さくし、角を丸める	
n	斜めの線を丸め、左右の縦棒に橋をかける	
o	大文字をそのまま小さくする	
p	大文字をそのまま小さくする	ｑと併せて指導
q	数字の９と同じ向き	ｐと併せて指導
r	大文字のＲから斜めのＴを取る	
s	大文字をそのまま小さくする	
t	縦棒を伸ばして十字にする	
u	大文字を小さくし、書き終わったら下にひっぱる	
v	大文字をそのまま小さくする	
w	大文字をそのまま小さくする	
x	大文字をそのまま小さくする	
y	下の縦棒を斜めにする	
z	大文字をそのまま小さくする	

銘苅（2022）に基づいて作成しました。

★アルファベット言語に必要な音韻意識の弱さに対する支援★

7 世界で通じる日本語：ローマ字で伝えよう

①ひらがな五十音表の規則を活用して、アルファベットの子音・母音が混ざったときの規則を学ぶことができます。同じ子音を持つ表記をまとめて学ぶため、日本語の音を手がかりにして、アルファベットの持つ音を推測する力が身につきます。

	あ a	い i	u
ク k	ク+あ=か ka	ク+い=き ki	ク+ k

②私達がふだん使っているひらがなの音は子音と母音の組み合わせによってできていること（例：K（ク）とA（ア）を合わせると、「か」という音ができる）を説明します。113ページの表を参照してください。自主学習でも活用できます。

8 母語の音声を手がかりに、それぞれの文字が対応する音を推測させる

「かきくけこ」がすべてkと母音（あいうえお）の組み合わせであることを説明し、かきくけこに共通する音について考えさせます。他の表記についても同様に説明します。キーボードをローマ字入力をイメージする方法も有効です。

9 名前、固有名詞などを読み書きする

7や8の指導でローマ字の仕組みを理解したら、実際にローマ字を使って単語を書かせます。ローマ字が英語であるという誤解を避けるために、自分やクラスメイトの名前、日本の地名や駅名、海外でも通じる日本の固有名詞（Emoji、Sashimi、Mangaなど）を書かせるとよいでしょう。

23.

た		た		み	
t	a	t	a		

24.

ぽ	ん	さ	い

①ひらがなの五十音表と同じレイアウトでローマ字表を作り、文字の位置を手がかりにローマ字を読ませます。最初は上から下に読ませ、慣れてきたら、ランダムに指さして読ませます。スムーズに読めるようになったら、1音節ずつ書かれたカードを提示し、読ませます。
②母音を手がかりに読ませます。まずは母音だけでa、i、u、e、oを読めるように練習します。次に、「かーあ」、「きーい」、というように、各文字を長く伸ばして読ませ、a、i、u、e、oが後ろに付いていることに気づかせます。ローマ字表やカードを使い、母音を手がかりにしながら読ませます。

アルファベットのワーク教材の構成と利用

ローマ字ワーク１（教材８-１）では、表の規則を活用して、ひらがなごとの子音・母音の混成規則を学ぶことができるようにしました。同じ子音を持つ表記をまとめて学ぶため、日本語の音を手がかりにして、アルファベットの音を推測できるようにしました。

ローマ字には訓令式・ヘボン式の二通りの表記方法があり、ヘボン式は海外の人々ができるだけ日本語の発音に近づけて読めるよう工夫された表記です。ローマ字ワーク１では、訓令式とヘボン式で共通している表記を扱いました。

子音＼母音	a	i	u	e	o	−
k	ka	ki	ku	ke	ko	
m	ma	mi	mu	me	mo	
r	ra	ri	ru	re	ro	
y	ya	−	yu	−	yo	
n	na	ni	nu	ne	no	n
g	ga	gi	gu	ge	go	
b	ba	bi	bu	be	bo	
s	sa		su	se	so	
t	ta			te	to	

※太枠の空らんは付録として扱います※

ローマ字ワーク１で扱うローマ字表記

3．次のローマ字の読み方を、ひらがなで書きましょう。
スタートからはじめ、ゴールをめざしましょう。

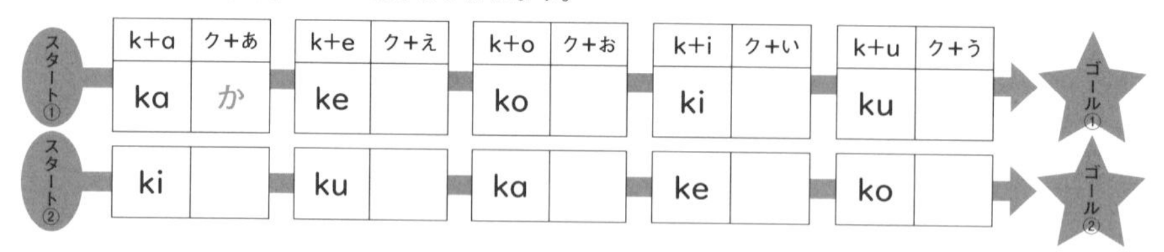

4．次のひらがなを、ローマ字で書きましょう。
スタートからはじめ、ゴールをめざしましょう。

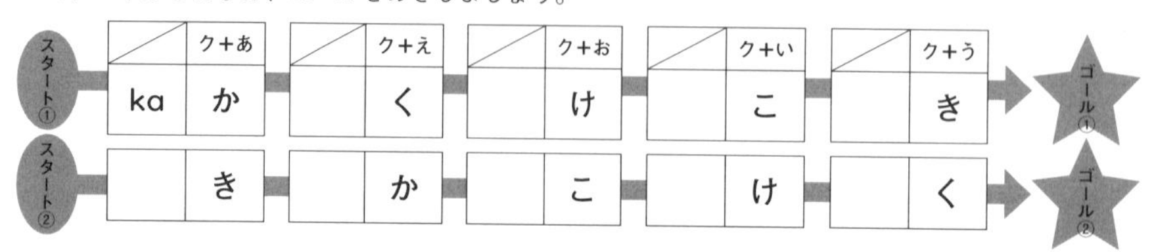

②に進みましょう→

ローマ字ワーク１

ローマ字ワーク２（教材８-２）で扱う単語は、「食べ物・飲み物」、「文化」、「地名」の３種類から、全40単語をピックアップしました。

この教材ですべての表記を扱うわけではありませんが、子音・母音の概念などの理解を促すことで、他のローマ字表記や英語の読み書きを学習に応用可能な力を身につけることを目指して作りました。

読んでみよう

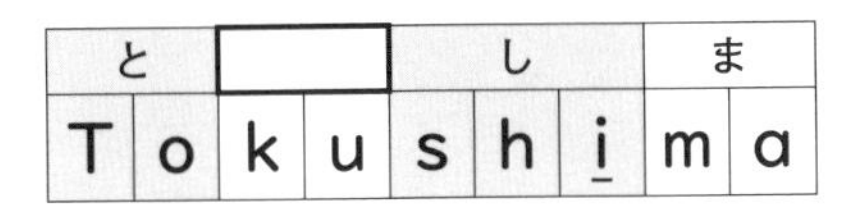

※地名や人名を書くときは、
最初が大文字になります※

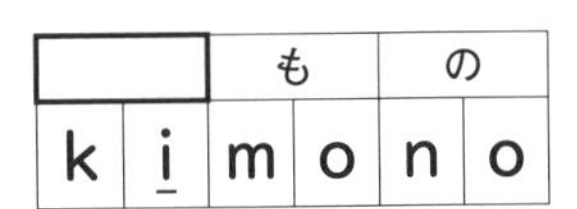

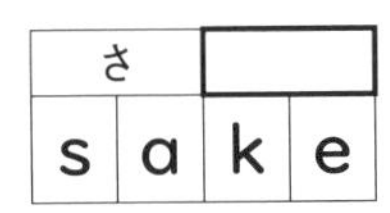

※日本酒のこと※

書いてみよう

す	き	や	き
s u		y a	

い	け	ば	な
		b a	n a

ローマ字ワーク２

教材一覧　https://www.godo-shuppan.co.jp/news/n59172.html

教材名	内容
（8-1）ローマ字ワーク１	ローマ字を混成規則で学ぶプリントです。
（8-2）ローマ字ワーク２	海外で通じる日本の固有名詞を学びます。

事例1 規則的な単語のつづり困難を示すTさん（中1）

Tさんはアルファベット1文字ずつなら書けますが、penやbedなどの基本的な単語になるとつづることがむずかしくなります。単語の発音はわかっても、発音に基づいて文字を選んだり、組み合わせたりすることがむずかしいようです。

また、一度覚えたことをすぐに忘れてしまい、なかなか定期テストで点数を取ることができません。衝動性の強さや落ち着きのなさ、授業中の反抗的な態度など、行動面にも課題を抱えており、先生からは問題児として認識されています。

支援

1 覚える工夫

まず、支援２と３（132、133ページ）で規則的な単語のつづりを練習しましたが、学習直後しか覚えていることができず、１週間後覚えておくことが次の課題になりました。そこで、支援７（121ページ）を使い、ローマ字の習得を促す支援をしました。その課題で、Ｓさんはアルファベットを合成する操作を理解することができ、単語を覚えていられるようになりました。

2 行動の変化

英単語の学習方法を身につけたＴさんは、これまで妨害していた英語の授業で、自分から「みんなと同じことはできないけど、単語の練習ならできるので、していてもいいですか？」と申し出て、クラスの雰囲気を乱さずに自分に合った学習に取り組むようになりました。

発達検査の結果では、全体的に年齢相当のレベルを下回っていますが、特に言語性ワーキングメモリが著しく弱いことがわかりました。ADHDの診断を受けており、衝動性が強く、長時間座って授業を受けることがむずかしい状態です。英語の基礎スキルテストの結果、音素の合成、英単語の視覚的認知、正書法知識のすべてで低成績を示し、英単語の学習方略全般に弱さを抱えていることがわかりました（規則的な単語のつづり困難を示すタイプ）。

事例2 視覚認知の弱さがあり、不規則な単語でつまずくUさん（中2）

Uさんは勉強熱心な子ですが、どんなに練習しても英単語のつづりでケアレスミスをしてしまいます。特に長い単語になると、別の文字を書いてしまったり、文字が抜け落ちてしまったりします。見た目のよく似た長い英単語（例：difficult、different）を見間違えたまま文章を読み進めてしまい、英文の読解にも支障をきたすことがあります。

本人に話を聞くと、「細かい大量の文字を見ていると頭がぼんやりしてしまう」「文字同士が重なって見えたりして、文字や単語の認識がむずかしくなることがある」と話していました。定期テストでは短時間で多くの問題を解く必要があるため、苦戦しています。

支援

1 発音しながら書く

Uさんは聴覚的・言語的な記憶や理解が得意なので、正書法知識を言語で説明することや、単語を区切って発音しながら書く練習をしました（支援6、135ページ）。単語を細かく区切って発音しながら書くことで、文字が抜け落ちるミスが減り、正確性が向上しました。

この学習方法はUさんに合っており、単語の学習にかかる時間が短縮できたことで、他の教科学習に時間が回せるようになり、成績全体が上がることにつながりました。その結果、Uさんは希望する高校に進学することができました。

2 同じつづりを持つ単語をまとめて学習する

Uさんは言語的な記憶や理解が得意なので、正書法の規則を言語で説明すると、よく理解することができます。この力を利用して、同じつづりを持つ単語をまとめて学習しました（例：action, tradition, situation）。

こうすると、単語をより大きなまとまりで区切ることができるようになるだけではなく、共通するつづりが印象に残りやすくなるため、つづりのミスを減らすことにつながりました。つづりの規則に関する知識が増えたことで、Uさんは新しく学ぶ単語も規則に結びつけて学習できるようになり、自主学習の正確性も向上しました。

ac | tion

tradi | tion

situa | tion

言語理解や言語性ワーキングメモリは良好ですが、相対的に知覚推理が弱いようです。本人から、英単語の見え方について聞き取ったところ、視覚認知に困難があることが推測されました。視覚認知に関する検査を行った結果、全体像を捉えることの困難さや、局所に注目してしまうことの困難さが指摘されました。英語の基礎スキルテストの結果、音素の合成と正書法知識は学年相当のレベルよりもよい成績でしたが、英単語の視覚的認知で著しく低い結果を示しました（視覚認知の弱さがあり、不規則単語のつづり困難を示すタイプ）。

事例3 不規則な単語になるとミスをしてしまうVさん（中3）

Ｖさんは英単語の学習に困難さを抱えています。単語の長さに関わらず、単語の最初と最後の文字は思い出せるのですが、途中の文字があいまいになることが多いようです。

完璧主義で、間違いを恐れる性格から、単語テストでは空欄で提出してしまうことが多く、なかなか点数が取れません。高校に進学してからは、半ば英語の学習をあきらめてしまっています。

Ｖさんは単語の最初と最後の文字は正確に書けていることから、単語形の視覚認知はよいと推測できます。また、ローマ字は書けていて、基本的な音素の合成もできます。

支援

1 並べ替えカード

文字カードを並べ替えて単語を完成させる支援をしました（支援8、136ページ）。カードを組み合わせて単語を完成させることで、単語のつづりの仕組みを視覚的に理解することができ、正確性やスピードが向上しました。

2 同じつづりを持つ単語をまとめて学習する

知覚推理の力は良好なので、同じつづりを持つ単語をまとめて学習する際、共通するつづりのカードを縦に並べて強調することで、単語のつづりの規則を視覚的に印象付けるようにしました（右の図）。これまでは単語のつづりは一文字ずつの文字の羅列に見えていましたが、つづりのパターンを視覚的に覚えたことで、自分が書いたスペルミスに気づけることが増えてきました。また、新しく単語を学ぶ際も、見覚えのあるつづりのパターンに気づくことで、学習しやすくなりました。

言語理解と知覚推理は良好ですが、言語性ワーキングメモリが弱い傾向にあります。日本語の読み書きでは、漢字の書きが苦手でした。英語の基礎スキルテストの結果、音素の合成と英単語の視覚的認知は学年相当のレベルでしたが、正書法知識が弱い結果でした（つづり規則の知識不足があり、不規則単語のつづり困難を示すタイプ）。

支援と教材

英単語つづりの学習困難を改善するには、習得段階に合わせて学習スキルを身につける必要があります。

規則的単語の習得段階では、アルファベット文字がそれぞれ対応している音を理解し、子音や母音を混成するスキルを習得します。このスキルにより、pandaやbananaなどの規則的単語のつづりが可能です。

音とつづりの関係が不規則な単語（例：make、eight）を習得する段階では、単語形を視覚的に把握し学習するスキルや、英単語特有のつづりの規則に気づき、習得することが大切です。

単語形を視覚的に把握するスキルを身につけると、英文を流暢に音読したり、書いてみた単語のつづりの視覚的な違和感から、ミスを修正したりすることができるようになります。

また、英単語特有のつづりの規則に気づくと、はじめて見た単語でも、パターンから連想して効率的な読み書きができるようになります。例えば、私達は、makeやcake、takeなどの単語から、aをエイと発音したり、最後のeは読まないなどの規則を見出すことができます。

規則を見つけ出すスキルがなかなか身につかない背景には、音韻意識（18ページ）や言語性ワーキングメモリ（68ページ）、視空間認知（80ページ）や記憶の弱さが関わっています。困難の背景をアセスメントした学習支援を行うことで、その子に適した学習法を見つけることができます。規則的なつづりの単語、不規則なつづりの単語の両方に困難を抱えている場合は、規則的なつづりの単語習得から支援を始めましょう。

学習場面での問題

- 単語テストで思うように点が取れない
- 定期テストで、単語のスペルミスが原因で減点されることが多い
- 教科書の音読がむずかしい

英単語つづり学習の特徴

- 単語のつづりから発音を推測することができない
- 英単語を書くときに、音声を聞いても文字に表せない
- ローマ字のように英単語を書いてしまう
- 長い単語のつづりを覚えることがむずかしい。一文字抜けたり、似たつづりの単語と混同する

タイプ別支援

英単語のつづり困難は３つのタイプに分けることができます。

規則的な単語のつづり困難を示す子ども
音素の混成スキルを身につけ、規則的な単語をつづる支援をします。

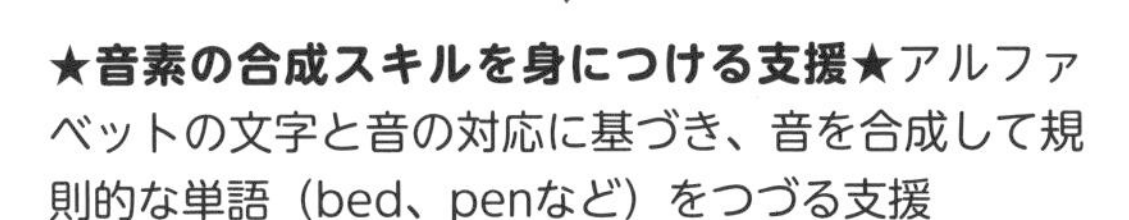

★音素の合成スキルを身につける支援★アルファベットの文字と音の対応に基づき、音を合成して規則的な単語（bed、penなど）をつづる支援

視覚認知の弱さを伴い、不規則単語のつづり困難を示す子ども
単語の発音や、正書法知識を活用した支援をします。

★視覚認知の弱さに対する支援★単語を細かく区切り発音しながらつづる支援・正書法知識に基づきつづる支援

つづり規則の知識不足を伴い、不規則単語のつづり困難を示す子ども
ローマ字的なスペルミスが多くなります。正書法知識を身につける支援をします。

★正書法知識の習得に対する支援★同じ正書法が使われている単語をまとめて練習することで、正書法の知識を身につける支援

表９-１　中学生の英単語のつづり困難３タイプ

	規則的な単語のつづり困難を示すタイプ	視覚認知の弱さを伴い、不規則単語のつづり困難を示すタイプ	つづり規則の知識不足を伴い、不規則単語のつづり困難を示すタイプ
言語性ワーキングメモリ	弱い（文字・つづりに対応する音を覚えることが困難）	○良好	○良好
音素を操作する音韻意識	弱い（ローマ字の困難さにつながる）	○良好	○良好
音素の合成（ローマ字）	弱い	○良好	○良好
単語形の視覚認知	弱い（ローマ字の弱さを持っている場合、身につきにくい）	弱い（単語形を記憶できないので、不規則なつづりを持つ単語や長い単語が特に困難）	○良好
正書法の知識（つづりの規則）	弱い（ローマ字の弱さを持っている場合、身につきにくい）	弱い（よく使われるつづりのパターンを見て気づくことが困難）	弱い
英単語の書き	無回答が多い	単語の発音に引きずられる誤りが多い	ローマ字的な誤り、不規則なつづりの誤りが多い

★音素の合成スキルを身につける支援★

1 1文字ごとの音

①アルファベットカードを使い、それぞれの文字が表す音を発声するか、録音して流します。

②子どもは聞いた後に繰り返して同じように言います。本書の教材9-1（137ページ）を活用すると、子どもが自主学習で取り組むことができます。

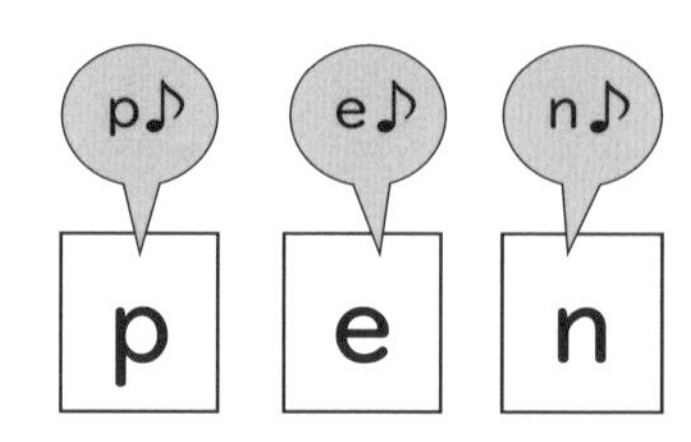

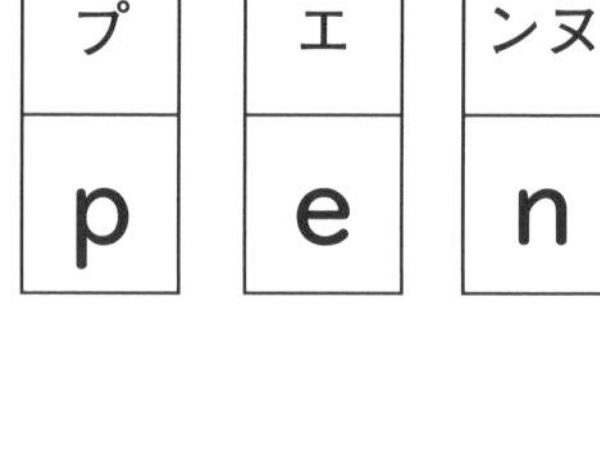

基本的にはジョリーフォニックスの手法*を使いますが、言語性ワーキングメモリの弱さから耳慣れない音の記憶が困難な場合は、カタカナを補助として使います。

＊ジョリーフォニックスの手法：文字（つづり）と音の関係をアクションや話、指の感覚や歌など多感覚を駆使して身につけていく英語教材

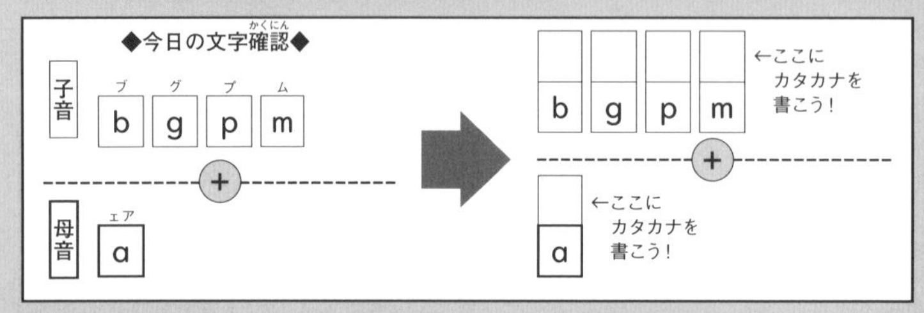

教材9-1　抜粋

※カタカナはあくまで補助的な役割で、英語らしい音声を聞かせることも重要です

2 子音と母音を組み合わせる

①習得した文字の音同士を組み合わせる指導を行います。指導者が「pとeを足すと？」と尋ねます。

②子どもが「ぺ」と答えます。この手法によって音素の混成が困難な場合は、ローマ字を活用し、まずは日本語の音を通じて、子音や母音の操作に慣れさせます。表4の教材③を使うと、子どもが自主学習として取り組むことができます。

※ローマ字を活用する場合は、機械的に「kaで『か』」というふうに教えるのではなく、子音と母音に注目し、「k（ク）とa（ア）で『か』」という規則を教えることが重要です。

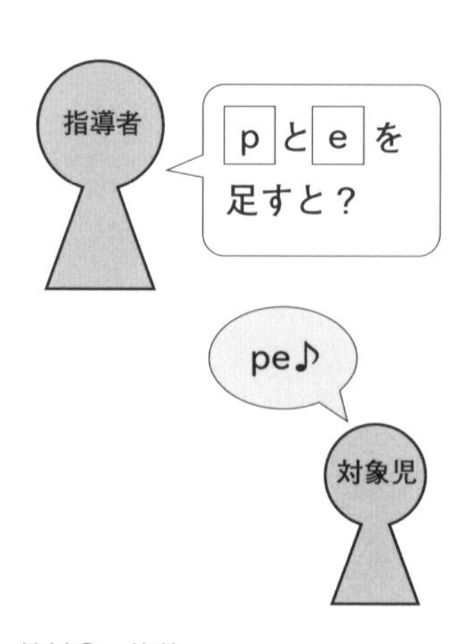

教材④　抜粋

3 穴埋めから規則的な単語

①混成操作に慣れたら、音素を組み合わせることによってつづることのできる規則的なつづりの単語（例：pen、tomato）をつづらせます。

②書字に困難さや抵抗感がある場合は、ブロックやカードを使って１文字ずつのアルファベットカードを見せて単語を組み合わせます。

③組み合わせた単語を見ながら実際に書かせるとよいでしょう。表４の教材③を使うと、子どもが自主学習として取り組むことができます。

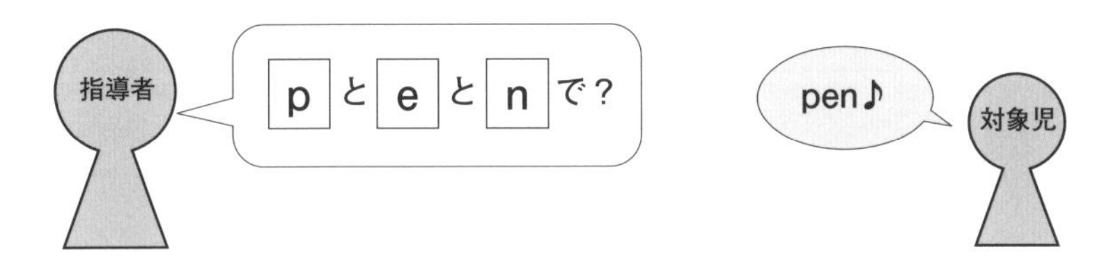

対面指導の例
教材9-2　抜粋

上記の方法でうまくいかない場合、ローマ字の指導を行うと、子音や母音を組み合わせる操作が身につけやすくなります。ローマ字の指導（支援7、121ページ）を行い、ローマ字の読み書きが身についたら、本ページの支援3に進みましょう。

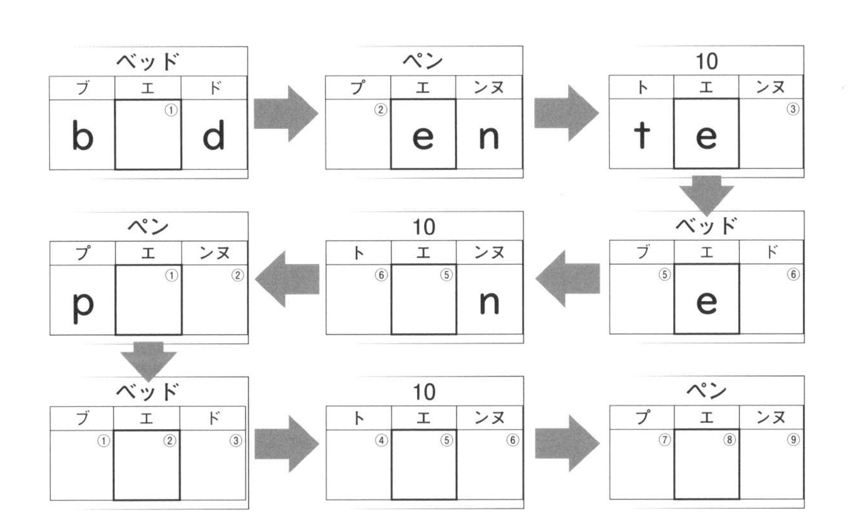

★視覚認知の弱さに対する支援★

4 スペルの規則表

英単語によく使われているつづりの規則を表にまとめました。このほか、gh、tion、母音＋ r（ar、ir、ur、er、or）などもよく使われます。文字列だけ見て理解することがむずかしければ、下の表を使うと共通部分に注目しやすく、自主学習で取り組むこともできます。

回	規則	学習する３単語			同じ規則の単語	
①	ee	see	meet	week	keep	green
②	ea	eat	read	speak	sea	meat
③	oo（短）	book	cook	good	look	wood
④	oo（長）	food	soon	cool	pool	noon
⑤	○i○e	nine	time	five	nice	fine
⑥	○a○e	make	take	cake	late	ate
⑦	復習	meet, week, meat, read, pool, soon, five, time				

本書の教材9-2で扱うつづりの規則

1．特別な発音になるつづりと、そのつづりが使われている単語を確認しましょう。

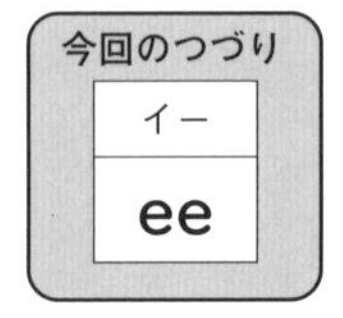

ム	イー	ト
m	ee	t
会う		

ウ	イー	ク
w	ee	k
週		

※カタカナは、できるだけ英語の発音に近づけていますが、
実際の英語の発音とは異なります。正しい発音は、先生に確認してください※

教材9-2より抜粋

5 単語の発音を細かく区切る

視覚認知に困難がある場合、特に長い単語のつづり習得が困難です。

①単語の発音を、本人が発音しやすい箇所で細かく区切らせます（例：expensive→ex/pen/si/ve）。

②発音を区切った箇所に間隔を空けて単語のつづりを書きます（例：ex　pen　si　ve）。③どの発音にどのつづりが対応しているかを確認するために、区切ったつづりを指さしながら発音します。必要に応じて、支援４（134ページ）で説明したつづりの規則とも組み合わせて単語をつづっていきます。

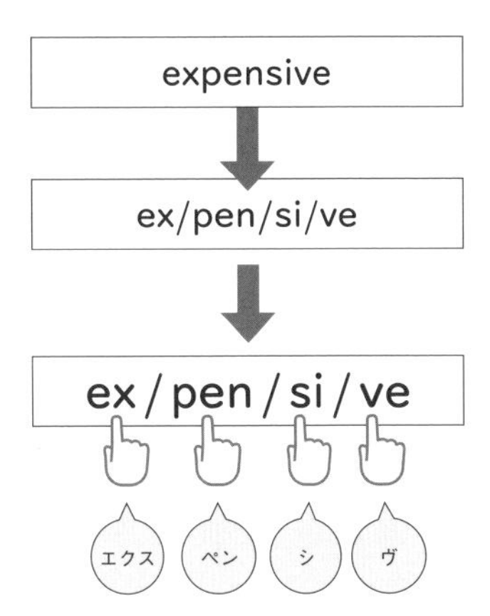

6 区切って発音しながら書く

つづりと発音の対応が確認できたら、子どもに区切った箇所で発音させながら、発音に対応するつづりを書かせます。文字と音を対応させながらつづるため、細かい単位で文字を確かめながら書くことができ、ミスが減ります。

上記の方法でうまくいかない場合、ローマ字読みをヒントにつづりを覚える（例：beautiful→ベアウチフル）などの工夫が効果的です。ただし、単語の発音として覚えないように注意する必要があります。

★正書法知識の弱さに対する支援★

7 代表的なつづりの規則

つづりの規則には、例えば二重母音字（母音を表す文字が二つ連続したときは、最初の文字の名前を発音する：read、weekなど）、二重子音字（sh、th、chなど）、サイレントＥ（単語の最後にＥがついた場合はＥを発音せず、Ｅの前の母音を文字の名前で発音する：make、five、tube、eve、ropeなど）がよく使われている規則です。ただし、例外もあることを伝えておきましょう。

8 規則が同じ単語

規則が理解できたら、その規則が使われている代表的な単語をまとめて学習します。まずは文字カードなどを使い、学んだ規則と他の文字を組み合わせ、単語を構成します。仕組みが理解できたら、実際に書かせるとよいでしょう。

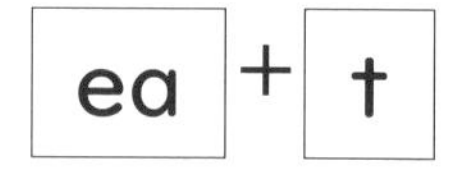

s + ea + t

r + ea + d

ス	+	イー	→	スィー / ソィー / セィー
s		ee		

ス	+	イー	→	メー / ミー / ムー
s		ee		

ス	+	イー	→	ミート / メート / マート
s		ee		

ス	+	イー	→	ウェー / ウィー / ウー
s		ee		

ス	+	イー	→	ウェーク / ウォーク / ウィーク
s		ee		

複数の文字の組み合わせた音を対応させる以前に、一文字ごとの音を合成することが困難な場合があります。支援３（133ページ）で紹介した、規則的な単語のつづり習得支援から始めてみましょう。

英単語つづりのワーク教材の構成と利用

英単語学習ワーク（教材9-1）では、基本的なアルファベットの文字と音の対応を学習し、それらを組み合わせて基礎的な英単語をつづれるようになることを目指します。

ワークは7回分あり、全部で21単語を学習します。ワーク1回分は2ページから構成され、それぞれの回の終わりには解答がついており、自力で学習を進めることができます。このワークでは、右の表に示されている単語を扱う中で、アルファベットのそれぞれの文字が持つ音や、それらを組み合わせるとどのような音に変化するかを学びます。子どもがすでに知っている単語や、習ったことのない単語も含まれているかもしれませんが、復習やチャレンジの機会として活用してください。

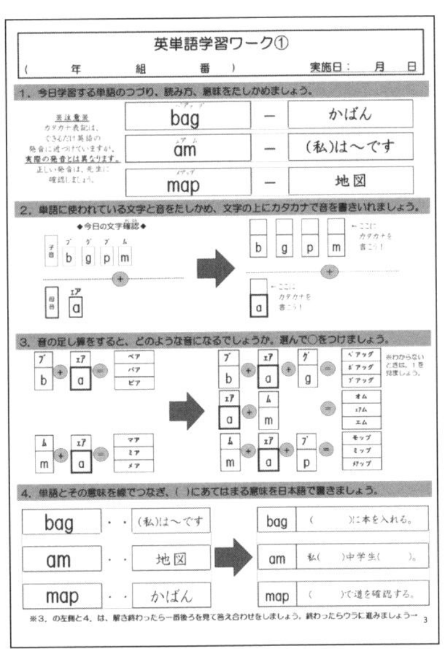

英単語学習ワーク①
（　年　組　番　）　実施日：　月　日

1．今日学習する単語のつづり、読み方、意味をたしかめましょう。
※注意※ カタカナ表記は、できるだけ英語の発音に近づけていますが、実際の発音とは異なります。正しい発音は、先生に確認しましょう。
bag － かばん
am － (私)は～です
map － 地図

2．単語に使われている文字と音をたしかめ、文字の上にカタカナで音を書きいれましょう。
◆今日の文字確認◆
子音 b g p m
母音 a
←ここにカタカナを書こう！

3．音の足し算をすると、どのような音になるでしょうか。選んで○をつけましょう。
※わからないときは、1を見直しましょう。

4．単語とその意味を線でつなぎ、（ ）にあてはまる意味を日本語で書きましょう。
bag　(私)は～です
am　地図
map　かばん
bag （　　）に本を入れる。
am 私（　　）中学生（　　）。
map （　　）で道を確認する。
※3．の左側と4．は、解き終わったら一番後ろを見て答え合わせをしましょう。終わったらウラに進みましょう→　3

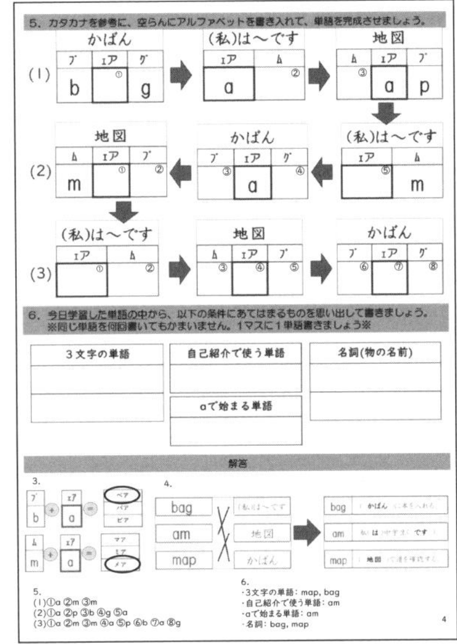

5．カタカナを参考に、空らんにアルファベットを書き入れて、単語を完成させましょう。
(1) かばん → (私)は～です → 地図
(2) 地図 ← かばん ← (私)は～です
(3) (私)は～です → 地図 → かばん

6．今日学習した単語の中から、以下の条件にあてはまるものを思い出して書きましょう。
※同じ単語を何回書いてもかまいません。1マスに1単語書きましょう※
3文字の単語
自己紹介で使う単語
aで始まる単語
名詞(物の名前)

解答
3.
4.
5.
(1)①a ②m ③m
(2)①a ②p ③b ④g ⑤a
(3)①a ②m ③m ④a ⑤p ⑥b ⑦a ⑧g
6.
・3文字の単語：map, bag
・自己紹介で使う単語：am
・aで始まる単語：am
・名詞：bag, map
4

英単語学習ワーク（教材9-1）

bag	am	map
big	six	swim
bed	pen	ten
box	dog	long
and	last	panda
pig	mix	sing
next	job	god

このワークを活用する子どもは言語性ワーキングメモリが弱いことが推測されるため、配慮として子どもにとってなじみのあるカナ表記を手がかりとして使っています。英語の音声の導入期に補助として使うと、スムーズな音声の習得が効果的になると報告されている近似カナ表記を使っています（島岡、1994）。本ワークで使っているカナ表記は、以下の通りです。あくまで手がかりですので、正しい発音を聞かせることも重要です。

カナ表記と対応するアルファベット

カナ表記	エア、ア	ブ		ド	エ		グ		イ	ジュ		ンル	ム
アルファベット	a	b	c	d	e	f	g	h	i	j	k	l	m

カナ表記	ンヌ	オー	プ			ス	ト			ク	クス		
アルファベット	n	o	p	q	r	s	t	u	v	w	x	y	z

9 英単語のつづり困難の事例と支援、教材

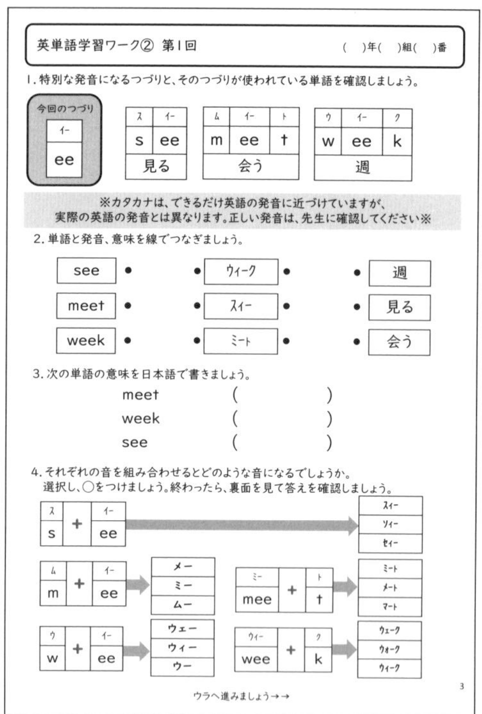

英単語学習ワーク② 第1回　(　)年(　)組(　)番

1. 特別な発音になるつづりと、そのつづりが使われている単語を確認しましょう。

今回のつづり　イー ee

ス	イー		ム	イー	ト		ウ	イー	ク
s	ee		m	ee	t		w	ee	k
見る			会う				週		

※カタカナは、できるだけ英語の発音に近づけていますが、実際の英語の発音とは異なります。正しい発音は、先生に確認してください※

2. 単語と発音、意味を線でつなぎましょう。

see　ウィーク　週
meet　スィー　見る
week　ミート　会う

3. 次の単語の意味を日本語で書きましょう。

meet　(　　　)
week　(　　　)
see　(　　　)

4. それぞれの音を組み合わせるとどのような音になるでしょうか。選択し、〇をつけましょう。終わったら、裏面を見て答えを確認しましょう。

ス s ＋ イー ee → スィー／ツィー／セィー
ム m ＋ イー ee → メー／ミー／ムー
ミー mee ＋ ト t → ミート／メート／マート
ウ w ＋ イー ee → ウェー／ウィー／ウー
ウィー wee ＋ ク k → ウェーク／ウォーク／ウィーク

ウラへ進みましょう→→　3

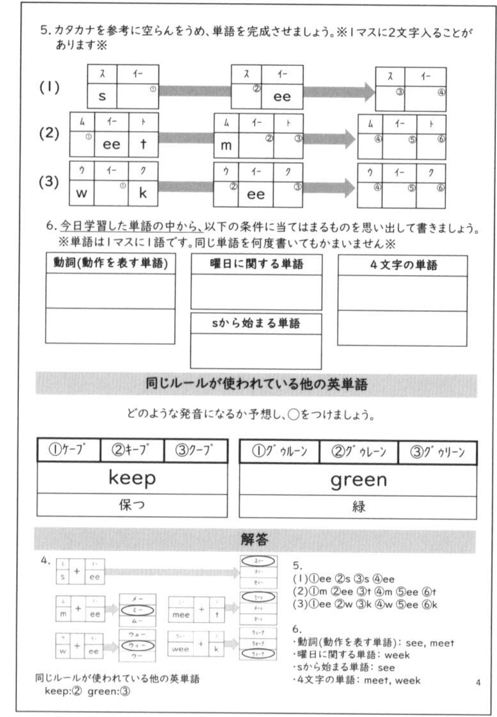

5. カタカナを参考に空らんをうめ、単語を完成させましょう。※1マスに2文字入ることがあります※

(1) ス イー s ① → ス イー ② ee → ス イー ③ ④
(2) ム イー ト ① ee t → ム イー ト m ② ③ → ム イー ト ④ ⑤ ⑥
(3) ウ イー ク w ① k → ウ イー ク ② ee ③ → ウ イー ク ④ ⑤ ⑥

6. 今日学習した単語の中から、以下の条件に当てはまるものを思い出して書きましょう。
※単語は1マスに1語です。同じ単語を何度書いてもかまいません※

動詞(動作を表す単語)　曜日に関する単語　sから始まる単語　4文字の単語

同じルールが使われている他の英単語

どのような発音になるか予想し、〇をつけましょう。

①ケープ	②キープ	③クープ
keep		
保つ		

①グゥルーン	②グゥレーン	③グゥリーン
green		
緑		

解答

4.

5.
(1)①ee ②s ③s ④ee
(2)①m ②ee ③t ④m ⑤ee ⑥t
(3)①ee ②w ③k ④w ⑤ee ⑥k

6.
・動詞(動作を表す単語): see, meet
・曜日に関する単語: week
・sから始まる単語: see
・4文字の単語: meet, week

同じルールが使われている他の英単語
keep:②　green:③

4

つづりのルールで学ぶ英単語（教材9-2）

つづりのルールで学ぶ英単語（教材9-2）では、中学校で習う単語に多く使われているつづりの規則を学習し、文字の音と組み合わせて基礎的な英単語をつづれるようになることを目指します。ワークは6回分あり、全部で30単語を学習します（右表）。ワーク1回分は2ページから構成されています。他の単語を学習する上で応用が効きやすい、よく使われる規則を6種類ピックアップしました。

回	規則	学習する3単語			同じ規則の単語	
①	ee	see	meet	week	keep	green
②	ea	eat	read	speak	sea	meat
③	oo（短）	book	cook	good	look	wood
④	oo（長）	food	soon	cool	pool	noon
⑤	○i○e	nine	time	five	nice	fine
⑥	○a○e	make	take	cake	late	ate
⑦	復習	meet, week, meat, read, pool, soon, five, time				

教材一覧　https://www.godo-shuppan.co.jp/news/n59174.html

教材名	内容
（9-1）英単語学習ワーク	規則的な単語のつづり困難を示すタイプへの支援に活用します。アルファベット一文字ごとの持つ音を手がかりに、それらを組み合わせて単語をつづる学習を通じて、音素の合成スキルを身につけることを目指します。
（9-2）つづりのルールで学ぶ英単語	つづり規則の知識不足があり、不規則単語のつづり困難を示すタイプへの支援に活用します。同じ正書法の規則が使われている単語をまとめて学習することで、正書法知識を身につけることを目指します。

第2部

読み書き困難の背景と支援法の根拠

私達が日頃持つ「読み書き支援に関する疑問」を、
「困難の背景要因に関する疑問」と
「効果的な支援方法に関する疑問」に整理し、答えをまとめました。
従来のLDに関する研究結果も、わかりやすく記述しました。
困難の背景要因と支援方法との関係を理解すると、
一人ひとりの困難に合わせて、
うまく支援方法を組み立てることができるようになります。

LDの子への基本対応

Q１　LDの子にどう関わればよいでしょうか？

NG対応１：苦手な勉強方法を繰り返す

読み書きに困難がある子どもは、苦手な学習方法で繰り返し勉強をすると、プロセスも結果もついてこない状況が続き、勉強全般に苦手意識を持つ傾向が強くなります。自分の力でできる勉強にも取り組む意欲が低くなります。

→対応のポイント：子どもにあった学習方法を見つける。努力が無駄でないことを伝える。

読み書きの困難の状態は、子どもによってさまざまですが、読み書き困難のタイプによっては学びやすい方法があります。子ども達が無理なく取り組める学習方法を見つけて、読み書きの勉強に取り組めるよう手伝います。

初回の指導ではほとんど読めなくとも、２回、３回と続けていくうちに少しずつ読めるようになります。子どもにその都度「どんどんできてきてるね」とポジティブな声かけをします。言葉だけでは不十分なら、スマホなどで学習のようすを記録して、ビフォーアフターを子どもに見せることで、努力が無駄ではないことを実感できるように伝えます。

無理なく取り組める方法で学習が少しでも進むことを、子どもに示すことは大切です。

NG対応２：できないことに注目しすぎること

読みがむずかしいと、書いてあることが十分に理解できなかったり、理解するまでに時間がかかったりします。書くことが苦手だと、一生懸命時間をかけて書いても、「字が汚い」と言われる経験が多くなります。そのときに、「なんでわからないの？」「もっと早く取り組みましょう」「きれいに書かないと減点します」と言われても自分の努力ではどうにもならず、イライラしたり、落ち込むことが多くなります。

→対応のポイント：できていることを伝える。理解している内容について確認し、内容を理解するための方法を、アドバイスする。できないことは共感する

「教科書の文字を追って読んでいる」「ノートに書いている」「いつもより字がていねいだね」など、大人から見て努力している点を、子どもに伝えることは大切です。子どもは、注意されていると自分ができていることには気づいていないことが多いので、周囲の大人が子どものできている点をフィードバックすると、本人の自信の回復につながります。

また読み書きがむずかしくても、文章の内容を理解することはできます。聞いた内容を理解しているか確認し、一部でも理解していたらほめます。また、どのように理解しているのか、聞きとります。

そして文章の内容を理解するための工夫をアドバイスします。具体的には
①友達や先生に、内容について質問する
②授業の前に、単元の内容についてあらかじめ質問しておく
③文章の内容をよく表している絵を探したり、イラストを書いてみる
④内容を表すイラストを、ブロックや矢印で書くようにする、などさまざまな工夫ができます。

一方で、苦手なことについて子どもと共有することも大切です。
例えば、「繰り下がりの計算はちょっとむずかしいよね。でも足し算の繰り上がりは頑張ってると先生は思うよ」など、"苦手さの共感+今の努力を伝える"のも一つです。
子どもが大人から自分の状況を理解してもらえた、共感してもらえたと思えることは、今できていることを継続することにつながり、またむずかしいことにチャレンジする意欲につながります。

Q2　保護者にどのようなフォローをお願いするのがいいですか？

①保護者がフォローできる状況か確認する

保護者は仕事をしていたり、兄弟や姉妹などへのサポートに手を割く必要であったりと、それぞれ家庭の事情があります。保護者がフォローできる環境にあるのか確認したうえでフォローをお願いします。

②保護者が無理なくフォローできることをお願いする

保護者にフォローをお願いするときに、無理なく取り組めるかどうかを確認します。また、保護者や子ども自身も取り組みたいと思える内容を提案することも大切です。具体的には、保護者の負担が少なくて済むもの、子どもが関心を持っている科目などです。
例えば、学校などですでに取り組んでいて、子どもがやり方を理解している教材や勉強方法に、家庭でも取り組んでもらうことがあります。この場合、子ども自身で進めることができるため保護者は見守りがメインで負担は少なくなります。

③フォローをお願いしたことについては定期的に振り返る

お願いしたフォローがうまくいっているか、保護者の方に面談等の機会で確認することが必要です。
保護者や子どもの負担になっていないか、やり方を変更した方がよいかなど定期的に確認して必要に応じて継続していきましょう。

【保護者に頼むフォローの例】
・教科書の単元の内容について、話し合う。特に、子どもの生活で経験することと関連させて話をする。
・教科書の漢字にふりがなを一緒につける。
・教科書の文章に息継ぎのためのマークを一緒につける。
・教科書の文章を保護者に読んでもらい、子どもは聞く。
・教科書の文章中のひらがな単語や漢字単語で、カードを作り、かるたゲームのようにして遊ぶ。
・学習して２週間程度たってから、ふりかえり学習を、かるたゲームで行う。

Q3　支援の順序、優先すべきことを教えてください。

支援の順序、優先すべきことを考えるポイントは３つあります。

①読み書き困難のタイプ

読み書き困難のタイプとして下のようなタイプがあります。

・ひらがな/カタカナが文字として「読めない、書けない」タイプと「書けない」のみのタイプ
・ひらがな単語を流暢に読めない
・漢字が「読めない、書けない」タイプと「書けない」のみのタイプ
・ひらがな、漢字は読めるが、文章を理解できないタイプ
・ローマ字、アルファベットが読めない、書けないタイプ

子どもがどのタイプなのか確認し、そのタイプに適した支援を行う必要があります。

②子どもの年齢

小学校低学年では、ひらがな文字の読みと、清音のひらがな単語をまとめて読む力を習得できるよう支援することを目標にします。

特殊音節表記の支援では、促音と撥音の支援を、拗音と拗長音よりも優先します。

小学校中学年では、小学１年生の漢字の読みの支援を優先します。教科書文章の漢字にふりがなをつけたり、息継ぎのためのマークをつけることも大切な支援です。

小学校高学年では、小学校中学年の漢字単語の読みの支援を優先します。特に、イラストに表しにくいような漢字単語（集合、市立、作物、大小など）は、生活場面で経験していても読むことが苦手になる単語です。

小学校高学年以降は、手書きの代替方法を使いこなせるように練習をしていくことも、大切な支援です。例えば音声教科書を使う、タイピングする、音声入力をする、スマホで単語を検索することがその一例です。

③子ども自身の同意

支援の内容と支援の見通しを子どもに伝え、同意を得ることが大切です。年齢が高い場合には、同意を示すことは、支援に参加する入口であることを伝えます。納得感のある支援の方がモチベーションが上がり効果があります。話し合いを通して、支援の内容（時間や分量など）を決めていくことも伝えます。子ども自ら支援に積極的に参加できるように配慮します。

Q4　繰り返し練習が効果的なのでしょうか。適度な量、頻度はありますか？

読み・書きともに同じ内容の課題を反復する練習法は、聞いて覚える力が弱い子の場合には、効果的でありません。

努力が報われないと知っている子どもに、努力を強いることは、「対処できないことを教える」こと

になり、望ましくありません。
努力が報われるような形になるよう、繰り返し練習を工夫することが大切です。

①書字では、「一部が欠けている漢字を見せて、漢字を完成させる」課題（支援５、84ページ）は取り組みやすい練習です。この練習は、「手がかりが多い状況で書字する」練習です。繰り返し練習では、手がかりを減らしていくことが効果的ですので、欠けている個所を増やしていきます。

②一つの漢字でも、文字の形、部首、読み、意味、例文など、関連情報がたくさんあります。練習する文字の種類を少なくして、その漢字の関連情報を相互に呈示し定着を図る「繰り返し練習」は効果的です。

③練習する時間は、子どもが集中できる時間内に設定します。

④興味をもって取り組める課題の一つに、子どもがカスタマイズできる課題があります。キャラクターの絵を、教材の一部に貼り付ける課題を用意します。子どもが選んだイラストを貼付した教材で、練習します。子どもにイラストを選んでもらったことで、子どもが納得した取り組みになり、反復練習の効果が上がります。

⑤反復練習をしても、漢字を短期間で忘れてしまう子どもがいます。このような場合は、学習内容を思い出す経験が効果的です。漢字の書字であれば、書き取りだけが復習ではありません。その漢字の関連情報を思い出すことも復習になります。反復練習をし、１週間程度たった時に、学習した漢字の書字ワークプリントで、漢字の関連情報を思い出す経験をします（支援３、83ページ）。漢字を使ったゲームでもよいです。漢字の関連情報を想い出すことで、定着が良好になることが、報告されています（西澤ら、2019）。

①から⑤の取り組みは、反復練習の努力が報われる取り組みです。

Q５　自信をなくしている子に最初にすべきことはなんですか？

はじめに、子どもが自分の得意なことや不得意なことをどのように考えているのか把握します。大人から子どもにインタビューし、次の項目について聞きます。

- 自分の得意なこと　不得意なこと
- 好きな科目
- 興味があること（あそびでもOK）
- 勝ち負けにこだわりがあるか　など？
- 最近人から言われてうれしかったこと　悲しかったこと

その上で、学習の仕方を大人から提案します。その計画をもとに練習した結果、子どもの努力に見合った成果が得られたか、確認します。学習を始める前の時点での書字の結果などは、大切な資料です。練習した後の結果と比べて、練習の効果があることを伝えます。「努力が報われている」と子どもが実感することで、自信の回復につながる取り組みです。

インタビューの中の情報には、得意なことや不得意なことの背景につながる情報が含まれています。得意なことを話してもらう中で、視覚的記憶と言語的記憶のどちらが強いかなどを推測して、反復練習が効果的になるように学習課題を組み立てていきます。

子どもによっては、「得意なことはない」と答える子どもがいます。そのようなときは、「得意なことに気づいていないだけかもしれないよ」と伝えます。

インタビューに対して、ボソボソと受け答えする子は、言語的記憶が弱い可能性があるので、具体的な事柄を話題にして、得意なことについて聞きます。そのあとで、言語的記憶が弱いときの有効な支援を中心にして、「漢字の練習も、この課題なら得意になれるよ」、という提案につなげます。

イラストの視覚的記憶に基づく漢字の読み学習は、多くの子どもにとって効果的な支援です。支援が効果的である課題を実際に経験してもらってから、学習支援の提案をすることで、子どものチャレンジする姿勢を引き出すことができます。

Q６　他の発達障害や知的障害の併存があるときには、どのような配慮が必要ですか？

発達障害や軽度知的障害の併存があることが、①医学的診断からわかる場合と、②医学的診断はないが、発達障害や軽度知的障害、境界知能の傾向が強い場合とでは、配慮の内容を変えることが大切です。

①医学的診断がある場合

障害の種類と学習の偏りについて、自閉スペクトラム症の子どもは、相手の心の状態を理解することに弱さがあり、読解などがむずかしくなります。また目的に合わせてプランを立て行動するプロセスの弱さがあるので、学習を自律的に進めることがむずかしくなります。併せて情報の細部に捉われ情報全体の処理が困難であるといわれているので、漢字の書字学習のように、視覚情報に基づく学習がむずかしくなります。得意な力を利用した学習支援が効果的であると言われています。

ADHDの子どもについては、多動や衝動的行動に関連した問題行動の背景を理解し、配慮することが大切です。書字そのものが乱雑で、枠からはみ出していても、細かく指摘して直すことを求めないようにします。大人の指示が多すぎると、必要な指示が届きにくくなります。

軽度知的障害の子どもでは、生活場面で求められるさまざまなスキルに弱さを示します。学習場面では、言語的記憶の弱さのために、抽象的な事柄の学習定着に時間がかかることが知られています。教材を呈示する場合には、生活場面を利用して具体的な情報として提示し、反復的な指導を通して、長期記憶の形成を図ることが大切です。また失敗を避ける傾向が強いことが指摘されています。準備課題でうまくいくという体験を積むことにより失敗を避ける傾向を軽くしてから、学習課題に取り組むように配慮します。

②医学的診断はないが、発達障害や軽度知的障害、境界知能の傾向が強い場合

医学的診断はない背景として、障害特性がそれほど強くないために、生活場面での不適応が周囲からわかりにくい可能性があります。「失敗は、努力が足りない」とみなされ、支援の対象にはなりません。読み書き困難への対処の仕方がわからない状態が続き、学習性無力感が強くなります。

支援の必要性が高い子どもでは、スモールステップで達成可能な目標と方法を提案します。可能な方法の１つとして、ICT機器の利用を含めて提案します。

境界知能の傾向については、特にていねいな配慮が必要です。医学的診断による支援は望めないので、子どもの強い力を把握し、子どもにそれを伝えることも、大切な配慮です。境界知能の傾向がある子どもは、言語的理解の力は弱くても、新しい場面に適応する力（流動性知能）が平均的であることが多くあります。新しい場面に適応する力は、WISC ⅣやⅤの評価項目の中にあるので、専門家（教育相談や学校心理士など）から情報を確認します。その後、自信の程度を把握し、自信を回復する手

立ての一つとして、反復学習の工夫を考えます。流動性知能に弱さがある場合でも、経験したことがある場面で、言語的理解の力を発揮できるので、生活場面を利用した具体的な情報に基づく学習支援を行います。

Q7　不登校の子の学習支援には、どのような配慮が必要ですか？

子どもによって、不登校になる背景はさまざまです。学習支援を行う際に、その背景を理解することが必要です。中でも、学校の中でその子どもをよく知っている人（学級担任や学年主任）や相談を受けてきた専門家（教育相談や学校心理士など）から情報を確認し、アドバイスを受けます。

アドバイスに基づいて学習支援を行う場合について述べます。

①読み書きの低成績がなくて不登校を示す場合には、授業の内容について伝えることが、大切な支援になります。

②読み書きの低成績があり、不登校を示す場合には、読み書きの苦手が不登校の原因となっている可能性があります。発達障害や軽度知的障害、境界知能の傾向について把握することは大切です。また、本人の自信の程度を把握し、自信を回復する手立ての一つとして、反復学習の工夫を考えます。アニメやゲームのキャラクターのイラストを、教材の一部に貼付する課題を用意し、子ども自身がカスタマイズできる教材は、子どもの興味を引くのに役立ちます。子どもとアニメやゲームのキャラクターについて話すチャンスになり、子どもの希望を実現する大人として、新しい人間関係の形成につながります。

●小・中学校における環境調整・合理的配慮の充実

「通常の学級に在籍する特別な教育的支援を必要とする児童生徒に関する調査結果について」（文部科学省、令和４年12月）で、学習面または行動面で著しい困難を示す児童生徒が8.8%いることが示されました。

中でも、小学校の１年生と２年生は、12%以上の高い数値となっています。学校生活を送るうえで何らかの困難さに困っている子がどのクラスにも必ずいることをすべての学校関係者が十分に認識し、必要な手立てを考える必要があります。発達の偏りを含め、様々な特性等から生じている学校生活上の困難さを解消したり、軽減したりするために有効な「環境調整」や「合理的配慮」は、子ども達が豊かな学校生活を送るために欠かすことのできない大切な配慮事項です。

個別の実態に合わせたさまざまな支援や配慮が充実することによって、誰一人取り残さない学校を実現し、多くの子ども達が笑顔で学ぶことのできる楽しい学校づくりを進めます。

ここでは、学級担任や通級指導教室の先生、学習支援員、それぞれの立場に期待される役割等を説明します。

⑴　学級担任の先生に期待される役割

学級担任の先生には、なるべく早い段階からクラスの子ども達一人ひとりのようすを把握することが求められます。例えば、視力が低くて黒板の文字が見えにくい子が前の席になるように調整することと同じように、LDの子どもの実態に照らして、必要な環境調整や合理的配慮をすることが大切です。

学習困難は、視力や身長差などと違って、発達の差はわかりにくく、学習を支えている脳の機能に関する知識は専門的で、なかなか周囲の大人が本人の困り具合に気づけない場合もあります。また、ある子の場合は「言葉による指示を正確に聞き取ることが苦手」であったり、別な子の場合には「文字を正しく読むことが苦手」であったりなど、困難な状態や背景がさまざまなため、柔軟に対応する必要があります。

学習面や行動面での困難さには何らかの背景要因があります。まず、そのことを学級担任の先生が認識していないと、子どもに対して「この子のやる気の問題、努力が足りていない」という否定的な考えに陥ってしまう危険性があります。

ですから、子どもの実態把握に努めたうえで、その子の得意な部分を見つけて、その子の記憶の仕方や特性に合った学習方法を一緒に考え、必要な手助けが何であるかを明らかにしていくことが大切です。また、担任の先生が一人で支援するのではなく、他の学年教員はもとより学校組織として関係者全体で情報共有し、組織的な対応が継続できるよう心がけることも重要です。

さらには、外部の専門家（心理師、特別支援学校のコーディネーター）などによる巡回相談等の機会を活用して、有用な助言を得られます。そこから得られた助言や手立てなどについても家庭と情報共有し、家庭と学校が連携することで、子どもの学校生活がさらに豊かなものとなることでしょう。通級指導教室の活用についての検討も必要です。校内委員会を経てからのことになりますが、通級による指導で「自立活動」を通じて学びを深めることで、学校生活で問題が起きたときにもその子なりの解決手段や対処法を育てることができます。学級担任と通級指導教室の先生が互いに円滑な連携を意識していると、子どもにとって心強いサポーターが増えたように感じます。

ポイント

- 実態把握…得意なことや苦手なこと、どんな支援が安心につながると安心できるか、情報を得る
- 校内での情報共有、組織的な対応…担任の先生だけで課題を抱えない、校内委員会を活用する
- 外部機関や専門家との連携…巡回相談や助言を積極的に活用する
- 家庭との連携…学校だけで解決することはむずかしい、保護者と支援方針について共通理解を得る
- 通級指導教室との連携…自立活動について正しく理解、応援団の一人になる

⑵　通級指導教室の先生に期待される役割

通級指導教室の先生には、自立活動を担当する立場として、学級担任とのていねいな連携が期待されています。自立活動とは、障害がある子どもの自立を目指して教育的な活動を行う指導領域のことで、「感覚や認知の特性についての理解と対応に関すること」など、自立活動６区分27項目の内容が学習指導要領に示されています。

通級指導教室を利用している子どものようすを、在籍学級の担任に適宜わかりやすく伝えます。また、在籍学級でのようすを見て、通級での指導の成果を確認したり、見直しをしたりすることに役立てます。例えば、友達との話し合い活動に困難さがある子に対して、自立活動での具体的な取り組みのようすを担任と共有することは、在籍学級での話し合い活動場面でグループを作ったり本人の役割を考えたりするときに役立ちます。

通級指導教室だけではなく、普段の在籍学級でのようすも含めて、個別指導計画に基づく指導の成果や課題を適切に評価することで、指導計画の見直しや継続、退級の判断に必要な情報も整理できます。通級指導教室、在籍学級、家庭の三者が情報共有し、連携が円滑に進むよう、通級指導教室の先

生による学級担任と家庭への働きかけが期待されます。

ポイント

- 学級担任と連携（取り組みについて担任へ情報提供、学級でのようすを情報収集）する
- 実態に即して手立て（学級ではどうだった？　もう少しやってみようか？）を見直す
- 適切な評価をフィードバック（個別の指導計画に基づくPDCA）
- 学級担任、家庭と連携（三者間の連絡帳、電話や面談による共通理解）

⑶　学習支援員に期待される役割、ポイント

学習支援員の方には、支援対象の子どもにとって身近な理解者の一人であり、具体的な手助けの必要な場面で頼れる存在であることが期待されます。そのためにも、まずは対象の子どもが何に困っていて、どうしたいのかについて、学級担任と共通理解をしておくことが望ましいでしょう。

対象の子どもにとって現在の学習場面での課題は何なのか、どのような場面でどのように学習支援することが適切であるのかなどは、校内委員会で一定の対応が定められているはずです。したがって、管理職や担任の先生からの具体的な指示を聞いて、必要な対応をすることが原則となります。

よくある注意点として、よかれと思って過剰に手助けしてしまうことのないよう留意しましょう。「学習支援」と「身体介助」では求められる内容が異なります。やがては子ども達が自分なりの方法で自力解決できるよう、必要な支援を適切な量とタイミングで実施することが学習支援員には求められているのです。

保護者から学習支援の方針などについて直接聞かれた場合は、直接答えられない立場であること、不明な点があれば学級担任や管理職に相談してほしいと伝えます。

ポイント

- 子どもの実態を正しく認識（今の課題、必要な支援と具体的な手立てを知る）して対応する
- 安心して学習に臨める支援（困ったときの味方、どこまで手助けすべきかの見極め）を意識する
- 学級担任との連携（必要に応じて随時相談、場合によっては管理職にも相談）を大切にする
- 学校組織の一員である自覚（学級担任や学校組織を飛び越えずに貢献）を忘れない

●通級指導教室の指導の実際

指導の開始にあたっては、子どもの実態把握（アセスメント）をします。支援の手立てを考えて指導計画を作成するためには、在籍学級での様子や、保護者から聞く家庭の様子なども重要な情報になります。

個別の指導計画を考える上で、各学年段階で次のような目安を考えています。

低学年段階では、学習に向かう姿勢をつくることが大切です。ひらがな文字の読み書きの習得を目指します。困ったときに助けを求めることができるように配慮します。

中学年段階では、自ら工夫する力を付けることが大切です。特殊音節表記と２年生までの漢字の習得を目指します。自分に合った支援を受けることが有効なことを理解できるように配慮します。

高学年段階では、先を見越した支援方法を知ることが大切です。ひらがな文字の読み書きに支障がないようにすると共に、その子どもに合った漢字の読み書きの習得を目指します。ローマ字の習得も

大切な課題です。自分の苦手さを理解し、必要な支援を活用できるように配慮します。

指導するときには次のようなことに気をつけます。

子どもにとって苦手なことを学習することになるので、「楽しくなければ学べない」という考え方を基本にして、得意な力や、やりたいと思ってもらえる工夫を使って楽しく学べるようにします。特に、在籍校で失敗経験を積み重ねているケースが多いので、通級指導教室では成功体験を増やし、その日の指導の終わりには、「できた！うまくいった」で終われるようにします。

それには課題設定とともにフィードバックが大切になります。フィードバックの例としては、①指導前に示した「今日の予定」のプリント（例えば「ひらがなをよむ」「なまえをかくれんしゅう」等）を見ながらフィードバックしていき、子ども自身にも頑張ったことを言ってもらいます（ほめる時も、「「い」の字の、ここのはねが良いね。」というようにその個所に丸をつけながら具体的にほめます）、②音読に要した時間や読めた文字数の変化を、グラフで示します、③毎週書く作文を蛇腹に留めていき、最後に広げると頑張ってきたことが線路のようにのびていく等、できるだけ目に見えるようにします。その日ごとのフィードバックと共に、その月・その学期ごとにフィードバックを行い、具体的な事実を手がかりにして、自信が持てるようにします。

通級指導教室の指導には教科書がありません。一人ひとりの特性にじっくり寄り添いながら指導の工夫を重ねることにより、指導の幅が広がり、アイデアが増え指導力が上がります。さらに自分が考えた教材やオリジナルな工夫で子どもが成長していく喜びを、保護者や担任、そして何より子どもと分かち合えることは、クラス担任のダイナミックなそれとは異なる喜びや達成感につながります。

特に大切にしたいポイントは以下の通りです。

・毎回の指導がどんな目的でなされたものなのか、保護者にも説明できるようにします。
・担任や保護者と情報交換します。また、保護者と担任との橋渡しの役も大切です。
・担任が「〇〇さんの頑張りを知っているよ。」と子どもに伝える事が大事なので、認める言葉かけを担任にお願いします。
・家庭学習をお願いする時は、保護者の状況も考え、過度な負担がかからないよう注意します。
・子どもや保護者にとって、通級指導教室が安心な場所になるよう心がけます。

1 ひらがな文字の読み書きができるということは、どういうことですか？

手書きの文字の形には、個人差があります。字の形が違っていても、私達は同じ文字と認識し、読み取ることができます。初めはうまく読めなくても、慣れてくると簡単に読み取れるようになります。

このことから、私達は文字の共通的な形の特徴を見分けて、記憶し脳内で辞書のように使っていることがわかります。読むときは、その「辞書」を参照しているのです。視覚から入った文字の形を認識し、記憶している視覚的イメージと照らし合わせることで、識別します。

私達の話し言葉も、声の高い低いや大きさなどに個人差があります。聞こえてくる声が違っていても、言葉を取り出し、一時的に脳内の記憶に留めて、文字に対応する音のイメージと比較しています。そしてその音のイメージを文字に表すことができます。聞き取った言葉は、心の中で再現できる音のイメージになります。この音のイメージを、音韻と言います。

天野（1986）は、就学前の４～６歳の子どもを対象として、聞いた言葉を音節に分解したり（音韻分解）、聞いた言葉から音節を取り出す（音韻抽出）ことが大切であると指摘しました。聞いた単語の音節の組み立てを分析する力は、発達初期には、積み木やマス目の図版などを使うことで可能です。発達が進むにつれて、心の中の内言語によって、単語の頭、語尾、語中の音を取り出すことができるようになります。音韻抽出ができるようになると、読める文字数が約50文字に増えると報告されています。

したがって、ひらがなを読むことができるということは、「文字の視覚的イメージを持つことができ、ひらがなの音韻を保持し、その音韻を分解し、抽出する（意識的に操作する）ことができる状態」のことを指します。

ひらがなを書くことができるということは、ひらがなを読めることに加えて、文字を画要素に分解し、組み立てたりすることができる状態です。また、姿勢や手先などが、ひらがなを書くときの運筆動作を実行できる状態だといえます。

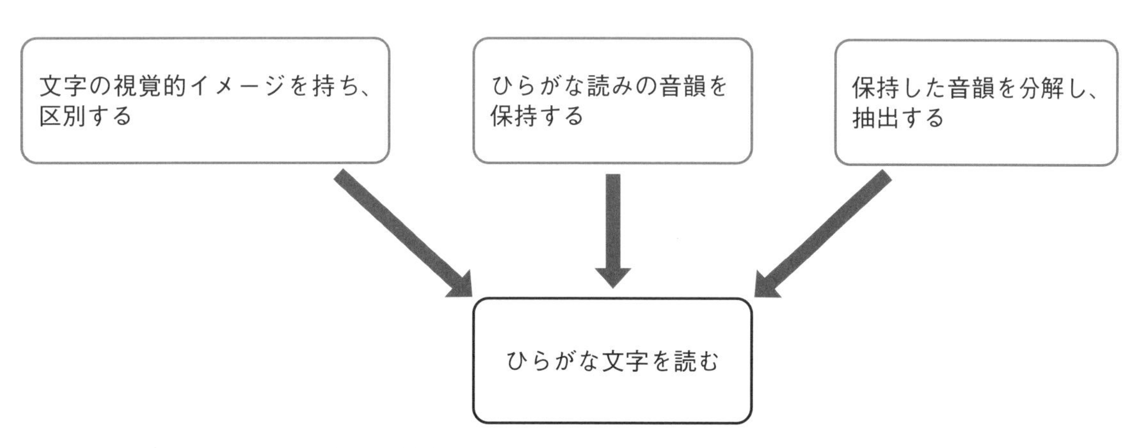

図１　ひらがな文字の読みを支える基礎スキル

2 ひらがな単語の読み書きができるということは、どういうことですか？

ひらがな単語を読むプロセスがどうなっているか、「きつねうどん」という見なれた単語を例に見てみましょう。ひらがなを理解している人なら単語を見ただけで意味がわかるかと思います。

「すぱいらる　むーぶめんと」という文字はどうでしょうか？　見なれない単語に出合ったときには、口に出して読んでみます（音韻に置き換えます）。音韻に置き換えた後に、音韻−意味の辞書に基づいて、意味を理解します。自分の頭の中の音韻−意味の辞書にない言葉だと、音韻に置き換えても意味がわかりません。

「スパイラル　ムーブメント」とカタカナ表記に変えた場合はどうでしょうか？　単語が外国語からきていることが手がかりとなって、意味を把握できます。

単語（文字列）を読むプロセスには、2つのルートがあると言われています（図2）。1つめのルートは、文字を音韻に変換し、変換した音韻に基づいて、音韻−意味の辞書に基づいて意味を理解するルートです（音韻ルート、①→②→③）。2つめは、文字列の形を手がかりとして、意味を理解するルートです（意味ルート、②→③）。

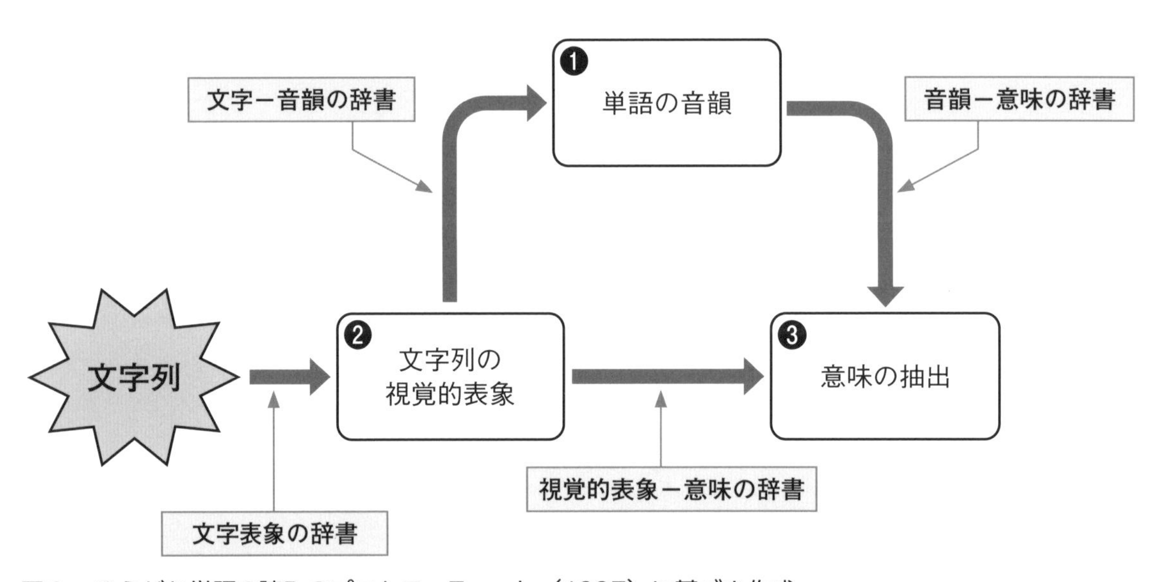

図2　ひらがな単語の読みのプロセス　Temple（1997）に基づき作成

この2つのプロセスから、ひらがな単語を読んでいます。2つのルートのいずれかに障害があると、それぞれ特徴的な失語症が生じることが報告されています。

書くプロセスは、読むプロセスと逆方向のプロセスであると考えられています。書くプロセスでは、文字表象−書字運動の辞書が必要になります。

❸ ひらがな文字の読み書きが困難な背景について、説明してください。

ひらがな文字の読み書き困難の背景は、読み書きに関連した課題の難易度から調べることができます。

ひらがな読みの達成よりも簡単な課題には、ひらがな文字を識別する課題や２桁の数字や３桁の数字を記憶し復唱する課題（数唱課題）、音韻意識課題があります。

読みからひらがなを書く課題の達成よりも簡単な課題は、ひらがな文字を見た後に、思い出して書く課題（視覚記憶で書字課題）や、読みに対応したひらがな文字を選ぶ課題です。

この図から、ひらがな46文字の読み課題や書き課題と比べて簡単な課題があることを指摘できます。これらの課題が達成されないと、ひらがなを読んだり書いたりすることが困難になることがわかります。

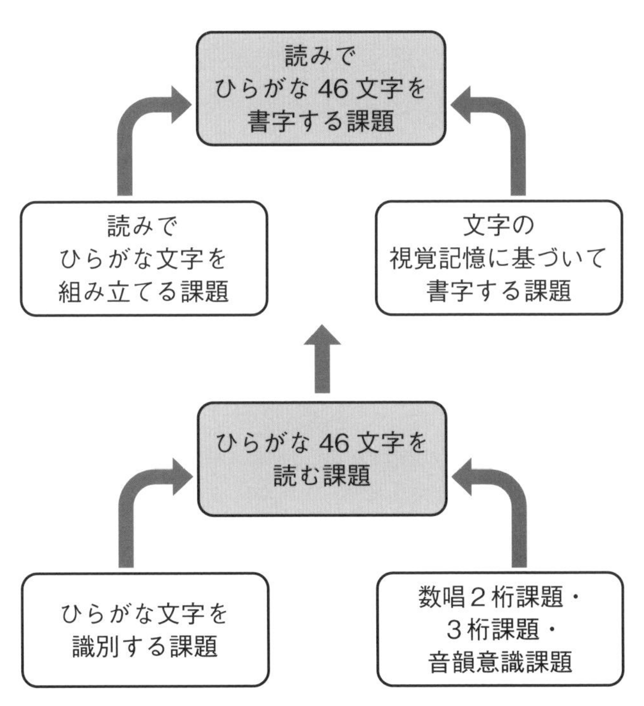

図３　ひらがな読み課題・書き課題とそれを支える課題

ひらがな文字の読み書きの力を支援する方法は、どのようなものですか？

ひらがな文字の読み書きの力を支援する方法は、大きく、①ひらがな文字によらない支援と、②ひらがな文字を中心とした支援に分けることができます。

①ひらがな文字によらない支援には、「語いの習得を促す支援」や「音韻操作の習得を促す支援」があります（図４）。言葉を復唱する力が弱い子どもや聞き間違えることがある子どもには、言語性ワーキングメモリの弱さがあります。また、会話があまり活発でない子どももいます。遊びの一部として支援課題を行うことで、子どもにとって楽しみになり、反復して取り組むことができます。

語いの習得を促す支援	音韻操作の習得を促す支援
：ことば集め課題	：音韻分解を促す課題 ：音韻抽出を促す課題 ：しりとり遊び課題

図４　ひらがな文字によらない支援課題

②ひらがな文字を中心とした支援には、「ひらがな文字と読みの連合形成を図る支援」「文字の形の識別の弱さに対する支援」「運筆の弱さに対する支援」の３つがあります（図５）。

音韻意識が達成されておらず、ひらがな文字読みが弱い子どもには、「ひらがな文字と読みの連合形成を図る支援」が効果的です。

ひらがな文字読みがある程度できてきている子どもで、視覚認知の弱さを持つ子どもには、「文字の形の識別の弱さに対する支援」「運筆の弱さに対する支援」が効果的です。

ひらがな文字と読みの連合形成を図る支援	文字の形の識別の弱さに対する支援
：キーワードを利用する課題	：正しい字を探す課題 ：字の間違いを探す課題

運筆の弱さに対する支援
：始点と終点、筆の軌跡を意識的に書くプロセスを支援する課題 ：文字の形を意識して書く課題 ：文字完成課題

図５　ひらがな文字を中心とした支援課題

5 特殊音節表記の読み書きができるということは、どういうことですか？

特殊音節表記には、促音（「っ」）、撥音（「ん」）、拗音（「しゅ」など）、拗長音（「しゅう」など）があります。

ひらがな文字の読み書きの習得の上で大切な役割を果たす音韻意識は、特殊音節の読み書きを習得する上でも大切です。そのほか、「特殊音節表記の音のパターンに気づき、特殊音節表記の規則を理解すること」も同じように大切です。

表１にある①と②はひらがな文字を読むことができない就学前の年長児のようすです。これらのエピソードは、こどもが拗音を組み立てている規則（混成規則）に気づくことが大切なことを示しています。

特殊音節表記の指導は、小学１年生で多くの子どもが習得します。しかし、２年生以降でも習得がむずかしい子どもがいます。③は小学３年生のエピソードです。特殊音節表記の習得プロセスが、子どもによって同じでないことを示しています。

表１　特殊音節表記の気づきに関する事例

	子どものようす
①自発的に撥音に気づき、音韻抽出した事例（年長児）	指導者は「でんき」といいながら、「○」「△」「○」の記号が書かれたカードを一枚ずつ、子どもに示しました。そして「他にあるかな」と尋ねました。子どもはカードを指さしながら「ぱんつ」と答えることができました。「他にない？」とさらに子どもに尋ねると、子どもはカードを一枚ずつ指さしながら「りんご」と言いました。このやりとりは、子どもが撥音の音のイメージを取り出すことができたこと（音韻抽出）を意味しています。
②自発的に音の間隔と拗音との関係に気づき、それを手がかりに他の拗音に気づいた事例（年長児）	指導者は「○」カードを離して２枚置き、「し・・・や」と音声提示しました。ついで、２枚の「○」カードの距離を縮めて、「し・や」と言いました。さらに、２枚の「○」カードの距離を縮め、カードをつなげた形で「しゃ」と言いました。子どもは「おもしろい！　きゃだ」と言いました。子どもの発話から、子どもが「し」「や」と「しゃ」の関係から、「きゃ」という他の言葉に気づいたことがわかります。
③特殊音節の音韻の抽出が不安定だった事例（小学校３年生）	特殊音節表記の単語の書きの指導をしていると、子どもの書く文字が、その時々で異なることに気づきます。指導者が「しょうがっこう」と言い、子どもがそれを書く課題を行いました。１回目は、「しゅがこう」と書きました。３回目は、「しゅがっこう」、５回目は「しょうがっこう」と書きました。このことから、特殊音節表記を組み立てている規則の習得がむずかしい子どもがいるようです。

6 特殊音節表記の読み書きが困難な背景について、説明してください。

彌永ら（2017）は、特殊音節表記を習得する上で必要な基礎スキル（音韻分解、音韻抽出、言語性ワーキングメモリ、ひらがな単語の流暢な読み）について、1～3年生を対象としてテストを行いました。彌永ら（2017）は、基礎スキルがどのような場合に、特殊音節表記テストの得点が低成績（10パーセンタイル以下）の子どもが出現しやすくなるのか、検討しました。

表2はその結果です。特殊音節表記テストが低成績の1年生は、音韻分解、音韻抽出、ひらがなの流暢な読みテストが低成績（↓）の場合に認められる確率が高いことがわかりました。2年生では、言語性ワーキングメモリとひらがなの流暢な読みテストが低成績の場合でした。3年生も同じ特徴でした。

表2　特殊音節表記テスト成績が10パーセンタイル以下の子どもの特徴

↓は低成績であることを表します。彌永ら（2017）に基づき作成。

	音韻分解	音韻抽出	言語性ワーキングメモリ	ひらがなの流暢な読み
1年生	↓	↓		↓
2年生			↓	↓
3年生			↓	↓

これより音韻意識が低成績の場合に、1年生の特殊音節の低成績が生じる確率が高いことがわかります。ひらがな単語の流暢な読みは、1～3年生の背景要因、言語性ワーキングメモリは2～3年生での背景要因です。1年生では背景要因が重複していますが、学年が上がるにつれて背景要因が少なくなります。

1年生で特殊音節表記の読み書きが苦手な子どもに対しては、特に、音韻意識を含めた配慮が必要です（46～48ページ）。それに対して2年生と3年生では、言語性ワーキングメモリの弱さに対する配慮が必要であることがわかります。

通常学級の子ども達に見られる特殊音節表記の読み書きの力の特徴は、どのようなものですか？

特殊音節表記は小学１年生の学習課題です。その後は、個別指導や生活経験を通して、特殊音節表記の習得が進みます。

正しい特殊音節表記を選ぶテストの平均得点を検討した結果、１年生では、撥音の単語の得点が、他の表記単語と比べて高いことがわかりました。２、３年生では、促音、拗音、拗長音の単語の得点も高くなっていました。

表３は、各特殊音節表記の単語の得点について、達成パターンの人数を計算し、統計的に検討した結果です（彌永ら、2017）。▲は有意に多いこと、▽は有意に少ないことを示します。ここでは各表記の得点が２点以下（３点満点）を未達成者としました。１年生では、撥音が未達成な者や、促音が未達成な者が多いことがわかります。撥音、促音、拗音、拗長音の表記がすべて達成した者は少なく、それに対して３年生では、撥音、促音、拗音、拗長音の表記をすべて達成した子どもが多く、他のいずれかが未達成だった子が少ない結果になりました。

特殊音節表記の習得の特徴として、小学１年生では、撥音が達成し、２年生で他の表記の達成が進み、３年生では４種すべてが達成できることがわかります。

表３　特殊音節表記の達成者数に関する統計的評価　彌永ら（2017）に基づき作成。

▲は、統計的に有意に多いことを、▽は統計的に有意に少ないことを表す。

	１年生	２年生	３年生
撥音は未達成で、促音、拗音、拗長音は不安定な子	▲	▽	▽
撥音は達成、促音は未達成で、他は不安定な子	▲	▽	▽
撥音と促音は達成、他は不安定な子			▽
撥音、促音、拗音、拗長音は達成した子	▽	▲	▲

8 特殊音節表記の読み書きの力を支援する方法を教えてください。

小学１年生から３年生にかけて、特殊音節表記の読み書きの習得が進みます。つまずきの背景要因は学年で異なることがわかりました。１年生では撥音が達成し、３年生にかけて他の表記の達成が進みます。また、拗音の種類により習得に差が出てきます。彌永ら（2017）は小学１年生教科書５社の各特殊表記の単語の相対頻度を算出しました。

図６は、教科書に最も出てこない拗音（拗音１「じゃ」）のテスト成績は、最も出てくる拗音（拗音３「ちゃ」）より得点が低いという特徴が、１年生で見られたことを示しています（彌永ら、2017）。この特徴は、２年生や３年生でも見られます。

これより、特殊音節表記の習得が良好な子どもは、特殊音節表記の規則を習得していることを推測できます。一方、習得が良好でない子どもでは、特殊音節表記の規則の習得がむずかしいので、拗音や拗長音の低頻度単語に触れる経験を重ねて、それぞれの表記単語を、個別的に習得している可能性があります。

２年生以降は、特殊音節表記の規則を無理なく習得できるように配慮した支援が必要です。また未習得の単語を、個別に指導することが必要です。

例えば、清音や特殊音節に対応した体の動きや視覚記号の導入に基づく指導が効果的です。体の動きや視覚記号を導入することで、音韻意識が促進することは、ひらがな文字の指導で確認されました。

未習得の単語については、かるた課題、単語判断課題、音記号、カードによる単語組立課題などが効果的です（50・51ページ）。

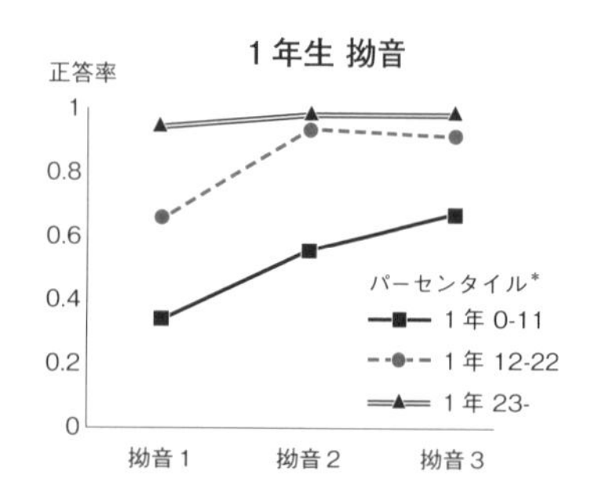

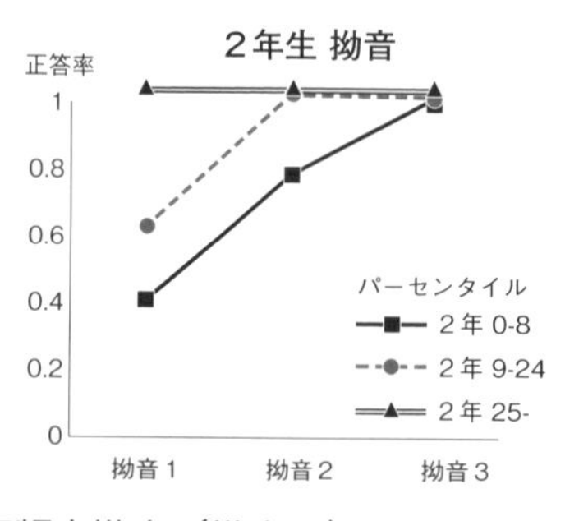

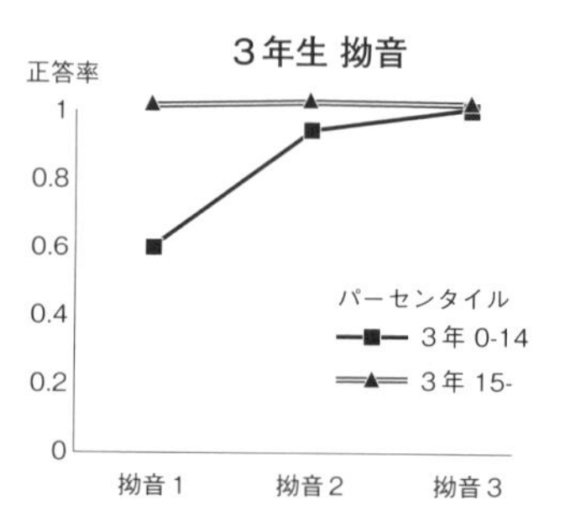

図６　低頻度拗音（拗音１、２）と高頻度拗音（拗音３）のテスト成績　彌永ら（2017）に基づき作成

＊パーセンタイル

得点を小さい順に並べた時、最小値から数えて全体のｘパーセントに位置する値を、ｘパーセンタイルといいます。

図６で、12-22パーセンタイルと表示した値は、12パーセンタイルの値を示す人から22パーセンタイルの値を示す人までの平均得点を示したものです。

9 流暢に読むことができるということは、どういうことですか？

文章を読んでいるときの眼球運動を記録すると興味深いことがわかります。人は、眼を左から右に動かして文を読み取ります。そのとき、眼球を約200ミリ秒停止させ、その後２から４文字分ジャンプし、また約200ミリ秒停止させるということを繰り返して、文を読んでいます。改行のときは、眼を右から左に、一気に動かします。

ジャンプしているときには、単語を読み取れないので、停止している約200ミリ秒の間に読み取ります。文を流暢に音読できるということは、約200ミリ秒の間で、２から４文字をまとめて読み取っていることになります。

ひらがな文を流暢に読むためには、「ひらがな文字を１文字ずつ読む力」だけでなく「単語をまとめて、短時間で読む力」が必要です。

「単語をまとめて短時間で読む力」に基づいて、改行された単語をスムーズに読むことができます（瀧元ら、2016）。

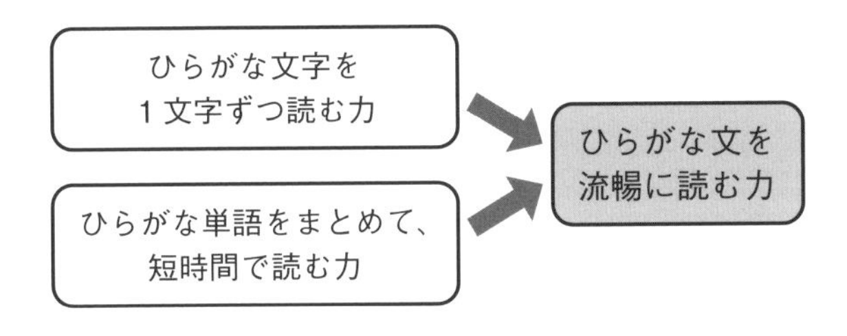

図７　ひらがな文を流暢に読む力

10 文字を読むことが困難なのはなぜですか？

読みに関連した脳の領域として、Shawitz（2003）は、下図のA、B、Cの３つの領域があることを報告し、定型発達児と読み書き障害児では、特徴が異なることを指摘しています。

定型発達者では、左半球のA、B、Cの３領域が働いています。それに対して、読み書き障害児では、左半球のAは、活動が過剰であり、BとCは、活動が低下していると報告されています。

読み書き障害児では、左半球のAのみならず右半球のAとCが活動します。右半球のAとCは、左半球の活動を補足する領域として活動します。そのため、なめらかな自動的読みにならず、正確な読みのためには、時間がかかります。このことは、テスト等で時間延長の配慮が必要なことの根拠とされています。

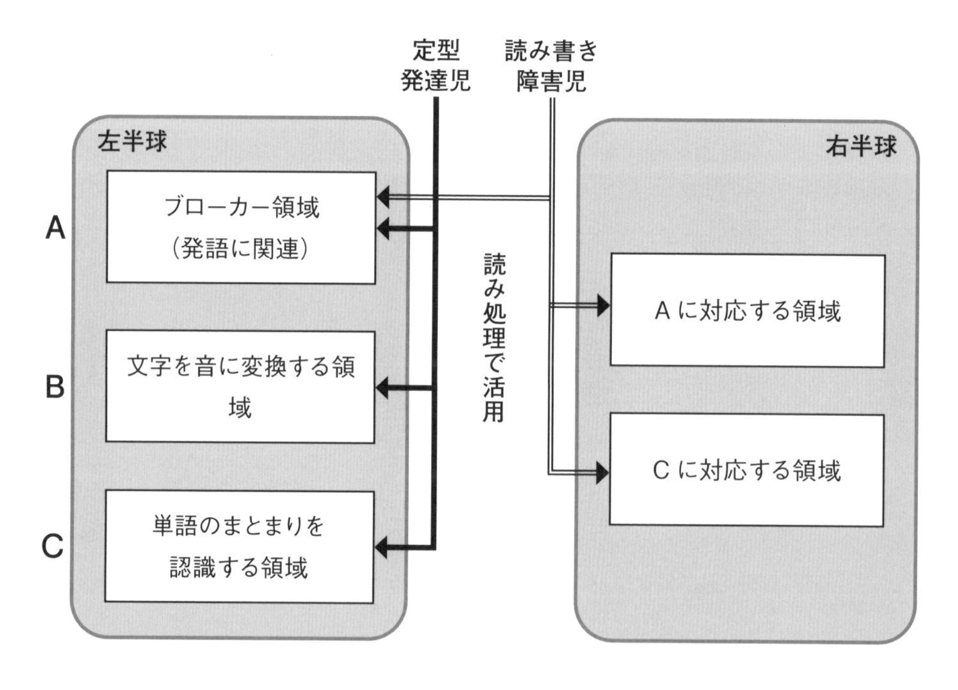

図８　読みに関連した脳の領域　Shaywitz（2003）に基づき作成

 流暢に読む力を評価するには、どのような方法がありますか？

大きく２つの方法を挙げることができます。

①文字やひらがな単語を読むように教示し、その音読時間を計る方法です。代表的な方法として、稲垣ら（2010）の基準（実践ガイドライン）が知られています。ひらがな１文字のリスト、有意味語リスト、無意味語リスト、単文リストの４種のリストのうち、２種以上のリストで、音読時間が基準値（平均+2SD）を超えた場合に、読み障害の候補とします。

②選択肢の中から正しいひらがな単語を選ぶ課題（図９）を用意し、制限時間の中で何個ひらがな単語を認知できるか評価する方法です（藤井ら、2012；増田ら、2018）。増田ら（2018）は、２文字単語課題と４文字単語課題について基準値を報告しました。各課題で制限時間は30秒でした。また、LD通級指導教室で指導を受けている子どもを対象に、実践ガイドラインの得点との関係を調べました。

タイプＡの子ども（２文字と４文字の単語課題が共に低成績）では、実践ガイドラインの標準得点は、４種の課題で3SDを越え、音読時間が著しく長いことがわかりました（図10）。タイプＢ（２文字単語課題は低成績でないが、４文字単語課題が低成績）では、実践ガイドラインの標準得点は、４種の課題で1SDから3SDの範囲内でした。タイプＤの子ども（２文字と４文字の単語課題が共に良好）では、４種の課題で1SD未満であり、ひらがな単語の音読に支障がないことがわかります。この方法は、ひらがな単語の音読困難を把握する簡便な方法として有用です。

②	①	②	①
ぬこ	なす	たんぱぽ	たみねぎ
ねこ	ねす	たぬぽぽ	たまねぎ
ねか	なそ	たんぽぽ	たまぬぎ

図９　ひらがな単語の判断課題（左：２文字　右：４文字）

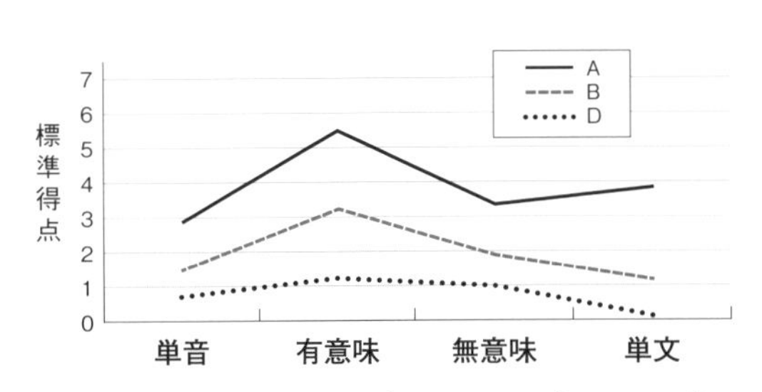

タイプＡ：２文字・４文字共に低成績
タイプＢ：２文字良好・４文字低成績
タイプＤ：２文字・４文字共に良好

図10　タイプA、タイプB、タイプDの子どものガイドラインの標準得点
増田ら（2018）に基づき作成

⓬ 流暢に読む力の特徴は、どのようなものですか？

図11の棒グラフ一つひとつは、１年生から６年生の一人の子どもの音読時間を表しています。矢印は、各学年の子どもの音読時間の範囲を表しています。１年生から３年生は音読時間の範囲が大きい（＝個人差が大きい）ことがわかります。

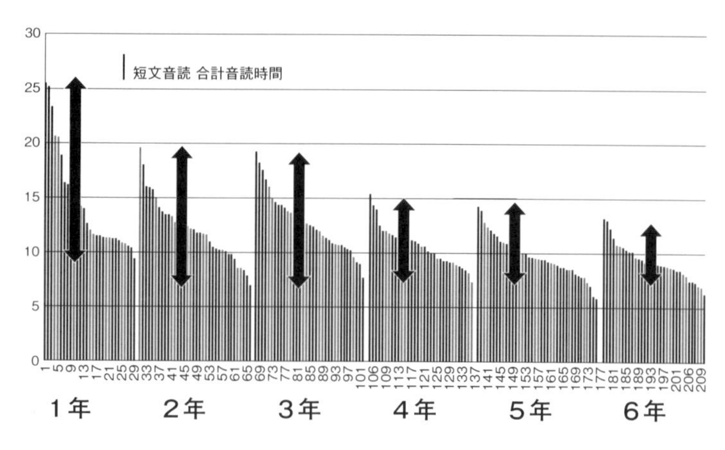

図11　単文を音読したときの合計時間

４年生から６年生は、音読時間が短縮しその範囲が小さくなります。音読時間が短くなるということは、単語をまとめて読む力が強くなるということです。したがって、単語をまとめて読む力は、１年生から４年生にかけて発達的に大きく変化することがわかります。１年生から３年生の中で、音読時間が長くかかる子どもの多くは、発達的変化のばらつきの一部で、４年生にかけて習得すると予想できます。

低学年で、この先音読時間が減少することが予想されても、授業中に教科書を読んで理解することがむずかしいことは変わりませんので、音読に対する支援はとても大切です。

図12は、２文字単語判断テストと４文字単語判断テスト（❸で紹介）を、３年の２つのクラスで実施した結果です。濃い灰色は正答率５パーセンタイル*（156ページ）以下、薄い灰色は10パーセンタイル以下を示しています。４文字課題が低成績の子どもは、１クラスで４名、２クラスで６名いました。一方、２文字課題と４文字課題ともに、低成績の者は２クラスで１名でした。このように、通常学級の中でも、ひらがな単語の流暢な読みの苦手な子どもが一定数おり、音読の支援が必要です。

クラス１	
２文字課題	４文字課題
正答数	正答数
19	8
16	12
13	11
16	16
18	15
24	20
13	7
19	19
24	17
18	14
20	13
11	8
欠	欠
16	12
14	7
20	13
12	7
18	14
15	10
14	13
16	13
15	11
12	6
20	13
11	5
11	7
19	9
22	15
13	8
7	5
7	8
15	4

クラス２	
２文字課題	４文字課題
正答数	正答数
15	12
26	12
25	14
29	15
16	10
欠	欠
15	14
14	10
22	10
14	9
12	8
18	9
21	12
18	10
16	9
14	9
21	16
21	欠
15	7
24	12
13	9
12	6
11	6
12	9
10	5
16	7
13	6
6	3
10	5
15	7

図12　２つのクラスにおけるひらがな２文字と４文字単語判断テストの結果

13 流暢に読む力は、どのように身につきますか？

ひらがな文の音読を指導するために、まず文を用意してその中に出てくる単語について、支援プリントを作成しました（大山ら、2019）。

図13の文章の音読指導では、文章中のひらがな単語５個と漢字単語５個の読みの支援を行いました。

ひらがな単語、漢字単語ともに、「穴埋めクイズ」と「ことばさがし」を行いました。図14は、ひらがな単語用のプリント、図15は、漢字単語用のプリントです。

１回の指導で、１枚の文章（図13）の指導（図14と図15のプリントを各２枚ずつ）を行いました。指導の前と後とで、文章を音読してもらい計９回の指導を行います。

図16は、指導の前と後とでの、音読にかかった平均時間です。指導後、音読時間が短縮しました。また、「読み飛ばし」「読み詰まり」「反復」などの誤読が顕著に減りました。

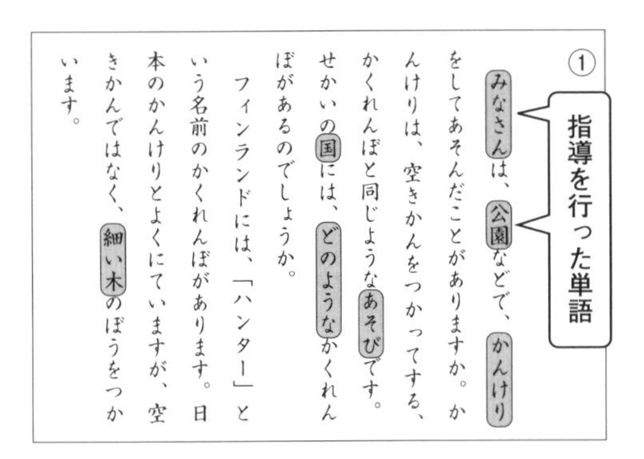

図13　音読プリント

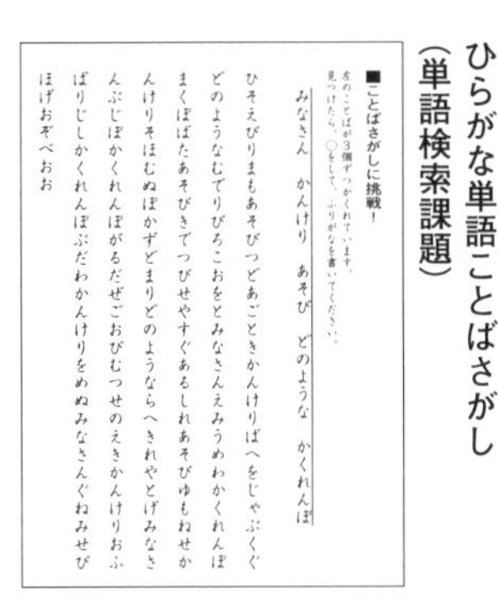

図14　ひらがな読み指導用プリント

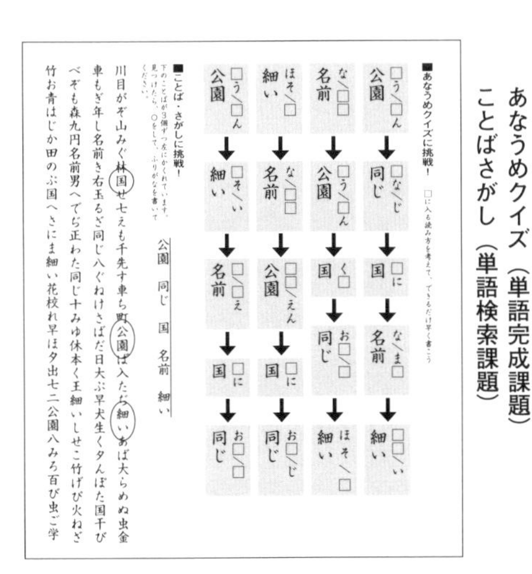

図15　漢字読み指導用プリント

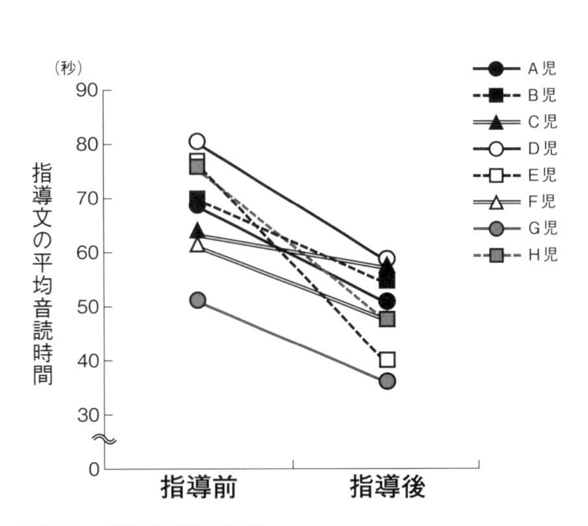

図16　音読時間の変化

図 13 ～ 16 は大山ら（2019）に基づき作成しました。

14 流暢に読む力を支援する方法は、どのようなものですか？

２種類の指導法を紹介します。小池ら（2017）に基づいて作成しました。

1　フラッシュカード

①ひらがなカードを10枚程度作ります。

②フラッシュカードの要領で、ひらがなカードを１～２秒程度、順に見せて読ませます。

③ 読めるようになったら、単語の一部のかな文字をシールで隠します。

④読めない場合は、何も隠されていないひらがなカードを見せて読ませます。

＊ポイント＊

単語をまとまりとして読むことができるようになると、文章の読みがスムーズになります。

2　単語さがし

①かな文字のリストを作ります。

- 読ませたい文章中にある単語を、ターゲット単語とします。
- ターゲット単語と無意味な単語を含むリストを作成します。

②１分間にできるだけ多くのターゲット単語を見つけさせます。

＊ポイント＊

文章を音読するわけではないので、取り組みやすくなります。繰り返して練習すると、見つけられる単語が増えていきます。増えたことを記録し「こんなにたくさん見つかるようになったね」と子どもの意欲を高めます。

15 漢字を読むには、どんな力が必要ですか？

日本語で使われる文字は、図17のように、３つに分類されます。

①アルファベット文字	一つひとつの文字が１音素を表します。
②音節文字	一つひとつの文字が１音節を表します。日本語のひらがな文字。
③表語文字	１文字で１語の音と意味を表します。文字と音と意味が一対一で対応します。

図17　文字体系の構成

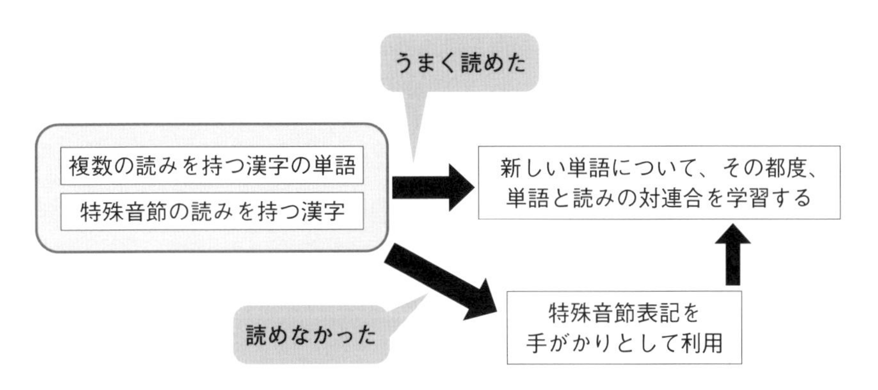

図18　漢字読みと特殊音節表記の読みの関係

中国で使われる漢字は③の表語文字です。１文字が１つの音を表します。日本で使われる漢字は、文字と音の関係が複雑です。音読みと訓読みがあり、音読みでも複数の音読みがあります。日本で使われる漢字の音読みは、中国から伝わった読みであるといわれています。また、２文字以上の漢字を合わせた熟字に訓読みを当てた熟字訓もあります。例えば「明日」には、「みょうにち」という読みと「あす」という読みがあります。「あす」という読みは、熟字訓です。２字まとめて、１つの読みになっているため、「あす」は漢字の文字ごとに「あ」と「す」には分けられません。

このように漢字の読みが多様なので、ふりがながふられています。ふりがなには特殊音節が多いので、特殊音節表記の学習も漢字の習得に大きな役割を果たしています。

これらをまとめると、漢字を読むことができるということは、ふりがなの特殊音節の表記を利用しながら、「文字と読みの連合を学習する」ということです（図18）。

16 漢字を読むことがむずかしい理由にはどんな背景がありますか？

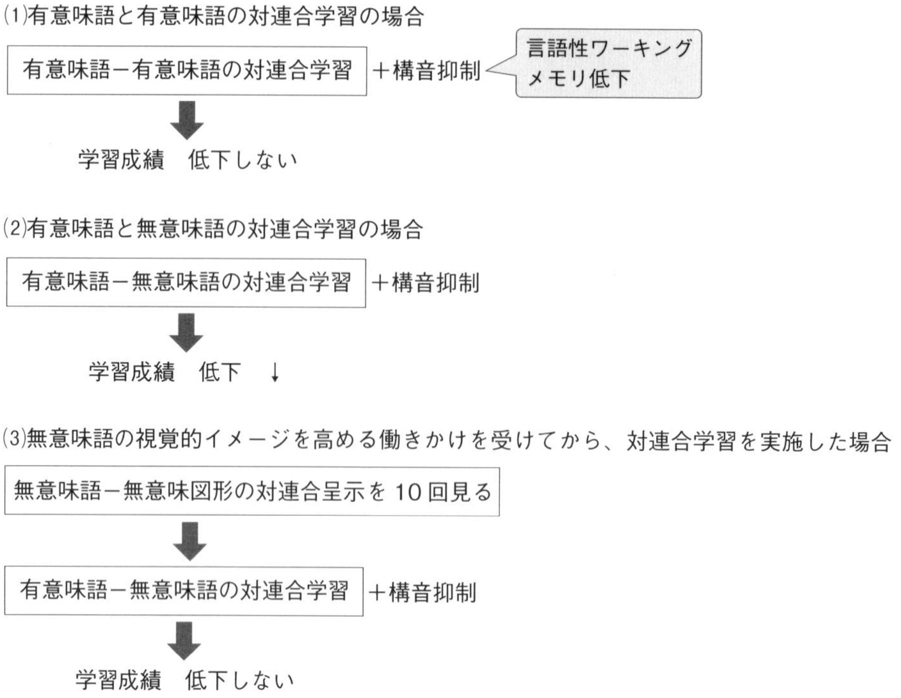

⑴有意味語と有意味語の対連合学習の場合

有意味語－有意味語の対連合学習　＋構音抑制　（言語性ワーキングメモリ低下）

学習成績　低下しない

⑵有意味語と無意味語の対連合学習の場合

有意味語－無意味語の対連合学習　＋構音抑制

学習成績　低下　↓

⑶無意味語の視覚的イメージを高める働きかけを受けてから、対連合学習を実施した場合

無意味語－無意味図形の対連合呈示を 10 回見る

有意味語－無意味語の対連合学習　＋構音抑制

学習成績　低下しない

図19　Duyckら（2003）の実験結果のまとめ図

漢字を読むということは、新しい文字と読みの対連合学習と言えます。このような対連合学習が成立するのに、言語性ワーキングメモリの働きが大きいことがわかってきました。

言語性ワーキングメモリでは、音のイメージに関する情報（音韻情報）を心の中で何度も繰り返すこと（音韻ループ）が、音韻情報の記憶に一定の役割を果たしていることが知られています。構音抑制は、記憶課題とは無関係な言葉を発音させることで、音韻ループの働きを妨害する手続きとされています。Duyckら（2003）は、この構音抑制を利用して、言語性ワーキングメモリの働きを検討しました。図19はその結果をまとめたものです。

有意味語と有意味語の対連合学習の場合（図19⑴）では、構音抑制をしたときとしないときとで学習曲線は、ほとんど同じでした。しかし、有意味語と無意味語の対連合学習（図19⑵）では、構音抑制をしたときには、構音抑制しないときよりも成績が低下しました。このことから、有意味語と無意味語の対連合学習では、言語性ワーキングメモリが強く関係することがわかりました。

Duyckら（2003）は、無意味語の視覚的イメージを高めておいてから対連合学習をする条件を設定しました（図19⑶）。この場合に有意味語と無意味語の対連合学習を行うと、構音抑制をしても、成績が低下しないことを報告しました。

これより、言語性ワーキングメモリの弱いLD児では、視覚的イメージが乏しい漢字単語を学習する場合に、視覚的イメージを高める働きかけをしないと、学習がむずかしくなることがわかります。また、漢字単語の視覚的イメージを高める手続きにより、LD児は漢字単語の読み学習が容易になることを指摘できます。

17 漢字単語を読む力の評価方法には、どのようなものがありますか？

漢字単語には、視覚的イメージを持つことができる単語と、そうでない単語があります（熊澤ら、2011）。表４を見てください。５年生の社会科の教科書で出てくる単語ですが、「会社」「風船」「海岸」などは、視覚的イメージを持ちやすい単語（高心像性単語）です。

一方、「未然」「時季」などは、視覚的イメージを持ちにくい単語（低心像性単語）です。図20は、LD児の漢字単語の読みテストの結果を示しています。■部分は誤答でした。左の高心像性単語の読みの成績は、20問中17問と高い正答率でしたが、右の低心像性単語の読みの成績は、20問中５問と低い正答率でした。

対象児は言語性ワーキングメモリの弱さを示しました。このことから、言語性ワーキングメモリの弱さが漢字読みの苦手さに関係があると推測できます。この場合には、漢字単語に関するイラストを利用して、視覚的イメージを高めることで、読めるようになります（70・71ページ）。

漢字単語を読む力を評価する上で、高心像性単語と低心像性単語の２種類を含む漢字読みテストが効果的です。

表４　高心像性単語と低心像性単語

５年生リスト		６年生リスト	
高心像	低心像	高心像	低心像
会社	未然	自由	組織
風船	時季	大切	権利
海岸	性質	薬品	政治
病気	精度	努力	議員
屋上	寒流	農業	国連
草原	水産	家庭	公約
植物	要素	点字	運営
梅雨	酸性	温室	保障
天気	効率	戦争	加盟
医者	地帯	授業	基金
大豆	程度	国旗	電子
動物	国土	食品	機関
屋根	品質	小麦	公報
果物	産業	戦車	主義
電池	規制	牧場	有数
新車	数量	人間	条約
強風	特長	食料	産業
肉牛	林業	天皇	効果
野菜	自給	建物	停戦
自分	耕地	南極	内閣

正月（　）　食事（　）　新聞（　）
空気（　）　病院（　）　電話（　）
■神社（　）　地図（　）　学校（　）
水道（　）　公園（　）　交番（　）
家族（　）　道路（　）
■鉄道（　）　手紙（　）
日本（　）　■時計（　）
銀行（　）　写真（　）

読めた漢字単語
17/20

週間（　）　■県立（　）　■記号（　）
■年代（　）　■時期（　）　■全国（　）
■市立（　）　日時（　）　今度（　）
■地区（　）　様子（　）　■年表（　）
■世代（　）　■行事（　）
■意見（　）　■作物（　）
■工業（　）　■全体（　）
曜日（　）　■中央（　）

読めた漢字単語
5/20

図20　LD児の漢字読みテストの結果

18 漢字単語を読む力の特徴は、どのようなものですか？

「漢字単語を読む力」は、漢字の読みテストの成績で評価できます。詳しく調べる方法としてCHAID分析があります。この方法では、漢字単語を読む力に関係する読み書きスキルテスト（特殊音節表記テスト、ひらがな文の流暢な読みテスト、順唱、逆唱などの言語性ワーキングメモリテスト）の成績に基づいて漢字の読みテストの成績分布を分割していきます。コンピュータの計算によって、漢字読みテスト成績の全体分布を、相互に異なる複数の成績分布に分割します。

図21は、Nakaら（2019）の結果を示したものです。３年生772名、４年生869名、５年生1019名、６年生932名の漢字読みテストの成績分布を示したものです。各学年で、ほとんどの子どもが80点以上の成績を取っているのがわかります。

自動的に分割した結果、３年生と４年生では、特殊音節テストの成績が10パーセンタイル*（156ページ）以下の子ども、５年生と６年生では、言語性ワーキングメモリテストの成績が10パーセンタイル以下の子どもの分布が、異なる分布として分割されました。その結果は下のヒストグラムで示しました。上のヒストグラムと異なり、100点の子どもの数が特に少ないことがわかります。

この結果から、漢字読みテストが低成績になってしまうのは、３・４年生以下では特殊音節表記の低成績、５・６年生では言語性ワーキングメモリの低成績が原因であることがわかります。

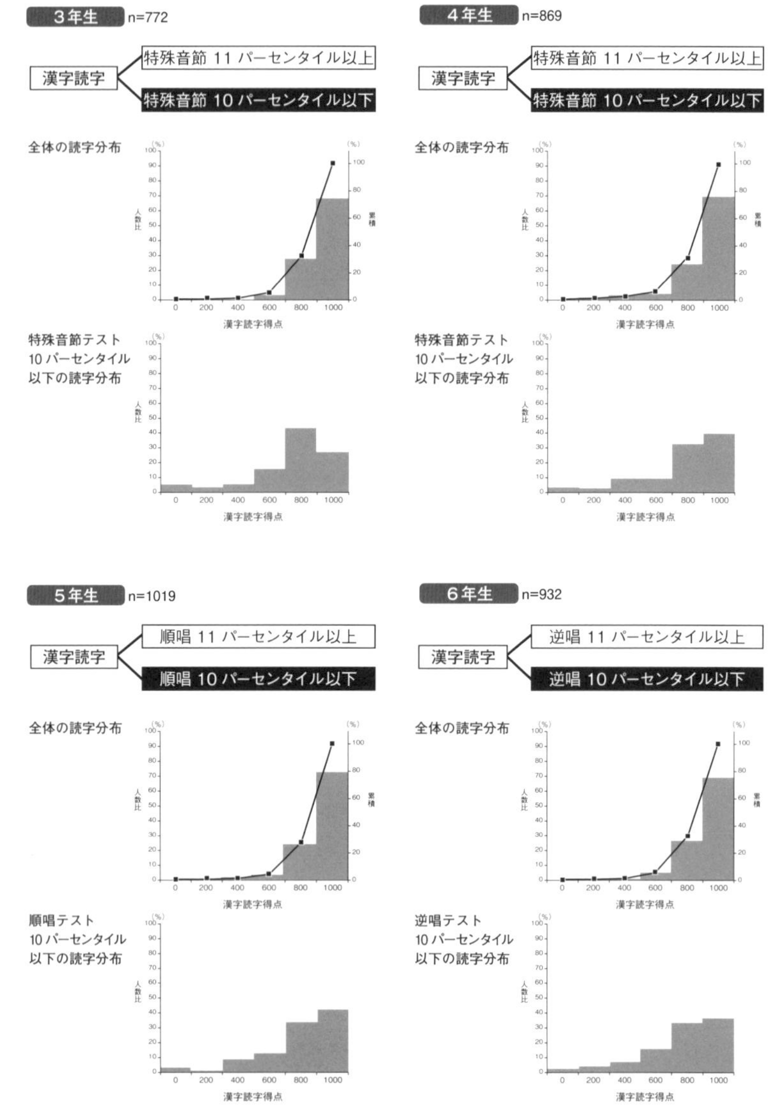

図21　漢字読みテストの成績分布の分割結果　Nakaら（2019）に基づき作成

19 漢字を読む力を支援すると、どう改善しますか？

後藤ら（2009）は、LDの子ども20名を対象として、初めて見る漢字の読みの学習過程を検討しました。対象としたLDの子ども達は、言語性ワーキングメモリの弱さがありました。読む漢字は、初めて見聞きするものが多い魚偏の漢字です。新たに学習する課題として適しています。課題は、通常の学習条件と、絵で支援した後に学習する条件の２種類（図22）としました。

通常の学習条件では、漢字単語と読みのセットが５単語示され、単語の読みの対連合を学習しました。

絵で支援した後に学習する条件（絵あり条件）では、初めに、魚の写真とひらがな読みのセットを５単語について10回見せて、絵に十分に慣れるようにしました。その後、通常の学習条件と同じように、漢字と読みの対連合を学習しました。

１回目の学習後の２週間後に、２回目の学習を行いました。図23はその結果です。絵あり条件で１回目の学習で効果があった子どもと共に、２回目の学習で効果があった子どもがいました。このことから、言語性ワーキングメモリの弱さを持つ子どもでは、視覚的イメージを高めた後に、漢字の読みの学習を行うと、学習が改善することがわかりました。

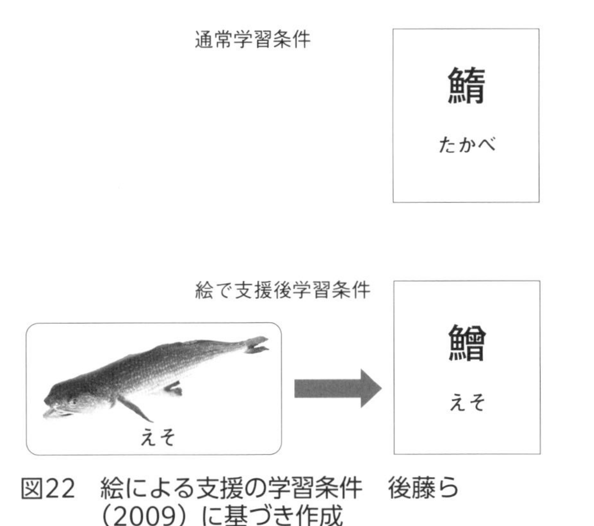

図22　絵による支援の学習条件　後藤ら（2009）に基づき作成

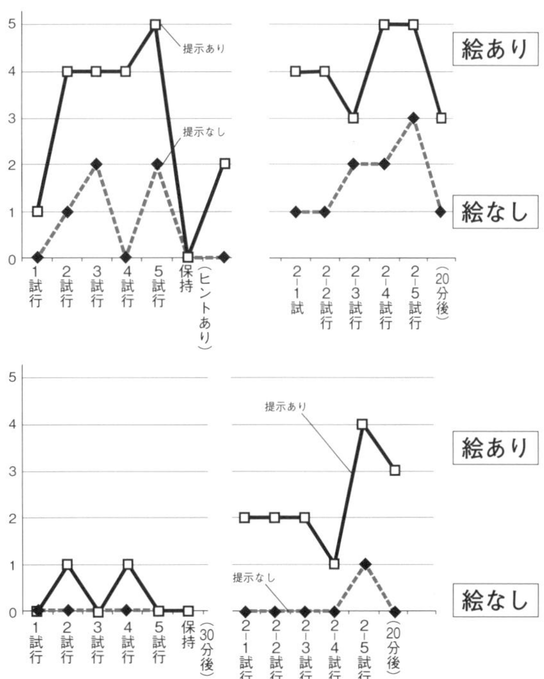

図23　LD代表例の学習結果　後藤ら（2009）に基づき作成

20 漢字を読む力を支援するにはどんな方法がありますか？

４つの支援方法を具体的に紹介します。小池ら（2017）に基づきました。

1　読みヒント絵カード

①絵カードを見せ、何の絵か確認します。ここで使う絵カードは、漢字の読みを表すものに限定します。

②絵カードを示してから、複数の漢字カードを子どもの前に置き、絵カードに対応する漢字カードを選ぶことができるように練習します。ここでは、絵カードの名前を言いながら、漢字カードを選ぶように教示します。

③漢字カードだけを見せて読ませます。

＊ポイント＊

絵は漢字の読みを引き出す手がかりとして使うため、わかりやすい絵を選びましょう。

2　だんだん隠れる絵カード

①絵カードを見せ、何の絵か確認します。

②絵カードの上に、漢字カードをずらして置き、漢字カードを読ませます。

③②よりも絵の面積が小さくなるように漢字カードをずらして読ませます。＊絵の面積が小さいので、絵を思い出しながら読みます。

④最後に、漢字カードだけで読むことができるように練習します。

＊ポイント＊

絵を漢字カードで隠す面積を少しずつ大きくしていきます。

3　絵を見て意味を推測してみよう

①絵と例文が書いてあるカード（絵＋例文カード）を見せ、それが何という単語を表すかを確認します。

②子どもの前に複数の漢字カードを置きます。

③絵＋例文カードを示し、子どもに対応する漢字カードを選ばせ、その漢字を読ませます。

（例）会社の絵と「かいしゃで、はたらく」を示して、「会社」の漢字カードを取るようにします。

④漢字カードだけを見せて読ませます。

＊ポイント＊

絵＋例文カードの代わりに、子どもが経験したエピソード

（経験した内容・時期・場所・そのときの感情等）を手掛かりとして、カードを作成するとわかりやすいです。

抽象的な単語については、イラストを探すのが大変なので、漢字単語の読みをエピソードと関連付ける方法は効果的です。

4　カテゴリーから選ぶ

①カテゴリー名カードと、そのカテゴリーに入る複数の漢字カードを用意し、子どもの前に漢字カードを置きます。

②カテゴリー名カードを見せて、対応する漢字カードの読みを言いながら選ばせます。カテゴリーの名前は、子どもにとって身近なものを選ぶようにします。

（例）カテゴリー名カード「はたらく」を提示して、「会社」「出勤」「給料」などの漢字カードを選ばせます。

21 漢字を書くには、どんな力が必要ですか？

ICT機器が進歩したおかげで、私達は、脳で行われている視覚情報処理の一部を擬似的に体験できます。スマートフォンのカメラにQRコードを映すと、自動的にURLに変換され、見たいページに飛ぶことができます。また、顔を映すと自動的に目や口の位置に記号が表示されます。スマートフォンは、カメラを通して常に視覚情報を処理していることがわかります。QRコードの形が傾いていても処理されることから、図形の位置の相対的な関係を処理し、一定のパターンを見つけていることもわかります。

これに類似した処理が、私達が漢字を見たときに起こっています（図24）。漢字を見たときには、「形を処理するユニット」が活性化され、１画１画の形や位置関係が把握され、部首などの漢字の部品がまとまった形として把握されます。まとまった形の情報から、「意味を処理するユニット」や「読みを処理するユニット（音のイメージに関する処理なので音韻処理と言います）」が活性化されます。このような処理を反復して行うことで、漢字の読みが習得されます。

一方、お手本を見て文字を書くときには、必要な画の形や位置関係を把握し、スムーズに書けるように、書字の運動プログラムが脳内で形成されます。漢字の読みや意味を知らなくても、字の一部を見ただけで、字を書けるようになります。それに対して、読みを聞いて書くときや、意味を考えて書くときには、「音韻を処理するユニット」や「意味を処理するユニット」が、初めに活性化され、次に「形を処理するユニット」や書字の運動プログラムが活性化されます。

したがって、生活場面で漢字をスムーズに書くためには、「形を処理するユニット」、「意味を処理するユニット」や「音韻を処理するユニット」が欠かせません。

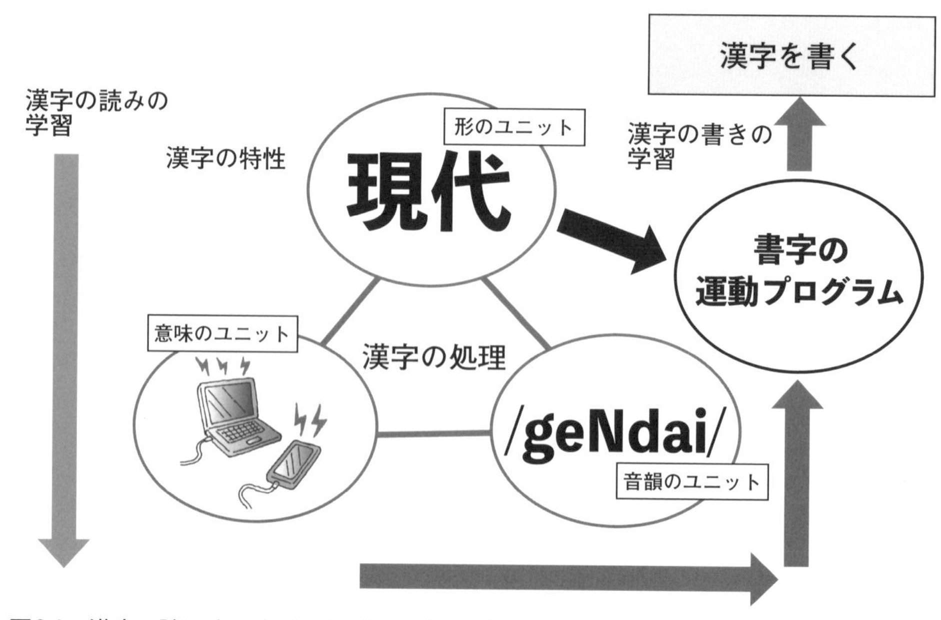

図24　漢字の読み書き学習に関連した情報処理

22 漢字を書くことがむずかしい背景にはどんな理由がありますか？

漢字の書き困難の背景を知る方法の一つに、知能テストの得点と誤書字の特徴との関係を調べる方法があります。石井ら（2002）はこの方法で、漢字の誤書字と知能テストの評価項目との関係を調べました。その結果、言語性ワーキングメモリに関係する評価項目、図形を組み立てるときに必要な視空間認知に関係する評価項目などが、誤書字の特徴と関係することを報告しました。このことは、言語性ワーキングメモリの弱さや視空間認知の弱さが、漢字の書き困難の背景にあることを示しています。

図25は、漢字の読み書き困難がある子どもが示した誤書字の例です。事例１では、漢字の部品の一部が書かれていますが、位置関係を間違えたり、読みに対応しない文字になっています。事例２は、「兄弟の弟」や「語る」という字について、同じ音を含む別の漢字を書いています。これを見ると読みの誤学習が書字にも表れていることがわかります。

事例１

（終）（頭）（次）（育）

事例２

（週）（兄弟の弟）（語る）（活）

図25　漢字読み書き困難の事例

図26は、漢字の書きのみに困難を示した子ども（事例３）が書いた文字です。この子は、言語性ワーキングメモリが強く、視空間認知は弱いという特徴がありました。間違えた漢字を見ると、読みに対応した漢字であることがわかります。しかし文字の細部を見ると、部品が１、２画多かったり、少なかったりしています。漢字を読むことができても、自分が書いた字が正しいのか間違えているのかを判断できていない可能性があります。

事例３

図26　漢字書きのみ困難の事例

図27は、ADHDで漢字の書き困難がある子どもの書字学習の経過です。指導を重ねることで、漢字の形は整ってきています。それでも枠の中に字を書くことがむずかしいことがわかります。漢字の書き困難の背景として、「枠の中に書く」という目標に合わせて、調整しながら書くことがむずかしい特性が伺えます。

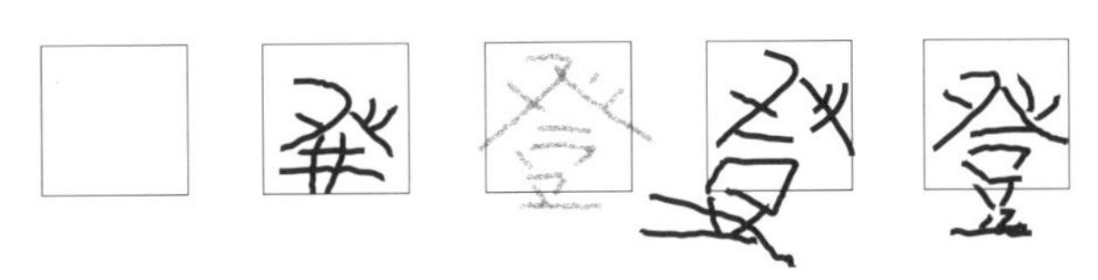

図27　ADHDで漢字書き困難がある事例の学習経過

言語性ワーキングメモリの弱さを補う方法として、子どもにとってわかりやすい言語的手がかりや視覚的情報を提供する方法があります。また視空間認知の弱さを補う方法として、言語的手がかりと共に、色情報を利用する方法があります。これらの方法は、書字の学習困難を軽減することがわかってきました。

23 漢字を書く力を評価する方法を教えてください。

漢字を書く力は、さまざまな書字の基礎スキルによって支えられています。「部首の形と名前を知っていること」などもその一つです。吉田ら（2020）は、これらのスキルが、漢字の読み書き困難がある人と、漢字の書きのみが困難な人とで、異なる傾向を示すことを報告しました。小学３年生から６年生について調べました。

表５は多画数漢字（約７画以上）の読み書き困難の結果です。表を見ると、ひらがな流暢読みテスト項目の下に、４～６年生と書いてあります。これは、４～６年生ではひらがな流暢読みのテストの成績が10パーセンタイル以下だと、漢字読み書き困難が発現する率が著しく高くなることを表しています。

これより、部品·部首のテスト、斜め線の把握テスト、形と位置の把握テストで10パーセンタイル以下の低成績だった場合には、漢字の書きのみ困難が発現する率が高くなることがわかります。

表５　漢字読み書き困難の発現に影響する基礎スキル　吉田ら（2020）に基づき作成

	ひらがな流暢読み（４文字判断）テスト	語いテスト・言語性ワーキングメモリテスト	部品テスト・部首テスト	斜め線の把握テスト	形と位置の把握テスト
漢字読み書き困難	４～６年生	３年生	４～５年生		
漢字書きのみ困難			５・６年生	３～５年生	６年生

図28・29は、部品テストと部首テストを示しています（吉田ら、2020）。

下の漢字を「３つ」に分ける
①葉 ＝（　　）＋（　　）＋（　　）
②軽 ＝（　　）＋（　　）＋（　　）
③庭 ＝（　　）＋（　　）＋（　　）
④歯 ＝（　　）＋（　　）＋（　　）

下の漢字を「４つ」に分ける
①落 ＝（　　）＋（　　）＋（　　）＋（　　）
②調 ＝（　　）＋（　　）＋（　　）＋（　　）
③遊 ＝（　　）＋（　　）＋（　　）＋（　　）
④深 ＝（　　）＋（　　）＋（　　）＋（　　）

図28　部品テスト（2年生）

漢字部首

●次の漢字の部首を、○でかこみましょう。
また、（　）の中に部首の名前を書きましょう。
分からない問題には、？を書きましょう。

(例) 頭（おおがい）

①校（　　）
②話（　　）
③葉（　　）
④安（　　）
⑤図（　　）
⑥開（　　）
⑦進（　　）

図29　部首テスト

24 漢字を書く力にはどんな特徴がありますか？

大関ら（2017）はCHAID分析を使って「漢字を書く力」の特徴を調べました。この方法は18でも使ったものです。この分析では、漢字単語を書く力に関係する読み書きスキルテスト（漢字読みテスト、特殊音節表記テスト、ひらがなの流暢な読みテスト、順唱、逆唱などの言語性ワーキングメモリテスト）を行って、漢字の書きテストの成績分布を分割していきます（図30）。

各学年で上下２つのヒストグラムを示しています。上のヒストグラムは、漢字書きテストの全体の成績分布です。漢字書きテストは、100点の子どもが少なく、80点が最も多い分布を示しました。この点で、漢字読みテストの分布とは違いが見られます。

自動的に分割した結果、３年生から６年生で、言語性ワーキングメモリテストの成績が10パーセンタイル＊（157ページ）以下を示した子どもの分布が、異なる分布として分割されました。その結果は、下のヒストグラムで示しました。この分布では、50点以下を示す子どもが多いことがわかります。

これより、漢字読みテストの低成績者（10パーセンタイル以下）の多くは、漢字書きテストの低成績を示すことがわかります。特に漢字書きテストの成績が50点以下の子どもが多いことから、通常学級のクラス全体のうち約10％の子どもは、前学年の漢字の読みと書きの低成績が著しいことがわかります。

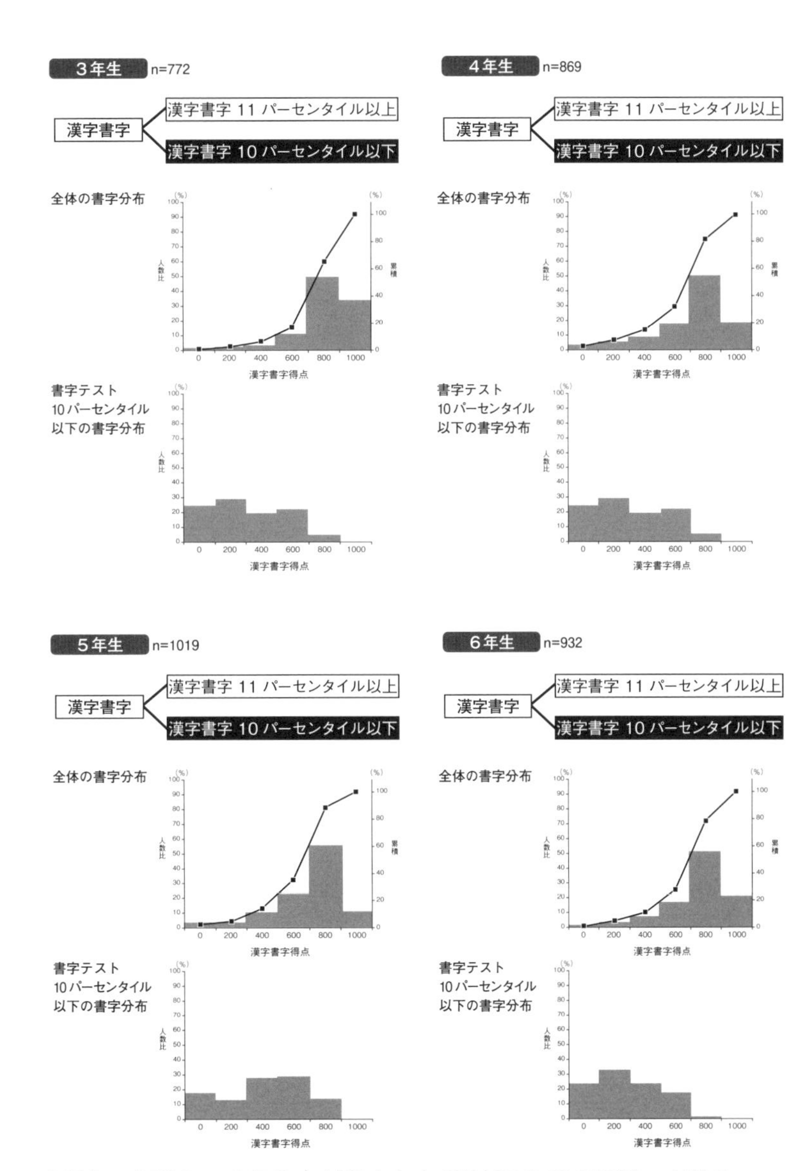

図30　小学３～６年生を対象としたCHAID分析の結果　大関ら（2017）に基づいて作成

25 漢字を書く力の支援効果はどのように現れますか？

漢字を書く力の支援効果について、４つの事例を挙げることができます。

①漢字の読みは良好で、書きのみに困難がある子どもです。小学４年生から支援を始めて、小学校を卒業した時に、総合的な学習の授業の中で作成した作品を見せてくれました。自分にとって効果があった学習方法をまとめています（図31）。漢字の１画１画に名前をつけて部品を覚え、さらに部品を表す言葉を記憶すると、漢字の書きが改善することがわかります。

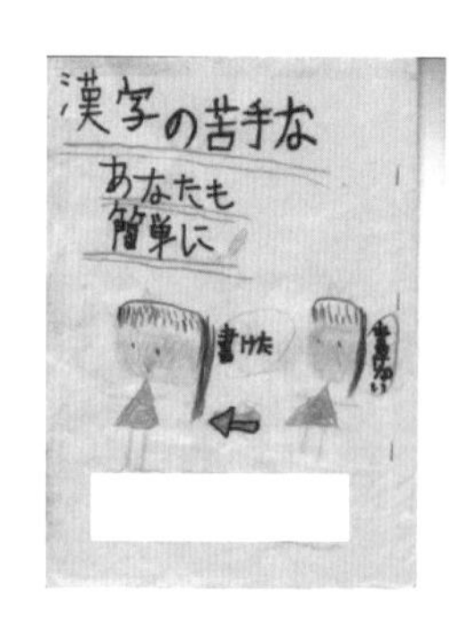

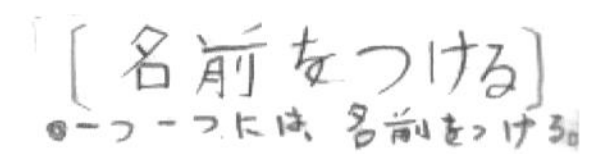

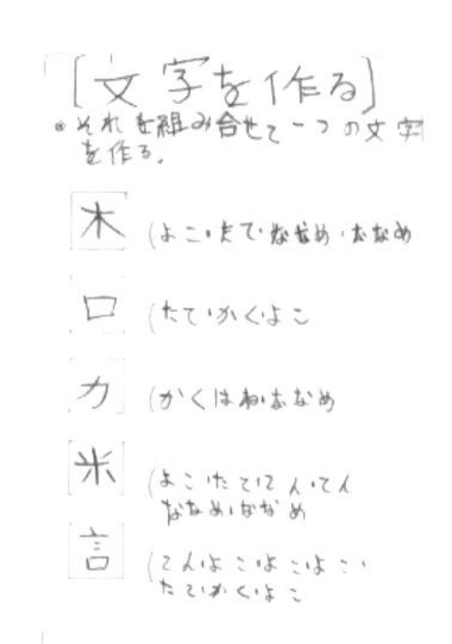

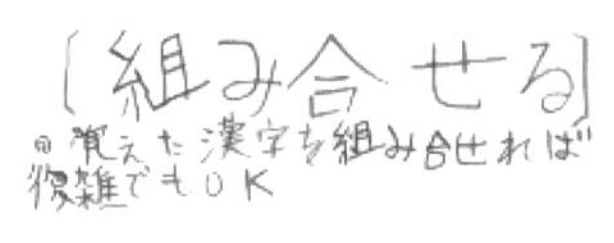

図31　漢字書字の工夫を記したノート

②言語性ワーキングメモリが弱く、漢字の読みが困難な子どもです。漢字の形について、支援者と話す中で、本人が考えた言葉の手がかりを示しています（図32）。「脈」という漢字の形から受けた視覚的な印象が表現されています。言語性ワーキングメモリの弱い事例でも、形の視覚的印象をうまく取り入れることで、言葉の手がかりを作ることができることがわかります。

図32　漢字読み書き困難の子どもが書いた言葉の手がかり

③漢字読み書き困難で、特に言語性ワーキングメモリが著しく弱かった子どもです。支援者との話し合い活動の中で、「これだったらわかりやすい」と本人が納得できる「漢字を表す絵」を作りました（図33）。漢字の意味に対応した絵をうまく配置してあります。

図33　漢字読み書き困難の子どもが利用した漢字を表す絵

④学習した後に、リマインド（想い出す手続き）を取り入れたときの効果が明瞭であった子どもです。西澤ら（2019）は、3種の条件について支援効果を調べました。①漢字を反復書字で学習する条件、②言葉の手がかりを用いて学習し、思い出す手続きを取らない条件、③言葉の手がかりを用いて学習し、思い出す手続きを取る条件です。①から③の条件で指導を行い、1か月後に書字が定着しているかを調べました（図34）。リマインドでは、1週間に2回、2週間にわたって言葉の手がかりについて、口頭で答えを求めました。間違ったら教えるようにしました。図35は、A、B、C条件における漢字書字の定着曲線を、代表例について示したものです。言葉の手がかりを使って学習し、リマインドをしたところ、LDの子ども13名中8名がよく覚えている結果となりました。その効果は、約1カ月間確認できました。

これらの例から、漢字の形の手がかりを子どもと話し合って決め、それを使って練習し、書くことができるようになっても、学習後2週間程度にわたって、言葉の手がかりを思い出して口頭で言うようにする支援はとても効果的であることがわかります。

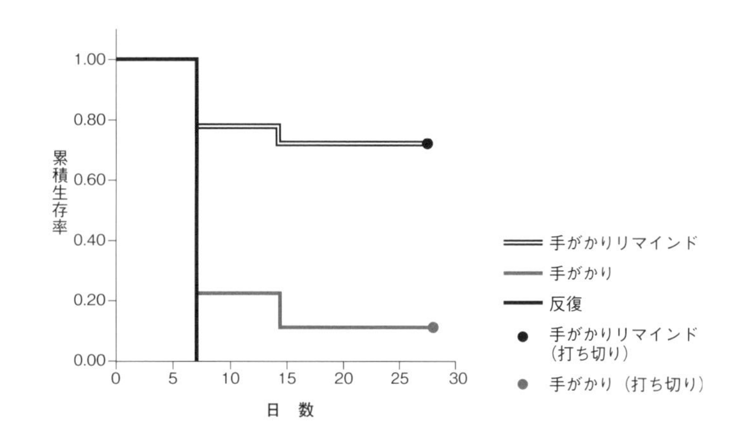

図35　A、B、C条件における漢字書字の定着曲線　西澤ら（2019）に基づき作成

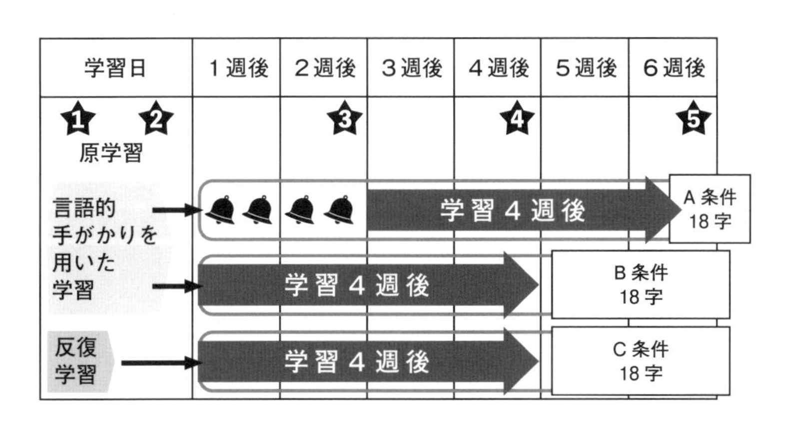

図34　漢字の書字指導で用いたAからCの3条件　西澤ら（2019）に基づき作成

26 漢字を書く力はどのように支援すればよいですか？

漢字を書く力を支援するときに、支援者の心に留めるとよいことが一つあります。多くの子どもは繰り返し書いて練習することに強い拒否感を持っており、「やれば漢字が書けるようになる」という前向きな気持ちを持っていないことです。

この点について興味深い実践例を紹介します。

子どもは書くことに対して拒否的でしたので、画要素を選ぶ課題を行いました。PCのモニター画面を見せながら、子どもに画要素を選んで、漢字「赤」を組み立てるように教示しました。

初めに、子どもと話し合い、「赤」は３つのブロックに分かれることを確認しました。次に、PC画面を押すことで画要素を選ぶ課題を行いました。子どもには、４回チャレンジしようということを話しました。画面を押した時間を記録し、押す操作の時間間隔の平均時間を計算して出しました。

１回目

“あか／「せきはん」のセキ”　“よこ・たて・よこ”“ななめ・たてはね”“ななめ・てん”

(1)～(7)は黒で表示

１回目の課題では、画要素を全部黒で呈示しました。子どもは、驚いていましたが、書く練習でなかったせいか、積極的に取り組んでくれました。それでも画要素を選ぶのに時間がかかり２回間違えました。押す操作の平均間隔は8.4秒でした。

２回目

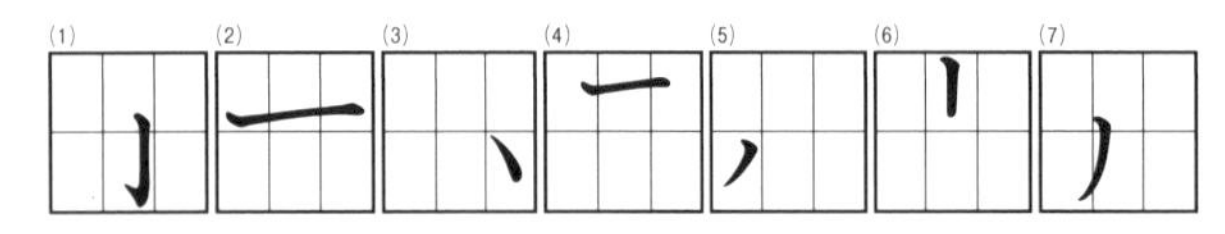

(4)(6)(2)は赤、(7)(1)は青、(5)(3)は黒で表示

２回目の課題では、ブロックごとに、赤、青、黒と色分けをしました。すぐに取り組み、最後のブロックで１回間違いました。押す操作の平均間隔は6.4秒でした。

３回目

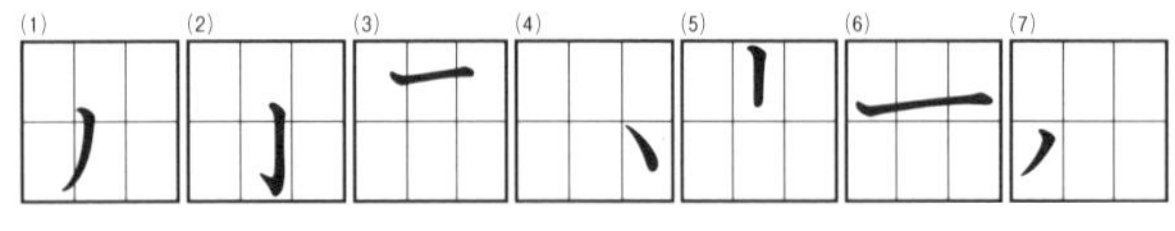

(3)(5)(6)は赤、(1)(2)はオレンジ色、(7)(4)は黒で表示

３回目の課題では、第１ブロックと第２ブロックの色を類似した色にしました。押す操作の平均間隔は5.3秒で間違いはありませんでした。

４回目

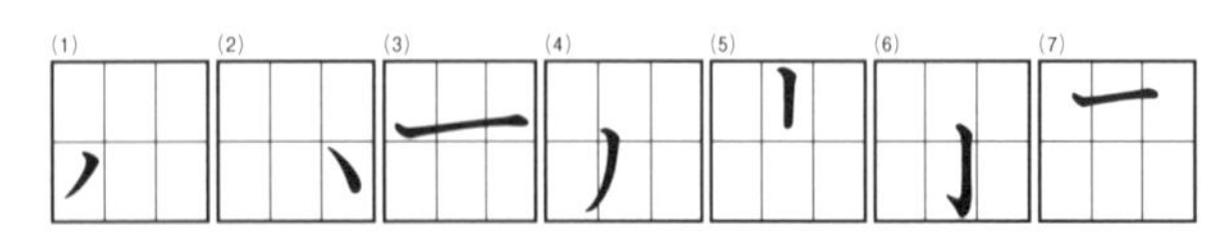

(1)～(7)は黒で表示

４回目の課題では、１回目の課題と同じように、画要素を全部黒で呈示しました。子どもは色が付いていなかったせいか、身構えて課題を始めました。間違えることはありませんでしたが、注意して選ぶようすが見られました。押す操作の平均間隔は4.2秒でした。子どもに時間を教えてあげたところ、満足したようすで喜んでいました。

その後、「選ぶだけでも漢字の書き順と形を覚えられるようになるんだよ」と説明し、４回目の画面を見ながら「赤」という漢字を書くことを教えました。子どもは画面を見ながら「赤」を書くことができました。そのあとで、画面を消して「赤」を書くことを教示しました。つまずくようすもなく、うまく書くことができました。

このことから、子どもは初め、「赤」という漢字をブロックに分けて考えていませんでしたが、ブロックを意識して探すようになったことで、時間が短くなったと推測できます。この経験で、書くことに対する抵抗感が減ったことがわかります。ブロックの組み立てを意識させる方法として、ブロックを反映した漢字の形絵カードや言語的手がかりカードを利用することができます。

82ページから86ページで漢字の書きの指導方法（支援１～８）を紹介しましたが、上のような漢字ブロックの意識のさせ方を考慮すると、子どもの書字の苦手に合わせた形で、指導方法を整理することができます。

子どもが書字に対して拒否的で、書字そのものが嫌いな場合には、言語性ワーキングメモリの弱さを持っている可能性を推測できます。①～⑧は支援１～８に対応します。①「漢字の形絵カード」や②「漢字の形絵カードをよく見よう」などで、ブロックに分けることで絵の中で教えることが効果的です。そのあとで、形絵カードを傍らに置きながら、④「ブロックを組み立てて漢字を作ろう」の課題に取り組みます。⑧「漢字の間違い探し」も取り組みやすい課題です。最後に、書くことが嫌でないか確認してから③「言語的手がかり書字ワークプリント」と「リマインド用書字プリント」に取り組むことが効果的です。その場合には、漢字の形絵をプリントに書いてあげます。少ない枚数でも⑥「ブロック積み上げプリント」に取り組みます。③のプリントを利用して、漢字の形について、リマインドをしていきます。⑤「漢字の絵カードと欠落漢字カード」はワーキングメモリの弱い子どもで、漢字単語の書字をリマインドするのに効果的です。

書字が少し嫌いな場合で、言語性ワーキングメモリの弱さがそれほどでない場合には、⑦「漢字の形を言葉で把握する課題」による指導から始めるとよいでしょう。ついで、④「ブロックを組み立てて漢字を作ろう」の課題に取り組みます。③「言語的手がかり書字ワークプリント」と「リマインド用書字プリント」に言葉の手がかりを書き込みます。⑥「ブロック積み上げプリント」に取り組みます。⑧「漢字の間違い探し」は、視空間認知の弱さを持つ子どもや、漢字の一部をよく間違える子どもに効果的です。

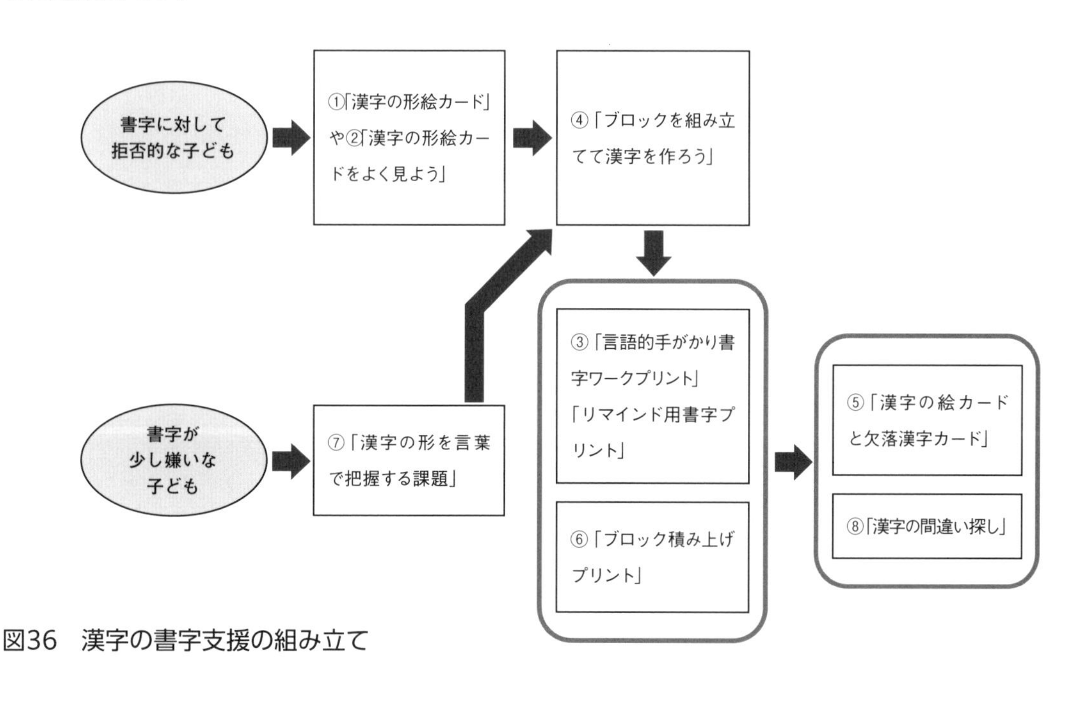

図36　漢字の書字支援の組み立て

27 読解ができるとは、どういうことですか？

読解とは文章から要点を把握することであると言われています。要点とは、作者が伝えたいことと言い換えることができます。

認知心理学では、読解で段階的な情報処理が行われていると考えられています（図37）。初めに1文ごとの理解が達成されます。これには語い力や文の統語理解が関係します。ついで文と文の関係の理解が達成され、段落の要点が把握されます。その後、③段落と段落の関係の理解が達成され、文章全体の要点が把握されます。②と③には、指示語、接続詞の理解と共に、要点の理解、因果関係の理解に基づく推論が関係します。

文章を読むときには、テーマを考えながら同時並行で進めていくので、言語性ワーキングメモリの働きが必要です。また、要点相互の関係を、２次元的な図式により理解することがあり、視空間認知の働きも必要です。このように、読解ができるということは、上に述べた情報処理が多層的に遂行されているということになります。

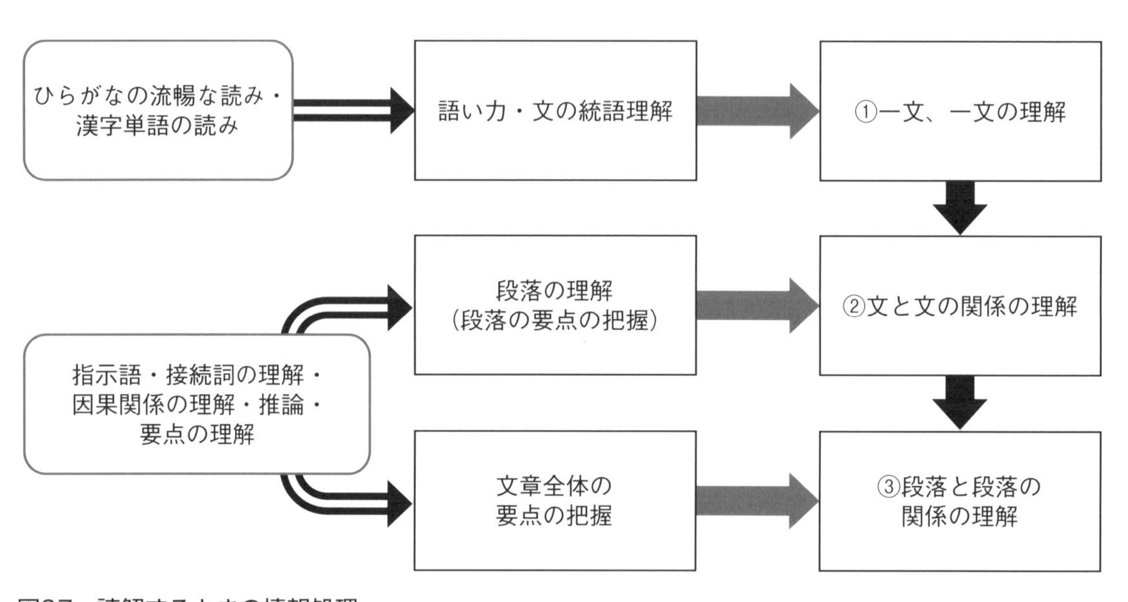

図37　読解するときの情報処理

 28 読解が困難なのはどのような理由があるのでしょうか？

「語い力」や「文の統語理解」は単語や文の理解ですので、読解の基礎となる力です。言語発達に遅れがあると、語い力の弱さにつながります。また、子どもが生活している言語環境も影響を与えます。

図38は読解を支えるスキルを示しています。「ひらがな単語の流暢な読み」「漢字単語の読み」「言語性ワーキングメモリ」「視空間認知」は、読み書きの基礎スキルです。

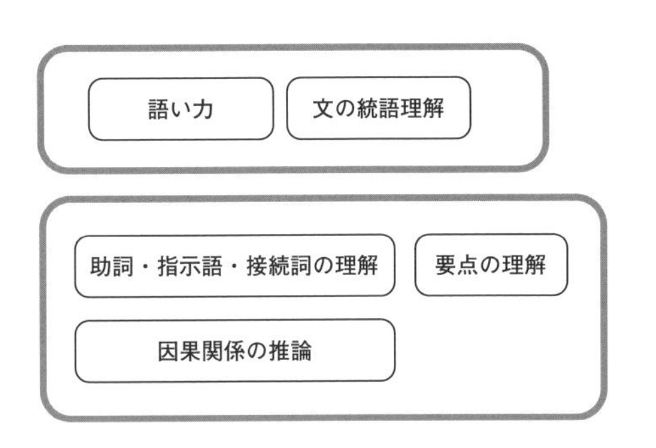

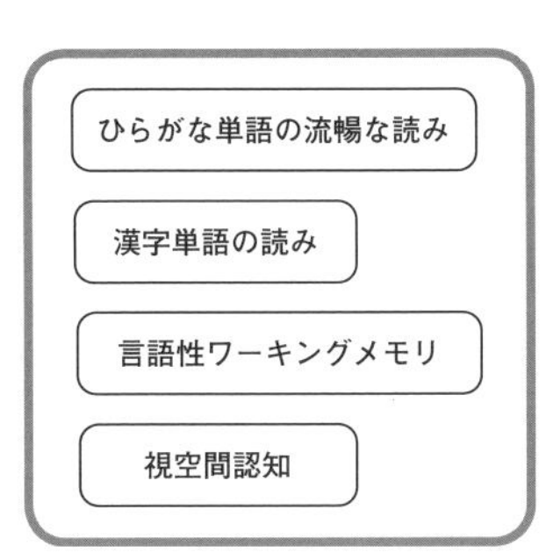

図38　読解力を支えるスキル

「助詞・指示語・接続詞の理解」「要点の理解」「因果関係の推論」は、段落の要点や段落相互の関係の理解に関係します。音読ができていても、これらのスキルが習得できていない場合は、読解がむずかしくなります。

要点の理解困難の背景の一つに、マクロルールの利用困難があると考えられています。

マクロルールとは心理言語学の用語で、情報の中から要約が把握されるプロセスを示したものです。

①ルールA…無関係な情報を外します。

②ルールB…カテゴリーの言葉で置き換えます。

③ルールC…いくつかの文を違う文で短く表現します。

このマクロルールを使うことで、要点を把握できると考えられています。

①5文程度の短い文章を紙で提示する。
②指導者が1回読む。
③要点（伝えたかったこと）と関係のない文をマークする。
④関係ないいくつかの表現を上位のカテゴリーに相当する言で書き換える。
⇒川や海の魚を見ました。
⑤いくつかの文を、違った文章で短く表現する。
⇒楽しい時間を過ごしました。
●書き換えた文を基にして要点を話す。
★要点とは、「大切なこと」や「伝えたいこと」。

お母さんへ
きのう、わたしは遠足で、水族館に行きました。
去年の遠足は、となり町の動物でした。
わたしは、川の水そうで、アユやサケが泳ぐのを見ました。また、大きな水そうて、アジやマグロを見ました。
あっという間に、帰りの時間になりました。

【問題】
「わたし」が伝えたかったことを要約しましょう。

【伝えたかったこと】
きのう、わたしは遠足で水族館に行き、川や海の魚を見て、楽しい時間を過ごしました。

図39　マクロルールを使って文章の要点を把握する

小池ら（2017）に基づきました。

29 読解を評価するには、どのような方法がありますか？

読解を評価するために、①教科書中の文章理解から、読解の程度を評価する方法と共に、②学力テストの結果を利用するという方法があります。他の方法として、基準値が明らかになっている文章を利用して、読解困難の程度を把握する方法があります。

図40は、読解の低成績を評価するために使われる長文の説明文です（Satoら、2017）。問一から問四は、指示語と接続詞に関する問題です。問五の⑴と⑵は、段落の要点を問う問題です。⑶は文章全体の要点を問う問題です。

要点把握問題（問五の⑴⑵⑶）の正答が３問中１問以下であった子どもの数を調べると、４年生では約20%でしたが、５年生と６年生では、それぞれ約10%でした。これより要点把握は、発達的変化を示すことがわかります。

[1] インタビューをするときにいちばん大切なことは何でしょうか。

[2] い前のわたしは、インタビューが苦手でした。[①]、じゅんびには人一倍時間をかけ、質問を十も二十も用意してインタビューにのぞみました。けれど、そうやって台本どおりに質問を投げかけていっても、今ひとつ話がもり上がらないのです。相手の表じょうを見ると、あきらかにたいくつそうです。さいまで本音を聞き出せないままインタビューを終えてしまうこともしばしばでした。そのことは、わたしの自信をなくしていきました。

[3] わたしがかわったきっかけは、ある人の「相手のことをもっと知りたい』という気持ちにならなくてはだめですよ。」という言葉でした。

[4] わたしは。それを聞いて、はっとしました。それまでのわたしは、「インタビューをしなければならない」という気持ちで話を聞いていたことに気づいたのです。

[5] それからは、わたしはインタビューをする相手について「知りたいと思う点」をさいてい3つは用意しておくことにしました。[④]、外の答えに対して「それはなぜですか」「そのときどんな気持ちでしたか。」などと、さらに聞きたいことが次々と頭にうかんでくるのです。

[6] 人から話を引き出すさい大のぶきは、相手へのきょうみであり、「もっと知りたい」という気持ちなのです。

問一 [①] に当てはまる言葉は何ですか。ア〜ウの中から一つ選び、○をつけましょう。
ア ですから　イ ところで　ウ それでは

問二 [④] に出てはまる言葉は何ですか。ア〜ウの中から一つ選び、○をつけましょう。
ア ですから　イ しかしながら　ウ そうすると

問三 そのこととは何ですか。アイウの中から一つ選び、○をつけましょう。
ア インタビューのじゅんびに時間がかかること。
イ 相手の本音を聞き出せないこと。
ウ 台本通りに質問をすること。

問四 それとは何ですか。ア〜ウの中から一つ選び、○をつけましょう。
ア 相手の本音。　イ ある人の言葉。
ウ 知りたいと思う点。

問五 （1）インタビューが苦手だったころの経験を書いてあるだん落は何だん落ですか。ア〜ウの中から一つ選び、○をつけましょう。
ア [2]だん落　イ [3]だん落　ウ [4]だん落
（2）「自分がどうかわったのか」を思いてあるだんは何だんですか。アイウの中から一つ選び、○をつけましょう。
ア [3]だん落　イ [4]だん落　ウ [5]だん落

問六 筆者は、インタビューをするうえで何が大切だとのべていますか。ア〜ウの中から一つ選び、○をつけましょう。
ア 相手の表じょうを見ること。
イ 相手にきょうみをもつこと。
ウ 相手の本音を引き出すこと。

図40　読解テスト
Satoら（2017）に基づいて作成しました。

30 英単語を書くことができるということは、どういうことですか？

英単語を書くためには、５つのスキルが必要です。

１）アルファベットの形と音を覚えていること

２）アルファベットの文字ごとの音を合成できること

３）英単語の発音を覚えること

４）英単語の形態を覚えていること

５）英語独自のつづりの規則を理解していること

●アルファベットに関するスキル

１）のうち、「形を覚えていること」とは、ＡからＺまでのアルファベット（大文字·小文字）を自力で書ける力です。アルファベットの「音を覚えていること」とは、ABCソングで歌われている文字の名前ではなく、それぞれの文字がどのような音（子音・母音）に対応しているかを理解していることです。

アルファベットはひらがなやカタカナとは異なり、名前（例：Ａ≒エー、Ｂ≒ビー）と音（例：Ａ≒ア、Ｂ≒ブ）を持ちます。単語をつづる際には、主に音が使われますが、母音に関しては名前が使われることもあります（例：make, five）。子音については、単語の発音に名前が使われることはなく、単語を綴るためには音を覚える必要があります。しかし、音を覚えただけでは不十分です。

単語を綴ったり、発音したりするためには、文字の音同士を混成（合成）し、単語としての発音を特定する２）の力が必要です（例：/b/＋/a/＋/g/＝bag)。このため、１）と２）のスキルが備わって初めて、単語を綴ることができるようになります。

３）に関しては、英語の文章の音読や、書こうとする英単語に必要な文字を推測するために必要となるスキルです。しかし、すべての英単語が発音からつづりを特定できるわけではありません。英単語には不規則・複雑なつづりを持つものも多いため、単語を視覚的に記憶したり、英語独自のつづりのルールを理解したりする必要もあります。

例えばbeautifulのような単語を正確に書くには、文字の並びを記憶する必要が生じるため４）のスキルが必要です。また、”-tion”のような、よく使われるつづりのパターンに気づくと、単語のつづりを効率的に覚えることができます。これが５）のスキルです。４)、５）のスキルは初めから備わっているわけではありません。

文字と音の関係に基づき、単語を学習する中で、目に触れる機会を増やすことで、次第に英単語の形に見慣れてきます。このことによって４）のスキルが養われていきます。そして、共通するつづりのパターンに気づけるようになると、５）のスキルが形成されてくると考えられます。このように、英単語のつづりを支える力には習得の段階があり、学習を繰り返す中で徐々に高度なスキルが身に付き効率的な学習方略をとることができるようになっていきます。裏を返せば、初期に必要なスキルに弱さがある場合、より高度なスキルは習得がむずかしくなり、英単語のつづり習得も困難になります。

31 英単語を書くことが困難であるという背景について説明してください。

181ページの1）～5）のスキル習得には、言語性ワーキングメモリ（WM)、視覚認知、音韻意識の弱さが関連すると考えられます。

まず、言語性ワーキングメモリに弱さがある場合、1）のうちアルファベットの音を覚えることや3）英単語の発音を覚えることが困難になります。その結果、発音とつづりの関係が規則的で覚えやすい単語（pen, tomatoなど）の単語の習得も困難になります。

次に視覚認知に弱さがある場合、1）のうちアルファベットの形を覚えることと4）英単語の形態を覚えることが困難になります。アルファベットには、b,d,p,qのように反転すると同じ形になる文字がありますので、単に形を覚えればよいというわけではなく、左右や上下といった方向の認識も必要です。

発音とつづりの対応が不規則・複雑な単語（例：beautiful, February）や、発音しない文字が含まれている単語（例：night, Wednesday）については、文字の組み合わせを視覚的に覚える必要があります。視覚認知に弱さがある場合、あらゆる単語をローマ字のように書いてしまったり、発音から浮かばない文字が抜けたり、似た単語を混同したりするような困難さが生じます。また、英単語の見た目を覚えることが困難であるため、英単語によく使われているつづりのパターンに気づくことも難しく、結果的に5）の英語独自のつづりの規則についても身につきにくくなります。

最後に、音韻意識の弱さは2）アルファベットの文字ごとの音を合成できること、5）の英語独自のつづりの規則の理解に影響します。音韻意識の弱さは、日本語の読み書き困難の要因でもありますが、英語の読み書きに習熟するためには鋭敏な音韻意識が必要になるため、日本語の音韻操作には困難がなくとも、英語の音韻操作ではつまずく可能性があります。

日本語では、ひらがな一文字分に相当するモーラという単位で音を操作します。モーラは子音と母音が組み合わさっている音で、日本語を話す人にとっては、モーラよりも細かい子音・母音という単位の音を操作するイメージが持ちにくいのです。また、5）の英語独自のつづりの規則を理解するためには、ある文字列に相当する音韻を単語全体の発音から特定する必要がありますが、この操作にも音韻意識が必要になります。

このように、英単語の学習にはさまざまなスキルが関わるため、そのスキル習得に必要な情報認知に弱さを抱えている場合、英単語の学習方略を身につけることがむずかしくなります。弱さを抱えているスキルによって表れる困難さは異なるため、困難さの背景に応じた支援が必要です。

32 英単語を書く力を評価する方法には、どのようなものがありますか？

30で挙げた2）～5）を評価するために、ローマ字、言語性ワーキングメモリ、英単語の流暢な視覚的認知、正書法知識の評価を行う方法があります（銘苅ら、2015）（図41）。

2）アルファベットの文字ごとの音を混成できること

ローマ字の評価を行います。非単語をローマ字で書くテストで、書いたことのない単語であっても、音素を自在に合成して書くことのできるスキルを評価します。

3）英単語の発音を覚えること

言語性ワーキングメモリの評価として、数唱（順唱・逆唱または昇順）を行います。口頭で提示された数列を記憶し、そのまま再生できる力（短期記憶）、記憶した数字の順序を入れ替える操作ができる力（WM）を評価します。

4）英単語の形態を覚えていること

英語視覚性語いテストをします。文字幅が等間隔で印字された単語の列について、1分間でできるだけ多く単語の境界を区切る課題です。短時間で単語の形態を素早く認識する力を評価します。

5）英語独自のつづりの規則を理解していること

正書法テストを行います。同じ文字を含む3つの単語の中から、共通する文字の発音が異なる単語を1つ選択するテストです。つづりによって文字の音が変化することを理解しているかどうかを評価します。これらの評価によって、つまずきの背景を把握し、背景に応じた支援方法を選択することが重要です。

(1)

以下のひらがなをローマ字になおして、
（　）の中に書き入れましょう。

例　わみで	（　wamide　）
① ざいな	（　　）
② のがり	（　　）
③ しゅたむ	（　　）
④ めおっけ	（　　）
⑤ るんき	（　　）
⑥ うこぶ	（　　）
⑦ とぜひ	（　　）
⑧ すひゃて	（　　）
⑨ みつれく	（　　）
⑩ よまん	（　　）

(2)

（　）の中の3つの単語から、下線部の発音がちがうものを1つえらび、○をつけましょう。問題は（1）～（30）まであります。

(例)　(cat / apple / cake)
(1)　(five / big / nice)
(2)　(name / take / bath)
(3)　(run / picture / fun)
(4)　(book / know / look)
(5)　(meet / bed / ten)
(6)　(and / cat / read)
(7)　(dog / hot / food)
(8)　(get / eight / guitar)
(9)　(bird / winter / third)
(10)　(she / English / school)

(3)

b e d / c a t / r o o m
p a r k c a p b o y
t e a l o v e b a g
m o o n b a g c a r
c a t p a r k t e a

図41　ローマ字テスト(1)、正書法テスト(2)、英語視覚性語いテスト(3)　銘苅ら（2015）に基づき作成

33 通常学級の子ども達に見られる英単語を書く力の特徴は、どのようなものですか？

表６は中学１～３年生の英単語つづりテストの解答種別を、正答率の区分ごとに整理したものです。表内のパーセンテージは、全解答における各解答種別の割合を示します。各学年400~500名を調査したところ、英単語つづりテスト成績が下位10%の生徒は、特に深刻な低成績であると考えられる特徴です。これらの生徒は英単語つづりテストにおける無回答が多く、すべての基礎スキルテスト成績が他の成績区分の生徒よりも有意に低い結果でした。

学年によっても大きく背景要因が異なります（図42）。英語の読み書き学習が本格的に始まったばかりの１年生の段階では、英単語の流暢な視覚的認知や正書法の知識は身についていません。このため、小学校で学んだローマ字の知識を活用して英単語を学習しようとする傾向が強く、ローマ字の成績が大きく影響します。１年生時点では英単語つづりテストの成績が良好な生徒も、英単語の流暢な視覚的認知や正書法知識のテストではそれほど成績は良好ではありません。

しかし、英語の学習を積み重ね、英単語を目にする機会や知っている英単語が増えるにつれて、英単語の視覚的イメージが形成され、正書法知識が身についていきます。このことに伴い、視覚的イメージや正書法知識を英単語の学習に活用できるようになっていくため、これらのスキルの影響が強まり、

表６　英語つづりテストにおける誤反応の構成に関する残差分析の結果　銘苅ら（2015）に基づき作成

	1年生									
	0～10%		11～20%		21～30%		31～40%		41～50%	
正答	8.7%	▽	35.0%	▽	50.0%		60.0%	▲	70.0%	▲
１文字誤答	6.1%	▽	16.8%	▲	16.5%		11.5%		12.6%	
２文字誤答	12.2%		20.9%	▲	14.7%		15.5%		7.4%	▽
無回答	73.0%	▲	27.3%		18.8%	▽	13.0%	▽	10.0%	▽
	2年生									
	0～10%		11～20%		21～30%		31～40%		41～50%	
正答	18.6%	▽	40.0%		50.0%		60.0%	▲	70.0%	▲
１文字誤答	12.3%		20.0%		24.1%	▲	12.9%		12.1%	
２文字誤答	20.3%	▲	19.2%		11.8%		12.4%		8.9%	▽
無回答	48.9%	▲	20.8%		14.1%	▽	14.7%	▽	8.9%	▽
	3年生									
	0～10%		11～20%		21～30%		31～40%		41～50%	
正答	4.5%	▽	26.7%	▽	40.0%		50.0%	▲	60.0%	▲
１文字誤答	7.2%	▽	13.0%		19.2%		18.6%	▲	15.5%	
２文字誤答	20.7%		20.0%		23.3%		13.6%	▽	15.0%	
無回答	67.6%	▲	40.4%	▲	17.5%	▽	17.7%	▽	9.5%	▽

期待度数より優位に低い：▽
期待度数より優位に高い：▲
（　）内は区分ごとの回答の個数を示す.

ローマ字の影響は弱まっていきます。

このように、英単語の学習が積み重なることにより学習方略として活用できるスキルが身につき、次第に英単語を効率的に学習できるようになります。裏を返せば、英語学習の初期に活用される学習方略となるローマ字（音素の合成）ができていない場合、その後のスキルも身につきづらくなります。実際、ローマ字の成績が低い場合、他のスキルも低成績である生徒が多く、複数のスキルの重複した低成績は英単語つづりテストも低成績になるリスクを高めます。

例えば、2年生でローマ字テストのみが低成績である場合の英単語つづり困難になるリスクは13.7倍であるのに対し、ローマ字テストと英単語の流暢な視覚的認知の評価の低成績が重複した場合、リスクは173.3倍に跳ね上がります。

これらのスキルは、通常学級に在籍する多くの生徒は自然と身につけることができますが、一部の生徒にとっては自力での習得は困難です。英単語つづり習得の困難を軽減するためには、弱さを抱えているスキルを明らかにし、そのスキルを身につける支援を行う必要があります。

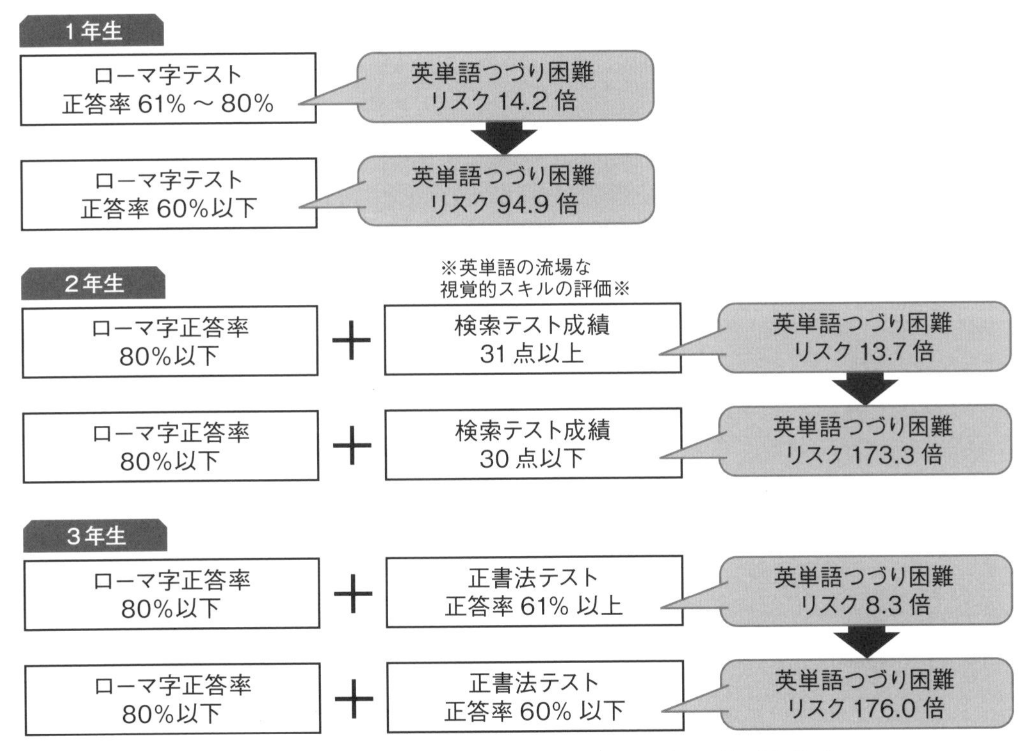

図42　英単語つづり困難の重複リスク要因　銘苅ら（2016）に基づき作成

34 英単語を書く力を支援することで、どのように改善しますか？

支援するときには、英単語のつづりを覚えさせるのではなく、英単語のつづりを学習するための方略となるスキルを身につけることが重要です。スキルを身につけることで、新しい単語に出合ったときにも自力で学習できるようになるためです。まずはアルファベットの音とその合成スキルを身につけ、その後正書法の知識など複雑な単語を書くスキルの習得へとステップアップしましょう。

中学生を対象に、英単語の正書法知識に基づいて英単語をつづる指導を実施したところ、学習直後は覚えているものの、時間がたつと忘れてしまう生徒が複数いました。これらの生徒の英単語を書く力を評価したところ、ローマ字成績が低いことが明らかになりました。このことからもわかるように、英単語のつづりを支える学習方略は一定の順序を経て習得され、初期に習得されるスキルが不全である場合、その後習得されるスキルが身についていないことがわかります。習得する順序が重要なのです。

また、言語性ワーキングメモリに弱さがある一部の生徒については、英語独自の音声を記憶したり、それらを操作したりすることが困難です。この場合は、ローマ字を活用し、まずは日本語の音声を通じてアルファベットを操作することや子音・母音の音の仕組みについて理解を深めることが効果的です。

アルファベットの音を指導し、それらを混成して単語を綴る指導を実施しても、なかなか単語のつづりが身につかない生徒がいました。この生徒は、まずローマ字プリントで学習してから英単語を指導したところ、学習がスムーズに進むようになり、長期的な定着も改善しました。

しかし、ローマ字の活用については、英語独自の音声理解を妨げ、カタカナ発音やローマ字的なつづりの誤りにつながるという指摘もあります。ローマ字を単純に教えてしまうと、誤解や混乱につながる可能性があるという点に留意する必要があります。現在ローマ字は小学３年生の国語の時間に指導され、GIGAスクール構想に伴ってICT機器や情報教育が広く普及しました。タイピングを通じてローマ字にふれる機会も増えています。小学生の段階から、ローマ字はアルファベットを使って日本語の音声を表記する方法であり英語ではないこと、あくまでつづりを覚える方略としてのみ使用することを強調して指導することが重要です。

スキルを身につけた生徒は「自分で英単語を覚えることができる」という自信がついてきます。この自信は学習に向かう意欲となり、最終的には学習態度や出席状況の改善にもつながりました。中学生の場合、学習場面における失敗体験を長年にわたり積み重ねてしまうと、学習そのものに対する抵抗感や諦めが強くなっている可能性が高くなることが容易に想像できます。

「自分はやってもダメだ」という思いを強めると、反抗的あるいは無気力な態度や、不登校や問題行動につながっているケースも多く見られます。行動面の課題が目立ち、心理的なアプローチが必要だと思われがちですが、学習に関する問題が根本的な原因となっている可能性もあります。学習の問題が背景にないかを把握し、実態に応じて支援することが重要です。

第3部

読み書き困難のアセスメント

子ども達の読み書き困難を支援する上で、アセスメントは
大切な役割を果たします。
9種類のアセスメントを使って、基礎スキルの達成状況を把握します。
基礎スキルの達成状況を知ることによって、
強いスキルと弱いスキルを知ることができます。
このことは支援の組み立てを考えるときに役立つ情報となります。

1　アセスメントの対象と項目

表１は、この本で事例と支援を紹介している「ひらがな・漢字読み書き」のアセスメント項目です。漢字単語の読み書きのアセスメントは、在籍学年の１年前の学年の学習漢字について評価するため、２～６年生が対象です。

表２は中学生に使える英単語のアセスメントです。

表１　本書の小学生アセスメント項目と評価学年

学年	語い テスト	音韻意識 テスト	特殊音節 テスト	言語性 ワーキング メモリ	視空間 認知 テスト	ひらがなの 流暢読み テスト	漢字単語の 読み書き テスト	読解 テスト
1年生	○	○	○	○	○	○		
2年生	○	○	○	○	○	○	○	
3年生	○	○	○	○	○	○	○	
4年生	○			○	○	○	○	○
5年生	○			○	○	○	○	○
6年生	○			○	○	○	○	○

表２　本書の中学生アセスメント項目と評価学年

学年	英単語つづりテスト
中学１年生	○
中学２年生	○
中学３年生	○

表３は、各アセスメントのテストで算出される得点項目を表しています。（　）内は満点のときの得点です。

表３　各アセスメント項目のテストにおける得点内容

語い	音韻意識	特殊音節	言語性ワーキングメモリ	視空間認知	ひらがなの流暢読み	漢字単語の読み書き
語い得点（21）	音韻分解得点（6）	特殊音節総合点（12）	順唱得点（6）	実斜線得点（24）	2文字単語正答得点（30）	漢字単語読み得点（20）
	音韻抽出得点（6）	促音得点（3）	昇順得点（6）	実垂直線得点（24）	4文字単語正答得点（30）	漢字単語書き得点（20）
		撥音得点（3）		形と位置得点（24）		
		拗音得点（3）				
		拗長音得点（3）				

読解	英単語つづり
接続詞得点（2）	ローマ字書き得点（10）
指示語得点（2）	英単語つづり得点（10）
要点把握得点（3）	英語視覚性語い得点（64）
	英語正書法知識得点（30）

本書では、読み書きアセスメントの評価報告書、読解アセスメントの評価報告書、英語アセスメントの評価報告書の3種を利用できるようにしました（198ページ）。

2　9種類のアセスメント内容と配慮事項

1 語いテスト

語い力は、小学1年生から6年生を対象とした語いテストで評価します。テスト問題と基準得点は、Ozekiら（2018）に基づいて作成しました。

学校生活の中で出てくる漢字単語の意味を表している絵を探して番号で答える課題です。

漢字にはふりがながついています。小学1年生から6年生の学年ごとに課題が用意されています。

この語いテストは、学校生活場面を中心とした語いを評価するものです。必要に応じて、他の語い評価テストと併用します。

2 音韻意識テスト

音韻意識に関しては、小学1年生から3年生を対象に、音韻抽出テストと音韻分解テストを行います。テスト問題と基準得点は、彌永ら（2017）に基づいて作成しました。

① 音韻分解テスト

絵が表す言葉の音を数えて、●の数と合っている選択肢を選ぶ課題です。絵は、1さつまいも、2すいか、3おにぎり、4ゆきだるま、5ねくたい、6うさぎを表しています。

指導者が絵の名前を言ってから、子どもに、音の数に合う項目に○をつけさせてください。

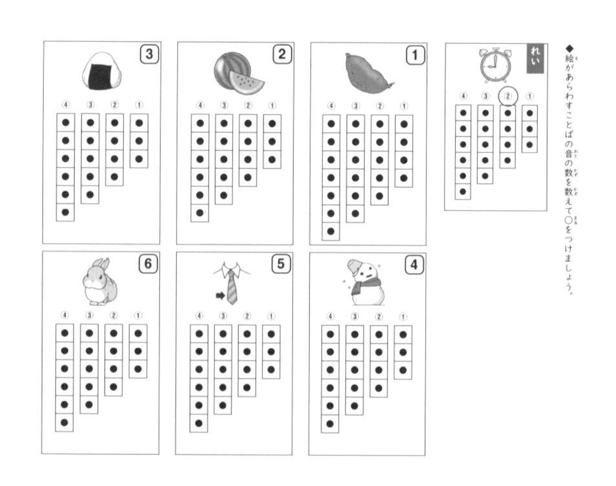

② 音韻抽出テスト

指導者が言った単語の名前の中にある一つの音の場所を探して、正しい場所に○をつける課題です。

例は、「さくらの『く』」です。

練習では、「とけいの『と』」、1は「たからばこの『た』」、2は「ぬいぐるみの『ぬ』」、3は「しまうまの『ま』」、4は「ぴあのの『の』」、5ば「たこやきの『き』」、6は「ちからもちの『ら』」について答えを求めます。

指示理解がむずかしい子どもがいるので、ていねいに例や練習問題を使って説明します。ていねいな説明の後にうまく答えられない場合には、得点を0とします。

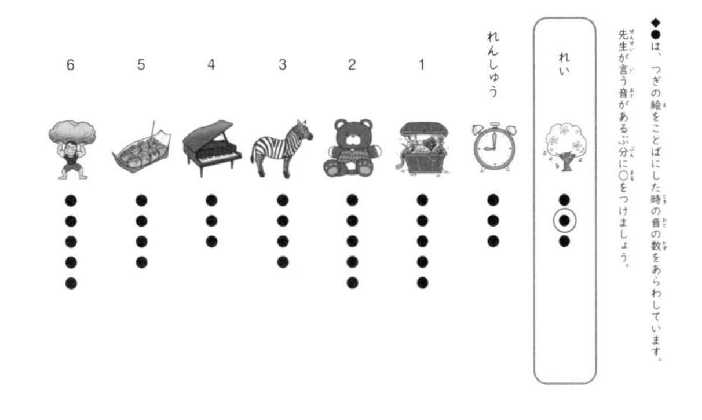

3 特殊音節表記テスト

促音、撥音、拗音、拗長音の単語判断課題で読みが達成できるかを評価します。採点するときに、各表記の正答得点を算出します。併せて合計正答数を特殊音節表記の総合得点とします。

絵が表す単語について、正しい表記を選ぶ課題です。正しい番号に○をつけるように指示します。

3択問題で計12問です。4種類の特殊音節表記について、各3問あります。

テスト問題と基準得点は、彌永ら（2017）に基づいて作成しました。

4 言語性ワーキングメモリテスト

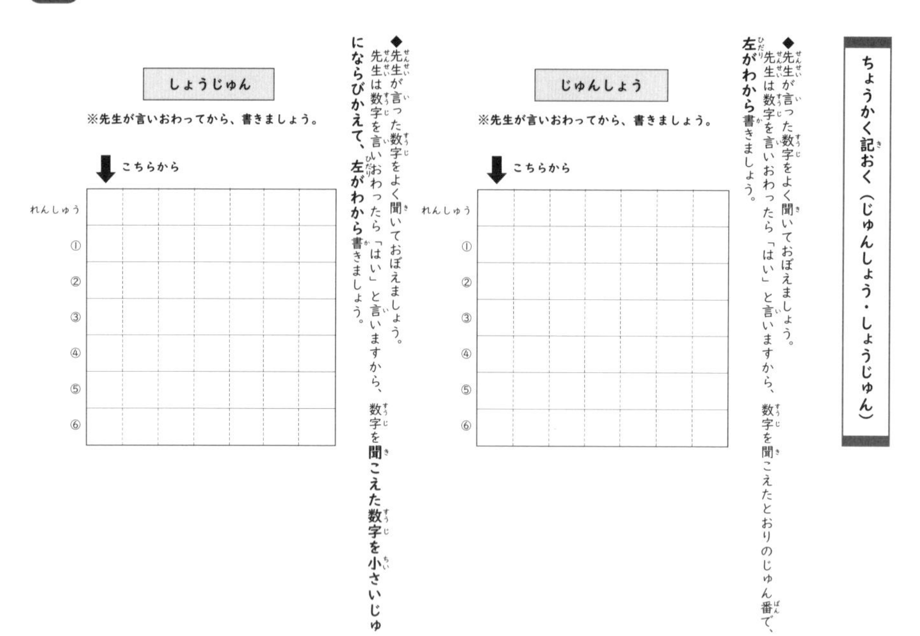
ちょうかく記おく（じゅんしょう・しょうじゅん）

◆先生が言った数字をよく聞いておぼえましょう。
先生は数字を言いおわったら「はい」と言いますから、数字を聞こえたとおりのじゅん番で、**左がわから**書きましょう。

じゅんしょう

※先生が言いおわってから、書きましょう。

こちらから

れんしゅう
①
②
③
④
⑤
⑥

◆先生が言った数字をよく聞いておぼえましょう。
先生は数字を言いおわったら「はい」と言いますから、数字を**聞こえた数字を小さいじゅんにならびかえて、左がわから**書きましょう。

しょうじゅん

※先生が言いおわってから、書きましょう。

こちらから

れんしゅう
①
②
③
④
⑤
⑥

このテストは、順唱と昇順の２種類の回答方法で行います。

順唱テストは、「数字が聞こえたとおりの順番で、左がわから数字を書きましょう」と伝えます。昇順テストは「聞こえた数字を小さい順にならび換えて、左がわから数字を書きましょう」と教えます。

数は、１秒に１回の速度で読み上げます。

順唱テストは、４桁、５桁、６桁の数列をそれぞれ２問ずつ提示します。

昇順テストは、３桁、４桁、５桁の数列をそれぞれ２問ずつ、提示します。

この２つのテストを行うことによって言語性ワーキングメモリの働きを確認します。順唱→昇順の順番で行います。

5 視空間認知テスト

視空間認知テストは、実斜線テスト（左）、実垂直線テスト（中）、形と位置テスト（右）の3種類から構成されます。左端の見本図形とおなじ図形を、右側の選択肢から選ぶ課題です。制限時間は各テスト30秒間です。テスト問題と基準得点は、吉田ら（2020）を参考にしました。

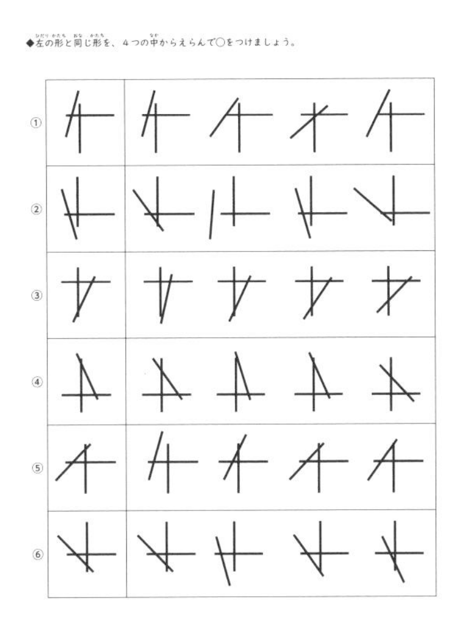

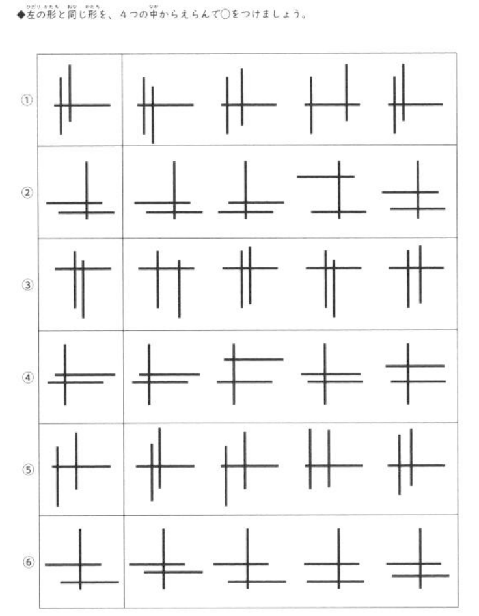

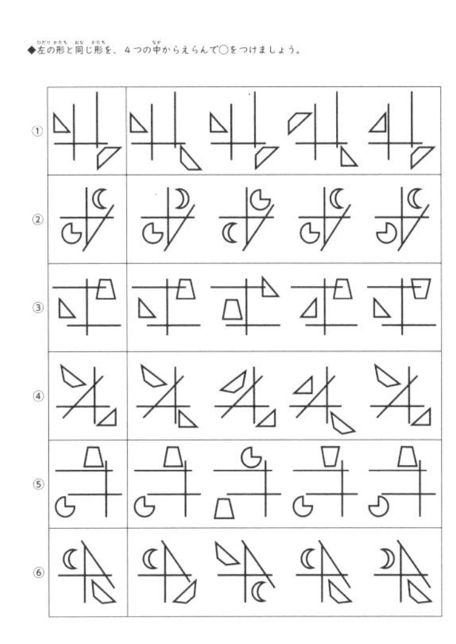

6 ひらがなの流暢な読みテスト

２文字単語と４文字単語について、３つの選択肢から正しい単語を選ぶ課題です。テスト問題と基準得点は、増田ら（2018）に基づいて作成しました。

右は２文字単語テストの表紙です。課題内容を理解できるように、表紙を使ってテストの内容を説明し、練習します。

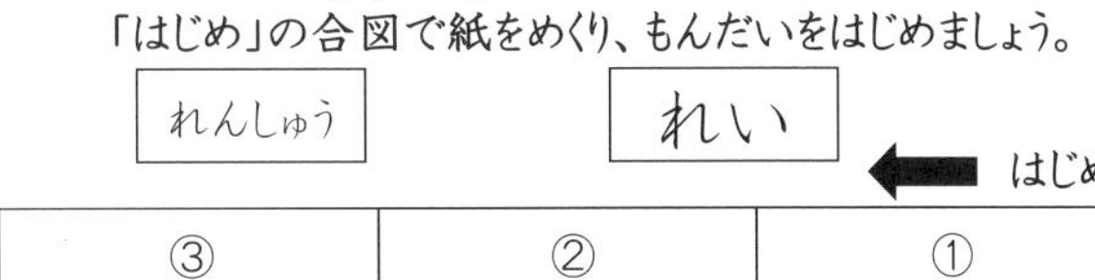

制限時間は30秒間であることを教えます。先生の「はじめ」の合図で、子どもはページをめくり、回答します。30秒たったところで「終わり」と合図します。

低学年の子どもでは、ページをめくるのに時間がかかる子どもがいます。練習で書いているようすを見て、動作がとてもぎこちない場合には、回答のページにした状態で、「はじめ」の合図を出してあげてください。

← はじめ

⑥	⑤	④	③	②	①
はな はあ へな	かぬ かに かの	いこ いか にか	かと かき かけ	ぬこ ねこ ねか	なす ねす なそ
⑫	⑪	⑩	⑨	⑧	⑦
せむ せみ せも	たと たこ こた	のひ のり なり	くつ くけ ぬつ	しう こお しお	うぬ うみ うも
⑱	⑰	⑯	⑮	⑭	⑬
わぬ わに わい	とら らと とか	かを かわ たわ	はて はと とは	くむ くも けも	しい いさ いし
㉔	㉓	㉒	㉑	⑳	⑲
もら もり りも	さる せる さろ	けい いこ いけ	うき うし つし	しは はそ はし	そら そわ らそ

4文字単語テストの内容です。

4文字単語テストについても、表紙にある例を使ってテストの内容を説明し、練習を行います。間違えた場合には、消しゴムを使わないように言います。右から左に回答するように伝えます。

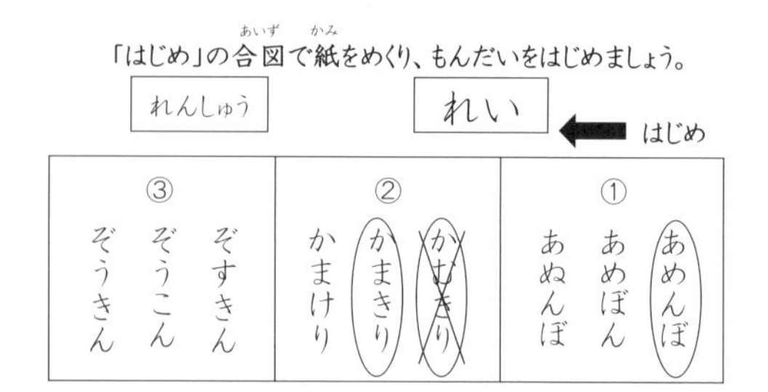

← はじめ

⑥	⑤	④	③	②	①
かまぼこ かむぼこ かめばこ	えいぴつ えんぴつ えんぽつ	ひめわり ひまをり ひまわり	にんぎん にんじん にわじん	たんぱぽ たぬぽぽ たんぽぽ	たみねぎ たまねぎ たまぬぎ
⑫	⑪	⑩	⑨	⑧	⑦
にわより にはとり にわとり	はんかち はぬかち はんたち	ねくかい ねくたい ねすたい	あたがお あさざお あさがお	しいたけ しいかけ しひたけ	やきりも やしいも やきいも
⑱	⑰	⑯	⑮	⑭	⑬
そるばん そろばん そろはん	なはとび なわこび なわとび	どんぐり どんごり どむぐり	くつひた くゆした くつした	たひよう たいよう たいやう	だいこん だいとん だきこん

7 漢字単語の読みテストと書きテスト

子どもの学年と同じテストを行います。漢字の内容は、在籍学年より１学年前の学習漢字になっています。テスト問題と基準得点は、Ondaら（2015）に基づいて作成しました。

テストを始める前に制限時間は５分であることを伝えます。書くことに時間がかかる場合には、子どもが十分時間をとれるように配慮してください。

三年生　漢字たん語の読み

● 漢字の読みかたを書きましょう。

①大会（　　）
②前後（　　）
③曜日（　　）
④毎日（　　）
⑤日記（　　）
⑥野原（　　）
⑦半分（　　）
⑧自分（　　）
⑨午後（　　）
⑩親友（　　）
⑪花火（　　）
⑫兄弟（　　）
⑬空気（　　）
⑭人間（　　）
⑮足首（　　）
⑯算数（　　）
⑰茶色（　　）
⑱名前（　　）
⑲黄色（　　）
⑳小鳥（　　）

三年生　漢字たん語の書き

● ――のことばを漢字で書きましょう。

①くうちゅうにうく
②てんすうがたかい
③すいぶんをとる
④ろくじにおきる
⑤しょうがつをすごす
⑥けいさんをする
⑦かいしゃにいく
⑧ほんきで走る
⑨てんさいになりたい
⑩かがくてき
⑪てがみをかく
⑫おんがくをきく
⑬ふうせんであそぶ
⑭くくをおぼえる
⑮ゆうひをみる
⑯ちずをみる
⑰すきなばんぐみ
⑱こうえんであそぶ
⑲げんきなこえ
⑳めだまやき

8 読解テスト

読解テストは、長文の読解問題です。接続詞に関する問題2問、指示語に関する問題2問、要点把握に関する問題3問から構成しました。テスト問題と基準得点は、Satoら（2017）に基づき作成しました。

1 インタビューをするときにいちばん大切なことは何でしょうか。

2 い前のわたしは、インタビューが苦手でした。［①］、じゅんびには人一倍時間をかけ、質問を十も二十も用意してインタビューにのぞみました。けれど、そうやって台本どおりに質問を投げかけていっても、今ひとつ話がもり上がらないのです。相手の表じょうを見ると、あきらかにたいくつそうです。さいまで本音を聞き出せないままインタビューを終えてしまうこともしばしばでした。そのことは、わたしの自信をなくしていきました。

3 わたしがかわったきっかけは、ある人の「相手のことをもっと知りたい」という気持ちにならなくてはだめですよ。」という言葉でした。

4 わたしは。それを聞いて、はっとしました。それまでのわたしは、「インタビューをしなければならない」という気持ちで話を聞いていたことに気づいたのです。

5 それからは、わたしはインタビューをする相手について「知りたいと思う点」をさいてい3つは用意しておくことにしました。［④］、外の答えに対して「それはなぜですか」「そのときどんな気持ちでしたか。」などと、さらに聞きたいことが次々と頭にうかんでくるのです。

6 人から話を引き出すさい大のぶきは、相手へのきょうみであり、「もっと知りたい」という気持ちなのです。

問一 ［①］に当てはまる言葉は何ですか。ア〜ウの中から一つ選び、○をつけましょう。

ア ですから　イ ところで　ウ それでは

問二 ［④］に出てはまる言葉は何ですか。ア〜ウの中から一つ選び、○をつけましょう。

ア ですから　イ しかしながら　ウ そうすると

問三 そのこととは何ですか。アイウの中から一つ選び、○をつけましょう。

ア インタビューのじゅんびに時間がかかること。

イ 相手の本音を聞き出せないこと。

ウ 台本通りに貧問をすること。

問四 それとは何ですか。ア〜ウの中から一つ選び、○をつけましょう。

ア 相手の本音。　イ ある人の言葉。

ウ 知りたいと思う点。

9 英語テスト

英語テストは、ローマ字書きテスト（a）、英単語つづりテスト（b）、英語正書法知識テスト（c）、英語視覚性語いテスト（d）から構成されます。テスト問題と基準得点は、Mekaru（2017）に基づいて作成しました。

(a)

① ざいな	(　　　　　　　)
② のがり	(　　　　　　　)
③ しゅたむ	(　　　　　　　)
④ めおっけ	(　　　　　　　)
⑤ るんき	(　　　　　　　)
⑥ うこぶ	(　　　　　　　)
⑦ とぜひ	(　　　　　　　)
⑧ すひゃて	(　　　　　　　)
⑨ みっれく	(　　　　　　　)
⑩ よまん	(　　　　　　　)

(b)

① 名前	(　　　　　　　)
② 読む	(　　　　　　　)
③ （スポーツなどを）する、遊ぶ	(　　　　　　　)
④ 本	(　　　　　　　)
⑤ ねこ	(　　　　　　　)
⑥ ペン	(　　　　　　　)
⑦ 手	(　　　　　　　)
⑧ 男の子	(　　　　　　　)
⑨ かばん	(　　　　　　　)
⑩ 好き	(　　　　　　　)

(c)

(例) (cat / apple / cake)

(1) (five / big / nice)

(2) (name / take / bath)

(3) (run / picture / fun)

(4) (book / know / look)

(d)

b e d c a t r o o m
p a r k c a p b o y
t e a l o v e b a g
m o o n b a g c a r
c a t p a r k t e a
l o v e b a g b o y
c a p p a r k c a r
b a g r o o m b o y
c a p t e a p a r k
b a g b o y m o o n

1～9のテストは、220ページのQRコードまたは下記のリンクからダウンロードしてご活用ください。

アセスメント①
https://www.godo-shuppan.co.jp/news/n59175.html

アセスメント②～⑥
https://www.godo-shuppan.co.jp/news/n59176.html

アセスメント⑦
https://www.godo-shuppan.co.jp/news/n59177.html

アセスメント⑧⑨
https://www.godo-shuppan.co.jp/news/n59187.html

3　アセスメント結果の評価報告書

それぞれのテストを実施した後、結果を評価する手続きを行います。テストの正答数から評価得点を算出するために、学年別に評価報告書を利用できるようにしました。

図１は、音韻分解の項目を例として、記入の仕方を示したものです。正答数が５の場合には、（　）内に得点を書きます。そして該当する得点範囲【３】に○をつけます。その範囲の評価得点を確認して記入します。評価得点に基づいて折れ線グラフを書きます。

３年基準

	音韻分解 （　　）	音韻抽出 （　　）	音韻総合 （　　）	促音 （　　）	撥音 （　　）	拗音 （　　）	順唱 （　　）	昇順 （　　）	２文字 （　　）
[4]	x=6	x=6	x=12	x=3	x=3	x=3	4<x≦6	x=6	17<x≦30
[3]	x=5	x=5	x=11	x=2	x=2	x=2	2<x≦4	2<x≦5	13<x≦17
[2]	x=4	x=4	x=10	x=1	x=1	x=1	x=2	x=2	x=13
[1]	x≦3	x≦3	x≦9	x=0	x=0	x=0	x≦1	x≦1	x≦12
	[　　]	[　　]	[　　]	[　　]	[　　]	[　　]	[　　]	[　　]	[　　]

図１　評価得点の算出手続き

図２はひらがな文の流暢な読み困難のアセスメント結果（３年生）です。各課題の評価得点を○で書き込み、線で結びます。

	[1]	[2]	[3]	[4]
語い	+	+	+	●
音韻分解	+	+	+	●
音韻抽出	+	+	+	●
特音総合	+	+	+	●
順唱	+	●	+	+
昇順	+	●	+	+
２文字	+	+	●	+
４文字	+	●	+	+
漢字読み	+	●	+	+
漢字書き	+	●	+	+

図２　折れ線グラフの作成

順唱、昇順の点数が低いことから言語性ワーキングメモリが弱いことがわかります。

ひらがな２文字単語の読みは良好ですが、４文字単語の読みが苦手で、漢字の読み困難があり、それに伴い漢字書き困難があることがわかります。

アセスメントの評価報告書は、以下よりダウンロードできます。

https://www.godo-shuppan.co.jp/news/n59217.html

4　アセスメント結果の代表的なタイプと支援

1 ひらがな文字の読み書き困難

	[1]	[2]	[3]	[4]
語い	A1 +	+	A2 +	+
音韻分解	+	+	+	+
音韻抽出	+	+	+	+
特音総合	+	+	+	+
促音	+	+	+	+
撥音	+	+	+	+
拗音	+	+	+	+
拗長音	+	+	+	+
順唱	+	+	+	+
昇順	B1 +	+	B2 +	+
実斜線	+	+	+	+
実垂直線	+	+	+	+
形と位置	+	+	+	+
2文字	C1 +	+	+	+
4文字	+	+	+	+

ひらがな文字の読み書き困難の３タイプ（表2-1、33ページ）と成績パターンとの関係は、次のようになります。

ひらがな読み書きの強い困難のタイプ：A1,B1,C1の区画に○がつく成績パターン（【事例】2-1、26ページ）

２の支援１,２,３,４,５による指導が効果的です。本書の「ひらがな文字の読み書き教材」を活用します。

ひらがな読み書き困難を示すタイプ：A2,B2,C1の区画に○がつく成績パターン（【事例】2-2、28ページ）

２の支援１,２,３,５,６による指導が効果的です。本書の「ひらがな文字の読み書き教材」を利用できます。

ひらがな書き困難を示すタイプ：A2,B1の区画に○がつく成績パターン（【事例】2-3、30ページ）

２の支援２,３,４,５,６による指導が効果的です。本書の「ひらがな文字の読み書き教材」を活用します。

評価［1］は５パーセンタイル*（156ページ）以下の得点、［2］は５パーセンタイルから10パーセンタイル以下の得点［3］は10パーセンタイルから50パーセンタイル以下の得点、［4］は50パーセンタイルより高い得点を表しています。したがって［1］は強い困難、［2］は困難、［3］は困難なし、［4］は良好を意味します。ひらがなの流暢な読みテスト（２文字単語テストと４文字単語テスト）では、５パーセンタイル得点、10パーセンタイル得点、50パーセンタイル得点のかわりに、2SD、1SD、平均を用いています。

2 特殊音節表記の読み書き困難

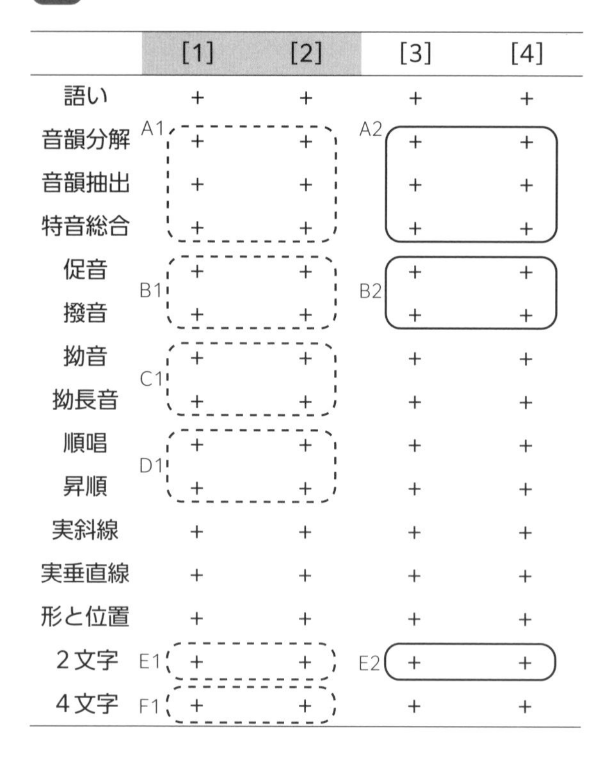

		[1]	[2]		[3]	[4]
語い		+	+		+	+
音韻分解	A1	+	+	A2	+	+
音韻抽出	A1	+	+	A2	+	+
特音総合	A1	+	+	A2	+	+
促音	B1	+	+	B2	+	+
撥音	B1	+	+	B2	+	+
拗音	C1	+	+		+	+
拗長音	C1	+	+		+	+
順唱	D1	+	+		+	+
昇順	D1	+	+		+	+
実斜線		+	+		+	+
実垂直線		+	+		+	+
形と位置		+	+		+	+
2文字	E1	+	+	E2	+	+
4文字	F1	+	+		+	+

特殊音節表記が苦手な2タイプ（表3-1、45ページ）と成績パターンとの関係は、次のようになります。

特殊音節表記の読み書き困難が強いタイプ：A1,B1,C1,D1,E1,F1の区画に○がつく成績パターン（【事例】3-1、40ページ）

> 3の支援1,2,3,4,5による指導が効果的です。促音、撥音を含めて、2択課題で行います。本書の「特殊音節表記単語の教材」を活用します。

特殊音節表記の読み書き困難が弱いタイプ：A2,B2,C1,D1,E2,F1の成績パターン（【事例】3-2、42ページ）

> 3の支援1,2,3,4,5による指導が効果的です。拗音、拗長音を中心に3択課題で行います。本書の「特殊音節表記単語の教材」を活用します。

3 ひらがな文の流暢な読み困難

		[1]	[2]		[3]	[4]
語い		+	+		+	+
音韻分解		+	+	A2	+	+
音韻抽出		+	+	A2	+	+
特音総合	B1	+	+	B2	+	+
順唱	C1	+	+		+	+
昇順	C1	+	+		+	+
2文字	D1	+	+	D2	+	+
4文字	E1	+	+		+	+
漢字読み	F1	+	+	F1	+	+
漢字書き		+	+		+	+

ひらがな文の流暢な読みが困難な2タイプ（表4-1、57ページ）と成績パターンとの関係は、次のようになります。

短いひらがな単語がうまく読めず、ひらがな文の流暢な読み困難が強いタイプ：A2,B1,C1,D1,E1,F1の区画に○がつく成績パターン（【事例】4-1、52ページ）

> 4の支援1,2,3による指導が効果的です。短い文字数のひらがな単語で、2択課題で行います。本書の「ひらがな単語の読み教材」を活用します。

長いひらがな単語がうまく読めず、ひらがな文の流暢な読み困難が弱いタイプ：A2,B2,C1,D2,E1,F1の成績パターン（【事例】4-2、54ページ）

4の支援1,2による指導が効果的です。3択課題で行います。本書の「ひらがな単語の読み教材」を活用します。

4 漢字読み困難

		[1]	[2]		[3]	[4]
語い	A1	+	+	A2	+	+
音韻分解		+	+	B2	+	+
音韻抽出		+	+		+	+
特音総合	C1	+	+	C2	+	+
順唱	D1	+	+		+	+
昇順		+	+		+	+
2文字	E1	+	+	E2	+	+
4文字	F1	+	+		+	+
漢字読み	G1	+	+		+	+
漢字書き		+	+		+	+

漢字読みが困難な2タイプ（表5-1、69ページ）と成績パターンとの関係は、次のようになります。

語い力が弱く、漢字読みが困難であるタイプ：A1,B2,C1,D1,E1,F1,G1の区画に○がつく成績パターン（【事例】5-1、64ページ）

5の支援1,2,3による指導が効果的です。子どもが生活場面で経験した内容で、例文を作り単語を学習します。本書の「漢字単語の読み教材」を活用します。

語い力が強いが、漢字読みが困難であるタイプ：A2,B2,C2,D1,E2,F1,G1の成績パターン（【事例】5-2、66ページ）

5の支援1,2,3による指導が効果的です。単語を表すイラストを利用して、漢字の読みを学習します。本書の「漢字単語の読み教材」を活用します。

5 漢字書き困難

漢字書きが困難な2タイプ（表6-1、81ページ）と成績パターンとの関係は、次のようになります。

漢字読み困難と書き困難を示すタイプ：A1,B1,C2,D1,E1,F1の区画に○がつく成績パターン（【事例】6-1、76ページ）

6の支援1,2,3,4,5,6,8による指導が効果的です。本書の教材としては、「ブロック積み上げ書字プリント」があります。

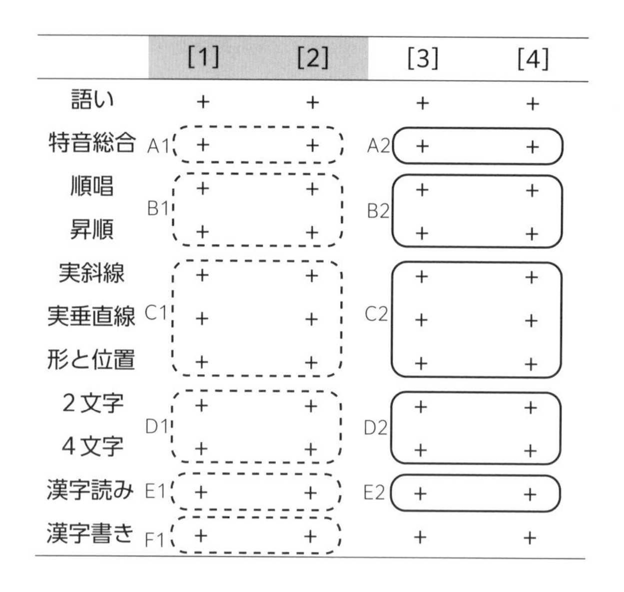

		[1]	[2]		[3]	[4]
語い		+	+		+	+
特音総合	A1	+	+	A2	+	+
順唱	B1	+	+	B2	+	+
昇順	B1	+	+	B2	+	+
実斜線	C1	+	+	C2	+	+
実垂直線	C1	+	+	C2	+	+
形と位置	C1	+	+	C2	+	+
2文字	D1	+	+	D2	+	+
4文字	D1	+	+	D2	+	+
漢字読み	E1	+	+	E2	+	+
漢字書き	F1	+	+		+	+

漢字書き困難のみを示すタイプ：A2,B2,C1,D2,E2,F1の成績パターン（【事例】6-2、78ページ）

6の支援3,4,6,7,8による指導が効果的です。本書の教材としては、「言語的手がかり書字練習用プリント」があります。

6 読解困難

読解が困難な3タイプ（表7-1、97ページ）と成績パターンとの関係は、次のようになります。

ひらがな・漢字の読み困難を示すタイプ：A1,B1,C1,D1,E1,F1の区画に〇がつく成績パターン（【事例】7-1、90ページ）

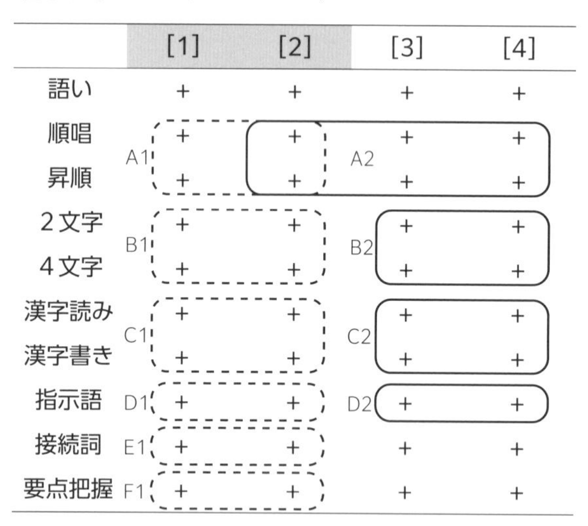

		[1]	[2]		[3]	[4]
語い		+	+		+	+
順唱	A1	+	+	A2	+	+
昇順	A1	+	+	A2	+	+
2文字	B1	+	+	B2	+	+
4文字	B1	+	+	B2	+	+
漢字読み	C1	+	+	C2	+	+
漢字書き	C1	+	+	C2	+	+
指示語	D1	+	+	D2	+	+
接続詞	E1	+	+		+	+
要点把握	F1	+	+		+	+

7の支援1,2による指導が効果的です。絵を活用したプリントが効果的です。

段落の理解が苦手なタイプ：A2,B2,C1,D1,E1,F1の成績パターン（【事例】7-2、92ページ）

7の支援3,4による指導が効果的です。本書の教材としては、「こそあど言葉プリント」「つなぎ言葉プリント」があります。

段落をまとめるのが苦手なタイプ：A2,B2,C2,D2,E1,F1の成績パターン（【事例】7-3、94ページ）

7の支援5,6による指導が効果的です。本書の教材としては、「だからなぜならプリント」「文章のまとめプリント」があります。

7 英単語のつづり困難

	[1]	[2]	[3]	[4]
ローマ字書き A1	+	+	+	+
英単語つづり B1	+	+	+	+
視覚語い C1	+	+	+	+
正書法知識 D1	+	+	+	+

英単語のつづり困難な3タイプ（表9-1、131ページ）と成績パターンとの関係は、次のようになります。

ローマ字の書き困難を示すタイプ：A1の区画に○がつく成績パターン（【事例】8-1、108ページ）

8の支援7,8,9による指導が効果的です。本書の教材としては、「ローマ字ワーク1」「ローマ字ワーク2」があります。

規則的な単語のつづり困難を示すタイプ：B1の区画に○がつく成績パターン（【事例】9-1、124ページ）

9の支援1,2,3による指導が効果的です。本書の教材としては、「英単語学習ワーク」があります。

視覚認知の弱さがあり、不規則な単語のつづりでつまずくタイプ：C1の区画に○がつく成績パターン（【事例】9-2、126ページ）

9の支援4,5,6による指導が効果的です。本書の教材としては、「つづりのルールで学ぶ英単語」があります。

正書法知識の弱さがあり、不規則単語のつづり困難を示すタイプ：D1の区画に○がつく成績パターン（【事例】9-3、128ページ）

9の支援7,8による指導が効果的です。本書の教材としては、「つづりのルールで学ぶ英単語」があります。

解題◎LDを探求する

1　ひらがな学習移行期

1　小学校に入学する前の子どもに関する研究

天野（1986）は、就学前児（4～6歳児）を対象として、文字読みの習得と音節分解、音節抽出との関係を検討しました。ひらがながまったく読めない（0文字だった）子どもは、音節分解の正反応率が約60％でした。読めるひらがが10文字以上の子どもは、正反応率約80％を示しました。

一方、音節抽出については、読めない子どもは、正反応率約20％で、11～15文字読める子どもは、正反応率約60％を示しました。61文字以上の子どもは、正反応率が80％以上でした。

このことから音節分解は、音節抽出よりも習得が早いことがわかります。また、読めるひらがなが増えるにしたがって、音節分解と音節抽出の正反応率が増加することがわかります。

2　支援に関する研究

天野（1986）は、「特別の教育を行わず、その発達が自主的に進む場合でも、幼児がかな文字をまだ習得しない以前の段階で、語の音節構造を分析する行為の発達がはじまる」と指摘しました。

また、「かな文字を学習していない段階かその初期の段階で、この行為を意図的に形成したとき、子どものかな文字の学習を促す」と考え、実験的に年中の子どもを対象に研究しました。

指導には、単語を表す絵と、音節数を表すマス目を描いた図版を使います。「語の音節構造を分析する行為」を形成するために次の6ステップを行いました。指導は1回20分程度で、6～13回行いました。

①2～5音節語を材料として、図版と積み木を使って、音節分解の行為の練習を行う。音節分解では、子どもに音節を区切って発音させながら、その声に対応して、マス目に積み木を一つひとつ置きました。

②図版と積み木を使い、語頭・語尾音を抽出する

③図版と指を使い、語頭・語尾・語中音を抽出する

④図版なしで指だけを使って抽出する

⑤図版を示し、目で見て抽出する

⑥図版なしで、子どもが音節に区切って発声することで抽出する

その結果、指導前は積み木や図版のヒントがあっても、音節抽出ができない子が12名中9名いました。指導後に、音節抽出ができない子どもは12名中1名になりました。残りの11名は、どちらかのヒントがあればできる子ども9名、手がかりなしでもできた子どもが2名でした。

指導を行わなかった統制群では、このような変化は見られませんでした。図や積み木を使って音節分解や音節抽出に相当する行為を形成する指導は、音韻意識を促進する効果があるとわかります。

3　本書の教材の特徴

従来の研究より、単語の音節構造にしたがって音に合わせて体を動かす課題や、視覚的手がかりを利用して音を取り出す課題が、子どもの音韻意識の習得に効果的であることがわかりました。言語性ワーキングメモリが弱い子どもは、長い音節数の言語記憶がむずかしくなります。本書の教材では、文字数が2語のひらがな単語について、イラストを使いながら指導できるようにしました。

2　ひらがな文字の読みの習得について

ひらがな文字の読みの指導に関する研究は、大きく2つに分けることができます。第一の研究は、LD児の支援に関する研究です。第二の研究は、言葉の発達の遅れを示す子どもの支援に関する研究です。

1　LD児の支援について

支援に関する研究として、服部（2002）、小枝（2011）、宇野ら（2015）を挙げることができます。

服部（2002）は、文字と読みの間にキーワードを介在させる方法が効果的であると報告しました。この方法では、①初めに、キーワードを呼称する（「足」の絵カードを見せて、/あし/と言わせる）、②キーワードに対応する音を抽出する（「足」の絵カードを見せて、/あ/と言わせる）、③その後、キーワードの絵カードと文字カードを対応させる（「足」の絵カードを見せて、対応音/あ/と言わせる。「足」の絵カードと「あ」の文字カードとのマッチングを学習する）、④字のキーワードを呼称させ、対応音を抽出させる（「あ」の文字カードを見せて、/あし/と言わせてから/あ/と言わせる、⑤最後に、字の音読をさせる（「あ」の文字カードを見せて、/あ/と言わせる）、という手続きを取りました。

小枝（2011）は、学習障害児を対象として、1文字ずつの読みを促す解読指導と、単語形態の認識を促す語い指導が効果的であることを報告しました。

宇野ら（2015）は、ひらがなやカタカナの習得が1年以上困難であった読み書き障害児を対象として、音声言語の記憶力を活用した方法（バイパス法）が効果的であることを報告しました。バイパス法では、①50音表を音だけで覚える、②50音表を書字可能にする、③文字想起の速度を上げるの3段階を行いました。

2　言葉の発達の遅れを示す子どもの支援について

大六（1995）は、ひらがな文字を読めるが、ひらがな単語を読んで理解することができない知的障害を有する事例を対象に、支援を行いました。支援では、音韻意識を訓練する課題として、単語を音に分解する課題、単語中の指定された位置の音を答える課題を用いました。その結果、音韻意識の発達に伴いひらがな単語の読解が可能になりました。

丹治（2012）は、知的障害を有する自閉性障害児を対象として、構成反応見本合わせ課題が効果的であることを報告しました。構成反応見本合わせ課題とは、大人が呈示した音声単語や絵に対応するように、ひらがな文字カードを選んで単語を組み立てる課題です。文字を選ぶ際には、単語の読みを音節に分解する「音節分解」が関係します。また、音節と同じ順序に文字を選ぶので、「音節抽出」も関係します。構成反応見本合わせ課題は、音韻意識の促進に関係することが指摘されています。

3　本書の教材の特徴

本書の教材では、各ひらがな文字について、キーワードを設定しました。また、キーワードを表す線画絵の形の一部に、ひらがな文字の形が埋め込まれているように絵を作図しました。ひらがな文字を見ることで絵を想起しやすくすることで、ひらがな文字の読み書きの促進につなげます。

3　特殊音節表記

1　特殊音節表記の読みの評価

特殊音節表記の読みの評価には、読書力を診断する検査や本書の評価手続きがあります。本書の評価手続きは、彌永ら（2017）で、基準値が測定された特殊音節表記テストに基づいて作成されたものです。この基準値は、小池ら（監修）による「読めた」「わかった」「できた」読み書きアセスメント（2017）の基準値の基になっています。

2　特殊音節表記の読みの支援

天野（1993）は、LD児や知的障害児を対象として検討を行いました。特殊音節を表す記号カードを用いて、語の音節構造を構成させる方法が効果的であることを報告しました。

松田ら（2018）は、小学１年生の児童を対象として検討を行い、多層指導モデル（MIM）の第Ⅰ段階の指導効果について検討を行いました。MIMとは、アメリカのRTIモデルを基にして、日本の通常学級の状況に合わせて、柔軟に編成できるように工夫されたモデルです（海津ら、2010）。第一段階では学級内での効果的な指導で、ターゲットとなる課題に対する子どもの進捗状況を継続的に把握していきます。第二段階では、第一段階の指導で習得がむずかしい子どもに対して、補足的な指導を行います。第三段階では、第二段階の指導でも習得が困難な子どもに対して、より個に特化した指導を行います。

MIM-PMは、MIMのアセスメントに対応し、「絵に合うことばさがし」「３つのことばさがし」から構成されています。これらの課題は、特殊音節表記の単語の読みの評価を含めて行います。MIM-PMで改善を認めた場合には、ひらがなの清音単語と特殊音節表記単語の流暢な読みが改善したことを指摘できます。松田ら（2018）は、特殊音節の構造を、ドットや棒により視覚化し、併せて手の動作を用いて音を身体運動として、動作化する方法や、ルールを説明する方法が効果的であることを報告しました。松田ら（2018）はまた、誤りの表記を含む、複数の特殊音節単語の表記から正しい表記を選ぶ単語判断課題が、効果的であることを指摘しました。

彌永ら（2017）は、特殊音節表記の読み書きの低成績を示す子どもでは、１年生から２年生の国語教科書で低頻度でしか用いられない特殊音節表記（ひゃ、みゃ等）の成績が低いことを報告しました。また、促音と撥音に比べて、拗音と拗長音は、習得がむずかしいことを報告しました。このことから、特殊音節表記のルールを習得することに弱さを示す子どもがおり、低頻度特殊音節表記については、経験を通して習得していることを推測しました。

3　本書の教材の特徴

本書の教材では、従来、効果が確認されている、語の音節構造を視覚的に表す方法を用いることにしました。具体的には、音記号カードや、特殊音節表記の単語判断課題を利用することにしました。

課題を実施する際には、促音と撥音の指導から先に行い、子どもの習得レベルに合わせて高頻度拗音単語から指導を開始できるようにしました。促音単語、撥音単語、高頻度拗音単語、低頻度拗音単語ごとに、音記号カードと、単語判断カードを利用できるようにしました。

4　ひらがなの流暢な読み

1　ひらがなの流暢な読みを評価する方法について

稲垣ら（2010）は、ひらがな単音や、有意味単語、無意味単語、単文の読みについて、音読時間の基準値で評価しました。音読ガイドラインとして利用できます。宇野ら（2017）は、ひらがな単語、カタカナ単語、ひらがな非語、カタカナ非語、文章の音読について、小学１年生から高校３年生までの基準値を報告しました。

海津（2010）は、低学年の子どもを対象とした多層指導モデル（MIM）を提案しました。その中で、「絵にあうことば探し」（絵に合う正しい表記の語をすばやく探す課題）と、「３つのことば探し」（３つの言葉から正しい語をすばやく探す課題）の成績から、ひらがなの清音単語や特殊音節表記の単語を、正確にすばやく読む力を評価しました。

増田ら（2018）は、２文字のひらがな単語判断課題と４文字のひらがな単語判断課題について、30秒間で判断できる個数を調査し、各学年の基準値を求めました。その結果、２文字判断課題と４文字判断課題の両方で低成績を示す子どもは、音読困難が著しく強い（ガイドライン音読課題で4SD以上）ことがわかりました。２文字判断課題の成績は良好で、４文字判断課題の低成績を示す子どもでは、音読困難が中程度（約2SD）であることがわかりました。読み困難が中程度の子どもでは、２文字単語は読みやすいのですが、４文字以上の単語は読みにくくなります。文字数を調整することで、読みやすい単語を設定できます。

2　ひらがなの流暢な読みの支援について

若宮ら（2013）は、PC画面に呈示された単音、無意味語、有意味語を音読する課題を行い、その効果を検討しました。指導は１回５分を要し、それぞれの課題を21日連続で行いました。単音課題、有意味語課題、単文課題において、指導前に比べて指導後に音読時間が顕著に減少したことを報告しました。

大山ら（2019）は、課題文の中の単語を流暢に読めるように指導することで、課題文の音読が改善することを報告しました。指導では、単語を文字列から探す課題と、文字が一部隠された単語を音読する課題を用いました。その結果、指導前と比べて指導後には、文章の音読時間が減少し、誤読数も減少しました。指導しなかった文章についても誤読が減少したことを報告しました。これより文章中の単語を流暢に読めるように指導することで、その単語を含む文章の音読は顕著に改善することがわかりました。併せて、未指導の文章の音読に対しても、効果が波及することを報告しました。

3　本書の教材の特徴

本書では、流暢な音読の支援として単語カードを用意し、単語判断課題と単語完成課題を利用できるようにしました。子どもの読み困難の程度に合わせて、２文字から５文字までの単語を利用できます。また、選択肢を２択と３択から選べます。読み困難が強い子どもの場合には、２文字単語の２択課題から始めると効果的です。

5　漢字単語の読み

1　漢字単語の読みの評価方法について

医学的診断に用いられる検査としては、日本版KABC-Ⅱ検査の読み書き尺度の中の下位検査「ことばの読み」があります。また、改訂版 標準 読み書きスクリーニング検査（STRAW-R）があります（宇野ら、2017）。

教育的支援のニーズを把握するための評価法としては、小・中学校国語科スクリーニングテスト（佐藤ら、2017）や本書の評価手続きがあります。佐藤ら（2017）は、小・中学校国語科テストで認知特性と発達状況を把握することで、効果的な国語科指導が可能になることを示しました。本書の評価手続きは、Ondaら（2015）とNakaら（2019）の研究で、基準値が測定された漢字単語読みテストに基づいて作成されたものです。この基準値は、小池ら（監修）による「読めた」「わかった」「できた」読み書きアセスメント（2017）の基準値の基になっています。

2　漢字単語の読みの支援について

漢字の読み学習の支援方法に関しては、多くの研究が行われてきました。鶴巻（1995）は、軽度知的障害を対象として、漢字読みの指導法について検討しました。対象児は、指導で用いた漢字を読むことができませんでしたが、その漢字を表す絵の命名は可能でした。動物の絵を見て漢字を選択し（絵→漢字）、絵を命名する（絵→読み）指導を行いました。指導の目標は、漢字を読む行動（漢字→読み）です。その結果、「絵→漢字」と「絵→読み」をトレーニングすることで、「漢字→読み」が成立したことを報告しました。

Duyckら（2003）は、単語と単語の対連合学習において、視覚的イメージ性が低い単語では学習の成立がむずかしいことを、報告しました。また単語の視覚的イメージ性を高めることで、学習しやすくなることを報告しました。

後藤ら（2009）は、言語性ワーキングメモリの弱さを有するLD児を対象として、漢字の読みの視覚的イメージを高めることにより、漢字の読みの学習が促進されることを報告しました。視覚的イメージを高める課題では、その漢字の読みを表す絵を視覚記憶するよう教示しました。このように単語に関係した情報を加える手続きは、精緻化の手続きと呼ばれます。精緻化の手続きには、他に、その漢字に関連した文章を組み立て、ストーリーを作ることで、記憶する方法もあります。

3　本書の教材の特徴

本書の教材の特徴として、各学年について、10個の文章を用意しました。各文章は、学習課題となる10個の漢字単語を含んでいます。学習カードとして、視覚的イメージ性を高める指導で利用できるように、「絵と漢字単語」のカード、「絵と読みと漢字単語」のカード、「絵と意味と漢字単語」のカードを用意しました。また、見本合わせ課題による指導ができるように、漢字単語カード、意味カード、読みカード、絵カードを用意しました。文を記入できるカードを用意しました。このカードで、その単語に関連した文章を作るという精緻化の手続きにより、定着を図ることができます。

6　漢字単語の書き

1　漢字単語の書きの評価方法について

医学的診断に用いられる検査としては、日本版KABC-Ⅱ検査の読み書き尺度の中の下位検査「ことばの書き」があります。また、改訂版 標準 読み書きスクリーニング検査（STRAW-R）があります（宇野ら、2017）。

教育的支援のニーズを把握するための評価法としては、小・中学校国語科スクリーニングテスト（佐藤ら、2017）や本書の評価手続きがあります。本書の評価手続きは、Ondaら（2015）とNakaら（2019）の研究の基準値によるもので小池ら（監修）による「読めた」「わかった」「できた」読み書きアセスメント（2017）のもとになっています。

2　漢字単語の書きの支援について

漢字の書きの支援に関しては、言語性ワーキングメモリに弱さを持つタイプの事例と、視覚認知や視覚記憶に問題を持つタイプの事例とで、異なる支援手続きが提案されています。

言語性ワーキングメモリに弱さを持つタイプに関しては、形の特徴把握に基づく指導が提案されています。上野ら（2005）は、WISC-Ⅲの群指数の「知覚統合」と「注意記憶」が他と比べて低い小学３年の事例について報告しました。指導では、学習漢字について具体的な視覚イメージをもたらすイラストと、形を表す語句を利用して、漢字辞書ノートを作成しました。

視覚認知や視覚記憶に問題を持つタイプについては、粟屋ら（2012）の報告があります。粟屋ら（2012）は、漢字の成り立ちを、音声言語化して覚える学習方法（聴覚法）と書き写しながら覚える従来の学習方法（視覚法）の２種で、漢字書字訓練を行いました。視覚認知機能または視覚記憶に問題を有した事例では、聴覚法が視覚法よりも有効でした。

西澤ら（2019）は、漢字書字の言語的手がかりを、学習後の一定期間に思い出すこと（リマインド）が、書字記憶の定着に効果的であることを報告しました。学習条件は、A,B,Cの３条件としました。A,B条件では、書字の言語的手がかりを話し合いで決めて作文し、２回書字することを原学習としました。Ａ条件は、原学習の後、２週間に４回、各漢字の言語的手がかりが何であったか尋ね、誤答の場合には、言語的手がかりを教えました。リマインドの手続きが終わってから、忘却を１か月にわたって調べました。Ｂ条件は原学習のみを行い、その後、忘却を同様に調べました。Ｃ条件は、漢字を４回反復書字して学習し、忘却を調べました。その結果、Ａ条件とＢ条件の保持は、Ｃ条件と比べて有意に良好でした。またＡ条件の保持は、Ｂ条件と比べて有意に良好でした。このことから、リマインドは効果的な手続きであることがわかりました。

3　本書の教材の特徴

本書の教材では、「言語的手がかり書字練習用プリント」を用意しました。このプリントは、２～５ブロックまでの漢字に対応できるようになっています。また書字練習後、あらかじめリマインドを予定しておくことができるように、リマインド用書字プリントを作成しました。併せて、ブロックを積み上げて書字練習できるように、ブロック積み上げ書字プリントを用意しました。

7　読解

1　読解の評価について

読解の評価法としては、学力検査や標準読書力診断テストを挙げることができます。本書の評価手続きは、Satoら（2017）の研究の基準値によるものです。本書の評価手続きは、長文の説明文の要点理解に関するテストとなっています。

2　読解の支援について

高橋（2001）は、学童期の読解力の発達過程を検討しました。読解力は、標準読書力診断テストにより評価しました。文字や単語の読みは、小学生低学年の時に読解力に関係しました。学年が上がるにつれて、関係は小さくなっていきました。他方、語いは各学年で読解力に関係しました。

読解力は、長文により評価されてきましたが、短文で評価する研究も行われています。短文はそれぞれ、意味内容（ミクロ命題）を持っており、それが集まって文章全体の要点（マクロ命題）をもたらします。Kintschら（1978）は、読解とは、ミクロ命題からマクロ命題を作り出すプロセスであると考え、マクロ命題を作り出すときの代表的な操作（マクロルール）を提案しました。マクロルールには、削除ルール（文章の要点と無関係な内容を外すというルール）、一般化ルール（文章の情報をカテゴリーの言葉で言い換えるルール）、構成化ルール（別の言葉で表現するルール）があります。子ども達は、このマクロルールを使って読解を行っているのか、多くの研究が行われています。

Naritaら（2019）は、長文の説明文（４年生教材）読解テストの低成績について、短文（３～５文）の説明文の要点把握の低成績とどのように関係するか、検討しました。対象は４～６年生で、各学年約400名について調査しました。長文（６段落17文）の要点問題の正答数が３問中１問以下の子どもを低成績としました。低成績を示した子どもは、４年生で約25%、５年生で約13%、６年生で約8%でした。

Naritaら（2019）は、読解テストの低成績者を、漢字読みテストの低成績を示す者（Ａ群）と示さない者（Ｂ群）に分けました。アンケート調査の結果、Ａ群の子どもは、学級担任に「読解困難を有する児童」として把握されている傾向がとても高いことがわかりました。Ｂ群の子どもは、学級担任に把握されていないことがわかりました。Ａ群の子どもの背景要因として、マクロルール全体の低成績、ひらがなの流暢な読みやワーキングメモリの低成績を指摘できました。４～６年生のＢ群の背景要因は、削除ルールの低成績でした。Ｂ群の子どもは、マクロルールの利用がうまくないので、支援に際しては、短文文章でのマクロルールの利用の改善を促すことが効果的であることを指摘できます。

成田ら（2024）は、「だから」と「しかし」の接続詞テストとの関係を検討しました。3～6年生のＢ群の背景要因として、「だから」接続詞テストの低成績が関与することを指摘しました。

3　本書の教材の特徴

本書の教材では、短文の文章課題を用意しました。子どもの弱いスキルに対応できるように、指示語、接続詞、因果関係の把握、マクロルールの使用について課題を構成しました。

8　アルファベットの読み書き

1　アルファベットの書き支援

アルファベットの書字の支援では、視覚や聴覚（言語）、触覚や体の部位など、さまざまな感覚を使った指導が実践されています。村上（2018）は視覚的情報処理が困難だった事例に対し、段ボールの上に指で書くなど感覚刺激を使った書字指導を行い、特に習得が困難だった文字については、例えばｕをコップに、ｎをトンネルに見立てるなど視覚的なイメージを使うことで定着を図りました。この他、キネティックサンドと呼ばれる特殊な触感の砂やモールで字形を作成する、ｂとｄは指を使って覚えるなど、多様な指導を行いました。

銘苅（2022）は、視覚的な情報処理が困難な子どもに対し、文字の形を言語で表す指導を行ったところ、良好な定着が見られるようになりました。このことから、アルファベットの文字指導に関しては漢字の指導と同様に、本人の得意な情報処理特性を生かした手がかりを使うことが効果的であるとわかります。

2　ローマ字の読み書き

ローマ字に関しては、彌永ら（2018）が小学３〜６年生を対象に、習得状況と日本語の読み書きスキルとの関係を検討しました。ローマ字は３年生の国語の時間で指導されて以降、学年が上がるにつれて習得が進むことが報告されました。また、ひらがな単語の流暢な読み低成績や、言語性ワーキングメモリの弱さがローマ字テストの低成績の要因となっていることが指摘されました。

このことから、小学校低学年の時点でひらがな単語の読みでつまずいている子どもや、言語性短期記憶の弱い子どもについては、ローマ字学習にも困難を示す可能性が高いため、個別の指導や教材の配慮が必要です。

指導方法については、表記規則を理解させることが重要です。彌永ら（2017）は、小学１〜３年生を対象にひらがな特殊表記の達成状況について検討しました。その結果、低成績の子どもは書いた経験によって表記を学習しており、高成績の子どもは表記規則を理解していると推測しました。銘苅・小池（2021）はローマ字の学習に困難を示す子どもに対し、ひらがな五十音表の規則を活用した指導方法を実施した結果、良好な定着が見られました。これは、表記規則を理解した結果、ローマ字表記全般の学習が効率的に行われるようになったためだと考えられます。

3　本書の教材の特徴

ワークでは、表の規則を活用して、子音・母音の合成規則を学ぶことができるようにしました。ローマ字には訓令式・ヘボン式の２通りの表記方法があり、ヘボン式は、海外の人々ができるだけ日本語の発音に近づけて読めるよう工夫された表記です。教材①では、訓令式とヘボン式で共通している表記を扱いました。教材②で扱う単語は、「食べ物・飲み物」、「文化」、「地名」の３種類から、全40単語をピックアップしました。

この教材ですべての表記を網羅して学習できるわけではありませんが、子音・母音の概念などの理解を促すことで、他のローマ字表記や英語の読み書き学習に、応用可能な力を身につけることを目指して作りました。

9　英語の読み書き

1　英語圏で行われている英語の読み書き支援

Metsala and Ehri（1998）は、流暢に英語を読むためには、アルファベット１文字が対応する音素（例：A≒ア）と、それらを混成するスキル（/b/+/a/+/g/=bag）を習得することが必要だと指摘しました。熟達した読みに活用される単語の視覚的イメージの記憶や、つづりの規則に関する知識を習得するためには、まず基本的な文字と音の対応規則を使って読むためです。

例えば、“eight”という単語について、まずは/e/、/i/、/t/の音素を手がかりとして読むことで、次第に単語の形に関する記憶が形成され、“gh”というつづりが無音に対応するという英語独自のつづりの知識を習得する、ということです。

McArthur et al.（2015）は指導方法について検討しました。ある群には、音素の合成スキルの習得を促す指導に続いて、単語の形の記憶に基づく読み指導を実施し、ある群には単語の形の記憶に基づく読み指導を実施した後に音素の合成スキルを指導したところ、前者のほうが事後テストの成績が良好でした。英語圏の研究からも、英単語のつづり習得支援を実施する際には、音素の合成スキルを他のスキルに先立って習得させることが重要だといえます。

2　英単語つづりの学習支援に関する研究

銘苅（2018）は中学生を対象に英単語つづりの学習支援を実施しました。まずはアルファベット文字が持つ音を指導し、それらを組み合わせてbag、penなどの単語をつづる指導を行いました。結果、この学習支援によってローマ字成績が上がった生徒については、学習後２週間以上経っても単語のつづりをよく記憶していました。

一方、ローマ字成績が改善しなかった生徒は、指導から１週間後には単語のつづりを思い出せなくなっていました。

次に、英語のつづりの規則を指導し、それらとアルファベット文字を組み合わせて単語をつづる教材を使って英単語の学習支援を行いました。結果、指導開始前のローマ字成績がよくなかった生徒や、bedやbagといった基本的な単語が定着しにくかった生徒については、良好な定着が見られませんでした。これらの結果から、英単語の学習支援を行う際には、文字の音を合成するスキル→文字の音を組み合わせてつづる基本的な単語→つづりの規則を活用した単語の順で指導を進めることが重要なことがわかりました。

3　本書の教材の特徴

英単語学習ワークでは、生徒が自主学習として進めることができるよう、英語の音声の導入期に補助として使うと、スムーズな音声の習得が効果的になると報告されている近似カナ表記（島岡、1994）を使っています。あくまで手がかりですので、正しい発音を聞かせることも重要です。

つづりのルールで学ぶ英単語では、中学校で習う単語に多く使われているつづりの規則を学習し、文字の音と組み合わせて基礎的な英単語をつづれるようになることを目指します。このワークでは、他の単語を学習する上で応用が効きやすい、よく使われる規則を６種類ピックアップしました。

10　英語と日本語で異なる「モーラ」と文字の対応

日本語話者が英語の読み書き習得につまずく理由はさまざまですが、その一つとして文字と音韻の関係が違うことが挙げられます。

日本語ではひらがな1文字の音を1モーラ（拍）と数えます。まとまりのある音として発音することができる音の単位を音節といいますが、1モーラは1音節に対応します。歌にしたとき、音符一つに対応する音の単位と考えるとわかりやすいかもしれません。

例えば、「なまえ」を区切ると「な・ま・え」となり、3モーラまたは3音節です。つまり日本語では、何か言葉を区切って発音したとき、自然とひらがな1文字ごとに区切れます。ひらがなやカタカナで何か言葉を書こうとしたときは、言葉を区切って発音し、それをそのまま文字に変換していけばよい、ということになります。

これに対して英語で使うアルファベットは、1文字が子音または母音に対応します。子音や母音は、音素という単位に相当し、音節よりもずっと小さな単位です。英単語を発音する際には、母音一つと複数の子音で発音を区切ることができ、これを1音節として発音します。例えば、英語の「name」は、1音節です。つまり英語では、言葉を自然に声に出したときの最小のまとまりである1音節を書くために、それをさらに細かい子音や母音といった単位まで分析する必要が出てくるということです。

例として、「なまえ」と「name」を比較してみると、日本語では音節数と文字数が一致しているのに対し、英語では一致しません（下の表）。このことから、日本語の1拍の感覚を持って英語の読み書きを学習すると、この違いに戸惑ったり、つまずいたりすることになります。英語の読み書きを学習するためには、コミュニケーションなどの際に意識される音節ではなく、子音や母音といった細かい音の操作ができる音素意識を身につけることが大切です。

この他にも、英単語のつづりはややこしい特性を持っています。例えば例に挙げたnameでは、aは「エイ」のように発音します。しかし、単語が変われば同じaでもant（≒エア）、arm（≒アー）のように発音が変わります。さらに、最後のeは発音しません。

このように単語やつづりによって文字の発音が変わることや、発音しない文字を含むことがあるといった特徴も、英語の読み書き学習を困難にする要因です。子音と母音を操作する基本的な音韻意識に加え、つづりの規則を理解することも大切です。

音節と文字数の違い（日本語：なまえ/英語：nameの場合）

	日本語	英語
音節数	3	1
文字数	3	4

引用、参考文献リスト

【第１部】

赤塚めぐみ・森下未奈子・飯島知子（2024）就学前児における音韻操作発達の背景要因に関する検討．常葉大学保育学部紀要11, 41-48.

畑江美佳・段本みのり（2017）小学校におけるアルファベット指導の再考―文字認知を高めるデジタル教材の開発と実践―．小学校英語教育学会誌，17, 20-35.

服部美佐子（2002）平仮名の読みに著しい困難を示す児童への指導に関する事例研究．教育心理学研究，50,476-486.

小池敏英・中知華穂・銘苅実土・雲井未歓（2017）東京都教育庁指導部特別支援教育指導課（編集・発行）「読めた」「わかった」「できた」読み書きアセスメント～小学校版～活用＆支援マニュアル編.

銘苅実土（2022）視覚的情報処理が困難な児童に対するアルファベット指導方法に関する研究．帝京大学教育学部紀要，10, 57-72.

【第２部】

Duyck, W., Szmalec, A., Kemps, E., & Vandierendonck, A.（2003）Verbal working memory is involved in associative word learning unless visual codes are available. Journal of Memory and Language, 48, 527-541.

藤井温子・吉田有里・徐欣薇・岡野ゆう・雲井未歓・小池敏英（2012）一斉指導で利用可能なひらがな単語読みの評価に関する研究―ひらがな単語連鎖課題による検討―．特殊教育学研究．50, 21-30.

後藤隆章・赤塚めぐみ・池尻加奈子・小池敏英（2009）LD児における漢字の読みの学習過程とその促進に関する研究．特殊教育学研究，47, 81-90.

稲垣真澄・小林朋佳・小池敏英・小枝達也・若宮英司（2010）Ⅰ章　特異的読字障害 診断手順．稲垣真澄（編集）特異的発達障害 診断治療のためのガイドライン，診断と治療社，2-23.

石井麻衣・雲井未歓・小池敏英（2003）学習障害児における漢字書字の特徴―誤書字と情報処理過程の偏りとの関係について―．LD研究，12, 333-343.

彌永さとみ・中知華穂・銘苅実土・中村理美・小池敏英（2017）小学生１・２・３年生における特殊表記習得の低成績の背景要因に関する研究―撥音・促音・拗音・拗長音について―．特殊教育学研究，55, 63-73.

小池敏英・中知華穂・銘苅実土・雲井未歓（2017）東京都教育庁指導部特別支援教育指導課（編集・発行）「読めた」「わかった」「できた」読み書きアセスメント～小学校版～活用＆支援マニュアル編.

熊澤綾・後藤隆章・雲井未歓・小池敏英（2011）ひらがな文の読み障害をともなうLD児における漢字単語の読みの特徴―漢字単語の属性効果に基づく検討―．特殊教育学研究．49, 117-126.

増田純子・大山帆子・銘苅実土・中知華穂・小池敏英（2018）ひらがな単語の語彙性判断課題による読み障害児の音読困難の評価．―２文字単語課題と４文字単語課題に基づく検討―．LD研究，27, 1-14.

銘苅実土・中知華穂・後藤隆章・赤塚めぐみ・大関浩仁・小池敏英（2015）中学生における英単語の綴り習得困難のリスク要因に関する研究―綴りの基礎スキルテストと言語性ワーキングメモリテストの低成績に基づく検討―．特殊教育学研究，53, 15-24.

銘苅実土・中知華穂・後藤隆章・小池敏英（2016）中学1-3年生の英単語綴り困難における重複リスク要因に関する研究：重複リスク要因の学年的特徴に基づく検討．LD研究，25, 272-285.

Naka C., Mekaru M., Iyonaga S., Murohashi H. and Koike T.（2019）Causal factors for Kanji word-reading difficulty in second to sixth-graders of a Japanese elementally school. Journal of Special Education Research, 7, 2, 101-113.
西澤幸見・中知華穂・銘苅実土・赤塚めぐみ・小池敏英（2019）LD児の漢字書字学習における保持促進に関する研究―漢字書字の言語手がかりのリマインド再学習の効果に関する検討―．LD研究，28, 72-85.
大関浩仁・銘苅実土・中知華穂・小池敏英（2017）小学２～６年生における漢字書字の重度低成績の背景複合要因に関する研究.学校教育学研究論集，36, 31-46.
Sato, K., Narukawa, A., Naka, C., Mekaru, M., Nakamura, R. & Koike, T.（2017）Risk Factors of Difficulty in Reading Comprehension at Third to Sixth Japanese Graders: The Effects of Understanding the Reversible Relationships. Journal of Special Education Research, 5, 2, 23-34.
Shaywitz, S.（2003）Overcoming Dyslexia. Vintage.
瀧元沙祈・中知華穂・銘苅実土・後藤隆章・雲井未歓・小池敏英（2016）学習障害児における改行ひらがな単語の音読特徴―音読の時間的側面と誤反応の分析に基づく検討―．特殊教育学研究，54, 65-75.
Temple,C. M.（1997）Developmental Cognitive Neuropsychology. Psychology Press.
吉田有里・中知華穂・銘苅実土・高橋昇希・小池敏英・藤野博（2020）小学校通常の学級における漢字書き困難と視覚認知能力との関連に関する検討―多画数効果に着目して―．学校教育学論集，41, 29-43.

【解題】
天野清（1986）子どもの文字の習得過程．秋山書店.
天野清（1993）学習障害児に対する言語教育プログラム．聴能言語研究.10,183-189.
粟屋徳子・春原則子・宇野彰・他（2012）発達性読み書き障害児における聴覚法を用いた漢字書字訓練方法の適用について．高次脳機能研究，32, 110-117.
大六一志（1995）モーラに対する意識はかな文字の読み習得の必要条件か？　心理学研究，66, 253-260.
Duyck, W., Szmalec, A., Kemps, E., & Vandierendonck, A.（2003）Verbal working memory is involved in associative word learning unless visual codes are available. Journal of Memory and Language, 48, 527-541.
後藤隆章・赤塚めぐみ・池尻加奈子・小池敏英（2009）LD児における漢字の読みの学習過程とその促進に関する研究.特殊教育学研究，47, 2, 81-90.
稲垣真澄・小林朋佳・小池敏英・小枝達也・若宮英司（2010）Ⅰ章　特異的読字障害 診断手順．稲垣真澄（編集）特異的発達障害 診断治療のためのガイドライン，診断と治療社，2-23.
服部美佐子（2002）平仮名の読みに著しい困難を示す児童への指導に関する事例研究．教育心理学研究，50,476-486.
彌永さとみ・中知華穂・銘苅実土・中村理美・小池敏英（2017）小学生１・２・３年生における特殊表記習得の低成績の背景要因に関する研究―撥音・促音・拗音・拗長音について―特殊教育学研究、55, 63-73.
彌永さとみ・大山帆子・成田まい・銘苅実土・中知華穂（2018）小学３～６年生におけるローマ字表記の読み未達成の背景要因に関する研究．特殊教育学研究，56, 65-76.
海津亜希子（2010）：多層指導モデルMIM読みのアセスメント・指導パッケージ―つまずきのある読みを流暢な読みへ―．学研教育みらい.
Kintsch, W. & van Dijk, T. A.（1978）Toward a model of text comprehension and production.

Psychological Review, 85, 363–394.
小枝達也・内山仁志・関あゆみ（2011）小学１年生へのスクリーニングによって発見されたディスレクシア児に対する音読指導の効果に関する研究．脳と発達，43, 384-388.
小池敏英・中知華穂・銘苅実土・雲井未歓（2017）東京都教育庁指導部特別支援教育指導課（編集・発行）「読めた」「わかった」「できた」読み書きアセスメント～小学校版～活用＆支援マニュアル編.
増田純子・大山帆子・銘苅実土・中知華穂・小池敏英（2018）ひらがな単語の語彙性判断課題による読み障害児の音読困難の評価．―２文字単語課題と４文字単語課題に基づく検討―．LD研究，27, 1-14.
松田奈々恵・佐野と喜ゑ・星茂行・加藤憲司・海津亜希子・野呂文行（2018）小学１年生に対する多層指導モデルMIMを用いた1stステージ指導の有効性．LD研究，27, 278-289.
McArthur. G., Castles. A., Kohnen. S., Larsen. L., Jones. K., Anandakumar. T., Banales. E.（2015）Sight word and phonics training in children with dyslexia. Journal of Learning Disabilities, 48, 4, 391-407.
村上加代子（2018）読み書き困難のある小学生へのアルファベット・音韻認識・単語読み指導．神戸山手短期大学紀要，61, 39-53.
銘苅実土（2018）中学生における英単語綴り困難の背景と支援方法に関する研究―英単語綴りの基礎スキルと言語性ワーキングメモリに基づく検討―．博士論文．東京学芸大学.
銘苅実土・小池敏英（2021）ローマ字・英語の読み書きに困難のある児童生徒への支援 支援方策に関する検討（2）日本特殊教育学会第59回大会 学術研究発表8 O-R807.
Metsala, J, L., and Ehri, L, C.（1998）Word recognition in beginning literacy. Mahwah, NJ: Erlbaum, 3-17.
銘苅実土（2022）視覚的情報処理が困難な児童に対するアルファベット指導方法に関する研究．帝京大学教育学部紀要，10, 57-72.
Naka C., Mekaru M., Iyonaga S., Murohashi H. and Koike T.（2019）Causal factors for Kanji word-reading difficulty in second to sixth-graders of a Japanese elementally school.Journal of Special Education Research, 7, 2, 101-113.
Narita, M., Sato, K., Naka, C., Mekaru, M. & Koike, T.（2019）Contribution of the Incomplete Use of Macro-Rules to Reading Comprehension Difficulty in Japanese Fourth to Sixth Graders. Journal of Special Education Research, 7, 2, 57-67.
成田まい・佐藤一葉・中知華穂・小池敏英（2024）小学３～６年生における文章の要点読解低成績の背景要因に関する研究－論理の接続詞「だから」「しかし」の文完成テストの低成績を中心とした検討－特殊教育学研究，62, 1-13.
西澤幸見・中知華穂・銘苅実土・赤塚めぐみ・小池敏英（2019）LD児の漢字書字学習における保持促進に関する研究―漢字書字の言語手がかりのリマインド再学習の効果に関する検討―．LD研究，28, 72-85.
Onda S., Sato K., Takimoto S., Mekaru M., Naka C., Kumazawa A. and Koike T.（2015）Risk factors for kanji word-reading difficulty in Japanese elementary school children: Effects of the imageability of kanji words. Journal of Special Education Research, 3, 2, 23-34.
大山帆子・増田純子・中知華穂・銘苅実土・小池敏英（2019）視覚性語彙の形成促進によるLD児の音読困難の改善に関する研究．LD研究，28, 336-348.
佐藤明宏・武蔵博文・富永大悟（2017）小・中学校国語科スクリーニングテスト．明治図書
Sato, K., Narukawa, A., Naka, C., Mekaru, M., Nakamura, R. & Koike, T.（2017）Risk Factors of Difficulty in Reading Comprehension at Third to Sixth Japanese Graders: The Effects of Understanding the

Reversible Relationships. Journal of Special Education Research, 5, 2, 23-34.
島岡丘（1994）中間言語の音声学:英語の近似カナ表記システムの確立と活用. 小学館集英社プロダクション.
上野一彦・海津亜希子・服部美佐子（2005）軽度発達障碍児の心理アセスメント―WISC-Ⅲの上手な利用と事例―. 日本文化科学社.
高橋登（2001）学童期における読解能力の発達過程―1-5年生の縦断的な分析―. 教育心理学研究, 49, 1-10.
丹治敬之・野呂文行（2012）自閉性障害児における見本合わせ課題を用いた平仮名濁音の読み獲得. 行動分析学研究, 27, 29-41.
鶴巻正子（1995）精神遅滞児における同時視覚-視覚見本合わせ法による読字行動の獲得. 特殊教育学研究, 32,39-47.
宇野彰・春原則子・金子真人・後藤多可志・粟屋徳子・狐塚順子（2015）発達性読み書き障害児を対象としたバイパス法を用いた仮名訓練―障害構造に即した訓練方法と効果および適応に関する症例シリーズ研究―. 音声言語医学, 56,171-179.
宇野彰・春原則子・金子真人・Wydell T., N.,（2017）改訂版　標準読み書きスクリーニング検査. インテルナ出版.
若宮英司・竹下盛・中西誠・水田めぐみ・栗本奈緒子・奥村智人・玉井浩・小枝達也・稲垣真澄（2013）発達性ディスレクシアに対する新規訓練プログラムの開発と短期効果. 脳と発達, 45, 275-280.

図表と文章の転載の許諾について（2）

次の①から⑤の図表及び文章は、「「読めた」「わかった」「できた」読み書きアセスメント　活用＆支援マニュアル」（小池、中、銘苅、雲井（監修）:東京都教育庁指導部特別支援教育指導課（編集・発行）、小学校版2017、中学校版2018）から、東京都教育庁指導部特別支援教育指導課より許諾を得て転載し、作成しました。なお、紙媒体での利用に併せて電子媒体での利用を含めて許諾を得ました。

①困難の特徴に関する記述（小学校版）:「特殊音節単語の特徴」（44ページ）、「ひらがな文の読みの特徴」（56ページ）、「漢字読みの特徴」（68ページ）、「漢字書きの特徴」（80ページ）、「読解の特徴」（96ページ）

②「事例と支援、教材」に関する記述（小学校版）:「特殊音節の読み書き困難」の支援１・２（46・47ページ）、「漢字単語の読み困難の支援」の支援5（73ページ）、「漢字単語の書き困難の支援」の支援１・２・４・５・７・８（82～86ページ）、「文章読解困難」の支援３・５・６（99～102ページ）

③「背景と支援法の根拠」に関する記述（小学校版）:「14 流暢に読む力を支援する方法」（162ページ）、「20　漢字を読む力を支援する方法」（168～169ページ）、「28 読解が困難な理由」（179ページ）

④小学校アセスメント：音韻意識テスト（190、191ページ）、特殊音節表記テスト（191ページ）、言語性ワーキングメモリテスト（192ページ）、ひらがなの流暢な読みテスト（193ページ）、漢字単語の読みテストと書きテスト（195ページ）、読解テスト（196ページ）

⑤中学校アセスメント：ローマ字書きテスト（197ページ）、英単語つづりテスト（197ページ）英語正書法知識テスト（197ページ）、英語視覚性語いテスト（197ページ）

教材・アセスメント　ダウンロードリンク一覧

合同出版ホームページのお知らせ欄やそれぞれのURLからもダウンロード可能です。

第1部　ひらがな・漢字・アルファベットの読み書き支援

1　音韻意識の向上と語いの習得を促す教材

（1-1）しりとり単語カード　（1-2）音韻すごろくの台紙

（1-3）「あ」がつくものなあにカード

https://www.godo-shuppan.co.jp/news/n59166.html

2　ひらがな文字の読み書き教材

（2-1）文字の形絵カード　（2-2）似た文字の完成プリント

（2-3）ひらがな文字プリント

https://www.godo-shuppan.co.jp/news/n59167.html

3　ひらがな文字の読み書き教材

（3-1）音記号カード　（3-2）かるた課題用カード

（3-3）音記号の選択カード　（3-4）単語判断カード

https://www.godo-shuppan.co.jp/news/n59168.html

4　ひらがなの流暢な読み教材

（4-1）視覚性語いで読む課題カード　（4-2）単語判断課題カード

https://www.godo-shuppan.co.jp/news/n59138.html

5 漢字単語の読み教材

（5 - 1）絵を利用した指導の課題カード

https://www.godo-shuppan.co.jp/news/n59169.html

6 漢字の書き支援の教材

（6 - 1）言語手がかり書字　（6 - 2）ブロック積み上げ書字プリント

https://www.godo-shuppan.co.jp/news/n59170.html

7 文章読解支援の教材

（7 - 1）こそあど言葉プリント　（7 - 2）つなぎ言葉プリント

（7 - 3）だからなぜならプリント　（7 - 4）文章のまとめプリント

https://www.godo-shuppan.co.jp/news/n59171.html

8 アルファベットの読み書き教材

（8 - 1）ローマ字ワーク１　（8 - 2）ローマ字ワーク２

https://www.godo-shuppan.co.jp/news/n59172.html

9 英単語つづりの教材

（9 - 1）英単語学習ワーク　（9 - 2）つづりのルールで学ぶ英単語

https://www.godo-shuppan.co.jp/news/n59174.html

第3部　読み書き困難のアセスメント

1　語いテスト

https://www.godo-shuppan.co.jp/news/n59175.html

2　音韻意識テスト　3　特殊音節表記テスト

4　言語性ワーキングメモリテスト　5　視空間認知テス空間認知テスト

6　ひらがなの流暢な読みテスト

https://www.godo-shuppan.co.jp/news/n59176.html

7　漢字単語の読みテストと書きテスト

https://www.godo-shuppan.co.jp/news/n59177.html

8　読解テスト　9　英単語つづりテスト

https://www.godo-shuppan.co.jp/news/n59187.html

10　アセスメント評価報告書

https://www.godo-shuppan.co.jp/news/n59217.html

あとがき

この本は、LDや学習困難がある子どもに対する支援について、2003年から2024年までの私達の研究室での成果を含めてまとめたものです。

子ども達の学習困難に関しては、通常学級に在籍している読み書き成績が低い子ども達を対象として、その背景要因を研究しました。読み書き困難の背景要因を把握するためには、アセスメントを行うことが大切です。本書のアセスメントを活用していただくことによって、研究で把握してきた程度まで、背景要因を把握できると考えます。

子ども達の学習支援に関する研究は、LDと診断を受けた子どもや通級指導教室に在籍している子ども達を対象に行いました。

学習支援では、子どもが課題達成できるように、絵や言葉の手がかりなどの支援情報を豊かにすることが効果的です。課題が達成できたら手がかりを少なくして、支援情報なしでも課題遂行できるように、教材を組み立てます。漢字単語の読みでは、絵や子どものエピソード作文を手がかりとして利用します。また、漢字の書きでは、子どもと考えた言語手がかりが効果的です。アルファベットの文字でも絵を利用した学習が効果的です。本書の教材では、このような手がかりを活用できるように配慮したカードやプリントを用意しました。適宜ダウンロードして子ども達とご活用ください。

もう一つの学習支援の方法としては、子どもにとってやさしい教材を設定して、達成できたら難易度を徐々に上げていく方法です。私達の研究から2文字の短い単語であれば、音読が容易な子どもがいることがわかりました。ひらがな単語の文字数を徐々に増やしていくことで、子どもが可能な課題を積み上げていくことができます。本書では、ひらがな単語や特殊音節表記の単語の習得、読解の支援について、取り組みやすい課題から始められる教材を用意しました。

努力した分に見合った形で、読み書き学習が定着することを実感できることが大切です。本書の教材によって、子ども達が読み書き学習の定着に手ごたえを感じ、また支援する大人にとっても指導の充実につながれば、監修者として幸いです。

著者紹介

【監修・編著】

小池敏英（こいけ・としひで）
尚絅学院大学総合人間科学系特任教授。1976年東京学芸大学教育学部を卒業。同大学大学院教育学研究科修士課程、1982年東北大学教育学研究科博士課程を単位取得退学。1985年教育学博士。研究テーマはLDの学習支援（執筆：８～11ページ、40～51ページ、56～63ページ、163～169ページ、173～177ページ、204～209ページ）

【編著】

雲井未歓（くもい・みよし）
鹿児島大学教育学部准教授。1997年東京学芸大学教育学部を卒業。同大学大学院教育学研究科修士課程、2002年連合学校教育学研究科博士後期課程修了、博士（教育学）。研究テーマは読み書き困難児の学習支援教材・アプリの開発（執筆：188～203ページ）

後藤隆章（ごとう・たかあき）
横浜国立大学教育学部准教授。2004年東京学芸大学教育学部を卒業。2006年同大学大学院教育学研究科修士課程、2009年同大学大学院連合学校教育学研究科博士課程修了、博士（教育学）。研究テーマはLDの仮名文字・漢字の読み書き学習支援法（執筆：153～162ページ）。

【執筆者名】

赤塚めぐみ（あかつか・めぐみ）
常葉大学保育学部保育学科　准教授。1999年武蔵野音楽大学音楽学部を卒業。2001年東京学芸大学大学院教育学研究科修士課程、2008年同大学連合大学院学校教育学研究科博士課程修了、博士（教育学）。研究テーマは被虐待児の学習支援、ひらがな学習移行期にある子どもの学習支援。（執筆：14～39ページ、149～152ページ）

増田純子（ますだ・すみこ）
鎌倉市立公立小学校教諭　ことばの教室担当（非常勤）。1976年東京学芸大学教育学部を卒業。研究テーマは読み書きの苦手な子の認知評価とそれに基づく学習支援、及び対人関係が苦手な子へのコミュニケーション支援。（執筆：52～53ページ、148ページ）

松尾麻衣（まつお・まい）（石井麻衣）
NPO法人ぴゅあさぽーと品川副所長。2002年東京女子大学文理学部心理学科卒業。2002年東京学芸大学大学院教育学研究科修士課程修了。2006年同大学大学院連合学校教育学研究科修了、博士（教育学）。公認心理師、臨床心理士。研究テーマは、LDの子の漢字書字支援。（執筆：143～145ページ）

銘苅実土（めかる・みと）
帝京大学教育学部講師。2013年早稲田大学文学部を卒業。2015年東京学芸大学大学院教育学研究科修士課程特別支援教育専攻修了。2018年同大学大学院連合学校教育学研究科博士課程修了、博士（教育学）。日本語を母語とする英語LDの学習支援。研究テーマは日本語を母語とする英語LDの学習支援。（執筆：108～138ページ、181～186ページ、211～213ページ）

中　知華穂（なか・ちかほ）
横浜国立大学ダイバーシティ戦略推進本部D&I教育研究実践センター　講師。
2012年鹿児島大学教育学部卒業。2014年東京学芸大学大学院教育学研究科修士課程修了、2017年同大学院連合学校教育学研究科博士課程修了、博士（教育学）。研究テーマはLD児、学習困難児に対する読み書き学習支援。（執筆：64～75ページ、140～142ページ）

中村理美（なかむら・りみ）
福岡女学院大学人間関係学部子ども発達学科　講師。2008年佐賀大学文化教育学部を卒業。2010年同大学大学院教育学研究科修士課程修了、教育学修士。研究テーマは知的障害や発達障害のある子ども達への読み書き支援。（執筆：76～89ページ）

成田まい（なりた・まい）
秋田こどもの心と発達クリニック 臨床発達心理士。2012年日本大学法学部を卒業。2017年東京学芸大学教育学研究科修士課程修了、教育学修士。研究テーマは読解困難の認知評価とそれに基づく学習支援、および知的障害児の読み書き評価と支援。（執筆：90～107ページ、178～180ページ、210ページ）

大関浩仁（おおぜき・ひろひと）
東京都品川区立第一日野小学校校長。1998年東洋大学第二部文学部教育学科卒業、2000年同大学大学院文学研究科修士課程修了。2019年東京学芸大学大学院連合学校教育学研究科博士課程修了、博士（教育学）。研究テーマは知的障害者の就労、学校におけるインクルージョン、発達障害の実態把握と支援。（執筆：54～55ページ、146～147ページ）

吉田有里（よしだ・ゆり）
株式会社LITALICO LITALICOジュニア　HRラーニングサポートグループ マネージャー。2010年東京学芸大学教育学部を卒業。2012年同大学大学院教育学研究科修士課程を修了。2020年同大学大学院連合教育学研究科博士課程修了、博士（教育学）。研究テーマは漢字の読み書きに関する背景要因の検討や学習支援。（執筆：170～172ページ）

【執筆協力者】
阿部智子　藤井温子　池尻加奈子　彌永さとみ　徐欣薇　熊澤綾　成川敦子　西澤幸見　岡野ゆう　恩田詩織　大山帆子　佐藤一葉　成基香　須藤史晴　高橋恵美子　高橋久美　瀧本沙祈　吉田佐保子　吉田友紀
【ロゴマーク作成者】 佐野莉緒
【ひらがな学習移行期教材共同作成者】 森下未奈子・岡真由美
【漢字単語の読み教材共同作成者】 熊澤綾
【校正協力】 渡邊稔莉

イラスト　ヤマネアヤ、児嶋祥子
図表作成　Shima.
組版　関根千絵
装幀　椎原由美子（シー・オーツーデザイン）

イラストでわかるLD・学習困難の子の読み書きサポートガイド
22の事例と支援の実際

2024年12月20日　第1刷発行

監修者　小池敏英
発行者　坂上美樹
発行所　合同出版株式会社
東京都小金井市関野町1-6-10
郵便番号　184-0001
電話　042-401-2930
振替　00180-9-65422
ホームページ　https://www.godo-shuppan.co.jp
印刷・製本　恵友印刷株式会社

■刊行図書リストを無料進呈いたします。
■落丁乱丁の際はお取り換えいたします。

ISBN978-4-7726-1576-1　NDC　370　257×182